जिंदगी Unlimited

जिंदगी Unlimited

जीनत आरा

प्रकाशक

प्रभात प्रकाशन प्रा. लि.

4/19 आसफ अली रोड, नई दिल्ली–110002

फोन : 23289555 • 23289666 • 23289777 ❖ फैक्स : 23253233

इ–मेल : prabhatbooks@gmail.com ❖ वेब ठिकाना : www.prabhatbooks.com

संस्करण

2025

अनुवादक

महेंद्र नारायण सिंह यादव

पेपरबैक मूल्य

चार सौ रुपए

मुद्रक

आर–टेक ऑफसेट प्रिंटर्स, दिल्ली

———— ★ ————

ZINDAGI UNLIMITED

by Zeenat Ara

Published by **PRABHAT PRAKASHAN PVT. LTD.**
4/19 Asaf Ali Road, New Delhi-110002

ISBN 978-93-5266-112-1

₹ 400.00 (PB)

मेरी बात

रीढ़ की हड्डी टेढ़ी (चिकित्सा शब्दावली में स्कोलियोसिस) होने के कारण मैं अधिकांश जिंदगी बिस्तर पर ही रही। मुझसे मिलने के लिए आनेवाले रिश्तेदार और मित्र आमतौर पर मुझसे सहानुभूति दिखाते और मेरी इस भयानक स्थिति पर दुःख जताते तथा अल्लाह को दोषी ठहराते कि क्यों कथित सामान्य लोगों की तुलना में मेरा जीवन व्यर्थ बनाकर मेरे साथ भेदभाव किया।

और इस छोटी सी बातचीत में थोड़े-बहुत शब्दों में मैं कभी उन्हें पूरी तरह से आश्वस्त नहीं कर पाती थी कि अल्लाह ने मेरा जीवन जैसा बनाया है, उसका मुझे तनिक भी खेद नहीं है। यही कारण है कि मैंने अपनी आत्मकथा लिखने का निश्चय किया, जिसके जरिए मैं समूची दुनिया को संदेश दे सकूँ, ''हम जिस स्थिति में हैं या जो भी स्थिति हमारे सामने है, हमें मुसकराते हुए धैर्य रखना चाहिए, क्योंकि इससे जीवन की सारी बाधाओं से पार पाने के लिए हमारे अंदर का ऊर्जा स्तर ऊँचा उठेगा और हमें कभी ईश्वर को दोष नहीं देना चाहिए, क्योंकि वह लड़ाई लड़ने के लिए अपने ऐसे सर्वश्रेष्ठ योद्धाओं को चुनता है, जिनकी जीत का उसे विश्वास होता है।''

- इस आत्मकथा में मैं उन चुनौतियों का खुलासा करूँगी, जिनका मैंने अपने जीवन में अब तक सामना किया है, उनके बारे में भी लिखूँगी, जिनके बारे में उन लोगों तक को पता नहीं है, जो इसीलिए ज्यादातर समय मेरे पास रहे; क्योंकि वे मुझे हमेशा मुसकराते देखना चाहते हैं।
- दूसरी बात, इस पुस्तक का एक अहम मकसद यह है कि मैं भारत में एस.एम.ए. (स्पाइनल मस्क्यूलर एट्रॉफी) या रीढ़ की हड्डी टेढ़ी होने के बारे में जागरूकता फैलाना चाहती हूँ। हमारे देश में इस बीमारी के बारे में लोगों में जागरूकता नहीं है, जिसके कारण वे कई बार अपने

बच्चों की जिंदगी सुधारने के बारे में उचित खयाल नहीं कर पाते।

- और अंत में एक और समान रूप से अहम बात, आपको यह भी पता चलेगी कि मैंने किस तरह से एक छोटी बच्ची के रूप में शिक्षा हासिल की, जबकि मेरे सामने हमेशा एक के बाद एक चुनौतियाँ आती रहीं, जिस कारण मैं इस किताब के लिखे जाने तक 12वीं पास नहीं कर पाई। इसके अलावा, जीवन की कई और दर्दनाक घटनाओं के बारे में भी बताया है, जिनका मैंने नाउम्मीद हुए बिना सामना करने का फैसला किया।
- मैं हमेशा मानती हूँ कि जिंदगी Unlimited है। जी कर तो देखिए।

आभार

सबसे पहले, मैं दो व्यक्तियों का अपने दिल की गहराई से शुक्रिया अदा करना चाहती हूँ, जो हैं—श्रीमती शनम चड्ढा और श्रीमती वंदना शर्मा, जिन्हें ईश्वर ने किताब छपवाने के मेरे सपने को साकार करने के लिए फरिश्ते के रूप में भेजा। इस किताब की पूरी लेखन यात्रा में ये दोनों मेरी प्रेरणास्रोत रहीं। उनकी मदद के बिना, मेरे लिए इसे प्रकाशित करा पाना संभव नहीं था, क्योंकि इसके लिए अनेक बार प्रकाशन गृहों के पास जाना था, जो मेरे लिए तो संभव नहीं होता।

संभावित प्रकाशक की तलाश करना बहुत मुश्किल काम था, तभी अचानक मेरे मन में एक खयाल आया कि मैं अपनी प्रिंसिपल वंदना मैम से बात करके देखूँ। जब मैंने अपनी बात उन्हें बताई तो उन्होंने कहा कि वे मेरी पूरी-पूरी मदद करेंगी।

मैंने उनसे अनुरोध किया कि वे स्कूल की मैनेजिंग ट्रस्टी शनम मैम से मेरी मुलाकात करवाने में मदद करें और मेरी खुशनसीबी रही कि वे तुरंत ही मेरी मुलाकात करवाने के लिए तैयार हो गईं।

और जब मैं शनम मैम से मिली तो मैंने उन्हें अपनी सारी परेशानियों के बारे में बताकर उनसे मदद माँगी। उन्होंने मुझे आश्वस्त किया कि वे मेरी किताब छपवाने में मेरा पूरा सहयोग करेंगी।

इसके बाद दोनों ने मिलकर मेरे सपने को साकार करने के सारे प्रयास किए। मैं श्रीमती सरस्वती नेगी और श्रीमती ज्योति भडिलाया का दिल से शुक्रिया अदा करती हूँ, जिन्होंने स्कूल के अधिकारियों के साथ-साथ प्रकाशन गृहों से लगातार संपर्क बनाए रखने में मेरी मदद की। लव यू!

श्रीमती आरती मारवाह और श्रीमती इरम फातिमा ने मेरी पांडुलिपि पढ़ी और ईमानदारी से सुझाव दिए।

श्री जहूर अहमद, श्री मजहर हुसैन और डॉ. नितिन काला ने किताब की

गुणवत्ता सुधारने के लिए कुछ सुझाव दिए।

और खास शुक्रिया, मेरा बहुत अच्छी तरह से खयाल रखनेवाले और प्यार करनेवाले अपने परिवार के सारे सदस्यों—मेरे पिता डॉ. जमाल अहमद, माँ श्रीमती रुखसाना खातून, भाई मजहर हुसैन, बहन इरम फातिमा के साथ-साथ श्रीमती दया का भी। शुक्रिया मजहर और इरम, मुझे जब भी जरूरत पड़ी, तुम लोग मुझे स्कूल लेकर गए।

मेरे डॉक्टर—डॉ. आशीष जायसवाल, डॉ. विवेक गोस्वामी ने मेरे स्वास्थ्य को अच्छी स्थिति में रखा, जिससे मैं किताब लिखने के लिए अपना बहुमूल्य समय दे सकी।

मेरे मित्र और सहेलियाँ—रंजना, पार्थ (रैबिट), निश्चल, श्वेता, कृतिका, जतिन, फरहान अहमद, सब मेरी सच्ची प्रेरणा के स्रोत रहे।

एम.बी.सी.एन. (माता भगवती चड्ढा निकेतन) टीम

धन्यवाद

—जीनत

ये पुस्तक क्यों

मैं जीनत आरा हूँ और मैं आप लोगों को एक खूबसूरत लड़की की दुनिया में ले जा रही हूँ। वह ऐसी दुनिया में रहती थी, जहाँ वह अपने बारे में ऐसी उम्मीद कभी नहीं करती थी, जैसी कि बाकी लोग अपने बारे में सोचते हैं कि वे हर सबसे बेहतरीन चीज पाने के काबिल हैं। वह ऐसी अपने लिए उम्मीद करती तो थी, लेकिन वह सब उसकी कल्पना से एकदम अलग था।

वह ऐसी जिंदगी जी रही थी, जो बाकी लोगों से एकदम जुदा थी, बहुत चुनौतीपूर्ण थी और बाधाओं से भरी थी। इन सारी अड़चनों के बावजूद उसने जीना जारी रखा। उसने अपनी जिंदगी को कभी मुश्किल नहीं समझा, इसकी बजाय वह कहती थी, ''अगर अल्लाह ने मुझे इस मुसीबत के साथ जन्म देने के लिए नहीं चुना होता, तो जिंदगी कभी इतनी दिलचस्प नहीं होती।''

हकीकत में, वह चुनौतियों का मुकाबला करना पसंद करती थी और यह उसकी समूची जिंदगी की चुनौती ही थी, जिसने उसके पास इसके साथ जीने के अलावा और कोई चारा नहीं छोड़ा था। इस तरह, उसने तय किया कि वह अपने आसपास की केवल सकारात्मकता पर ध्यान देगी और अपनी जिंदगी की नकारात्मकताओं को सुधारने की हमेशा कोशिश करेगी।

उस हैरतअंगेज लड़की की असली तसवीर की कल्पना के विचार से उत्साह आने लगता है। हालाँकि मैं उस लड़की को शब्दों के जरिए ठीक-ठीक बयान नहीं कर पाऊँगी, लेकिन इतना तय है कि जब कभी आपको उससे मिलने का मौका मिले, तो आप यह यकीन जरूर कर पाएँगे कि असली लड़ाकू इसी दुनिया में मौजूद है।

वह कोई साधारण लड़की नहीं थी, बल्कि वह बहुत अलग और दिलचस्प लड़की थी। वह आज भी जिंदगी को पूरी तरह से जीने में यकीन करती है और एक भी पल ऐसा नहीं जाने देती, जिसका वह मजा न लेती हो।

विकलांगता (एस.एम.ए.) से पीड़ित तो वह थी, लेकिन इसमें वह कुछ नहीं कर सकती थी और सोचने तथा बोलने के अलावा, वह उन बच्चों की तरह थी, जो अपनी सारी जरूरतों के लिए अपनी माताओं पर निर्भर होते हैं। वह भी दूसरों पर निर्भर थी, लेकिन उसने अपनी विकलांगता को अपनी खुशी की राह में आड़े कभी नहीं आने दिया।

हालाँकि इसका मतलब यह नहीं कि उसकी जिंदगी मुश्किल नहीं थी। आप और मैं उसकी तकलीफ को सपने में भी नहीं समझ सकते, उसके लिए तो हमें इस दुनिया के सारे इनसानों की हिम्मत जुटानी पड़ेगी। केवल वह और उसका खुदा ही उसके मुसकराते चेहरे के पीछे के दर्द को महसूस कर सकते थे।

उसे खुद नहीं पता था कि खुदा ने आखिरकार उसे बनाने में और उसे सुंदर लड़की के रूप में बड़ा करने में कुछ समय लगाया होगा। उसने कभी अपनी खूबसूरती पर ध्यान नहीं दिया। हालाँकि बाद में, उसे दूसरों से ही यह पता लगा। लोग उसकी तारीफ करते थे और उसे सराहते थे, जिससे उसे यकीन हुआ कि वह सबसे खूबसूरत इनसानों में से एक है। मैं कह सकती हूँ कि वह एक लाल गुलाब की तरह थी, जिसमें खुदा ने सुंदर सुगंध भर दी थी।

उसके चेहरे पर हमेशा लाल गुलाब की तरह लाली छा जाती थी, जो अपने आसपास एक आरामदेह खुशबू बिखेर देती थी। उसकी खूबसूरती केवल बाहरी नहीं थी, अपने दिल के अंदर से वह और भी खूबसूरत थी, जो कि उसके दमकते चेहरे पर झलकने लगती थी।

मुझे लगता है कि अब तक उस लड़की के बारे में जानने की आपकी उत्सुकता काफी बढ़ गई होगी, क्योंकि मैंने उसकी तुलना फूलों की रानी गुलाब से कर दी है। तो अब मैं उसके बारे में बताने में ज्यादा वक्त नहीं लूँगी। आप बस आँखें बंद कीजिए और उस लड़की को महसूस कीजिए।

अनुक्रम

जीनत, दुनिया को खुदा का तोहफा!

उसके नाक-नक्श बहुत सुंदर थे। पलकों के ऊपर हल्की गुलाबी रंगतवाली बड़ी-बड़ी आँखें, जिन्हें इनसानों के बनाए किसी रंग को लगाने की जरूरत नहीं थी, पतली भौंहें, जिन्हें किसी ब्यूटीशियन की दरकार नहीं थी और एक सीधी नाक, जो बिल्कुल किसी बार्बी डॉल की तरह थी और उसे सीधा दिखाने के लिए उसे किसी बाहरी सामान के इस्तेमाल की कोई जरूरत नहीं पड़ती थी और काले घने चमकीले बाल। ऐसे बाल तो तकरीबन सभी लड़कियों का सपना होते हैं। उसके होंठ बहुत सुंदर थे, बिल्कुल किसी फूल की पंखुड़ियों की तरह और जब भी कभी वह मुसकराती, तो लगता था जैसे फूल झड़ रहे हों। उसके पैर इतने खूबसूरत थे कि एक बार उसकी चचेरी बहन जैनब ने कहा था, ''अपने पैर जमीन पर मत रखिएगा, मैले हो जाएँगे।'' और यही सच भी रहा। वह चाहकर भी अपने पैर कभी जमीन पर नहीं रख पाई और उसका रंग गोरा था; बहुत गोरा नहीं और न बहुत हल्का, जैसा भी था सबसे अच्छा था। त्वचा का ऐसा रंग बहुत कम लोगों का होता है।

तो, यह तो था उसका रंगरूप। आपने जरूर असली जीनत की कल्पना अपने मन में कर ली होगी।

जीनत की झलक

अब एक बार फिर आप चकरा गए होंगे कि मैं उस लड़की की जगह अपना नाम क्यों ले रही हूँ। आप बिल्कुल सही सोच रहे हैं। यह मेरी ही दुनिया है। मैं आपको अपनी ही दुनिया में लेकर आई हूँ, ताकि आप मेरी जिंदगी के अनुभव महसूस कर सकें।[3]

आप किसी साधारण लड़की की जिंदगी के बारे में जानने के उत्सुक नहीं

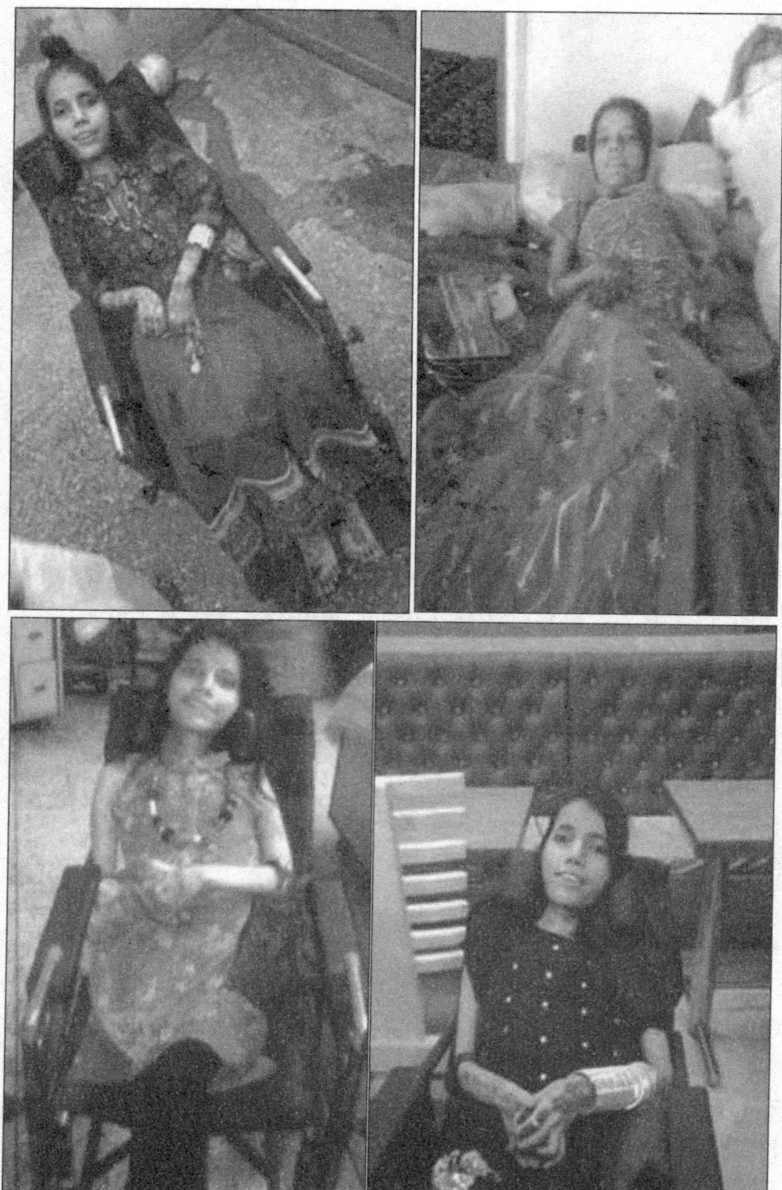

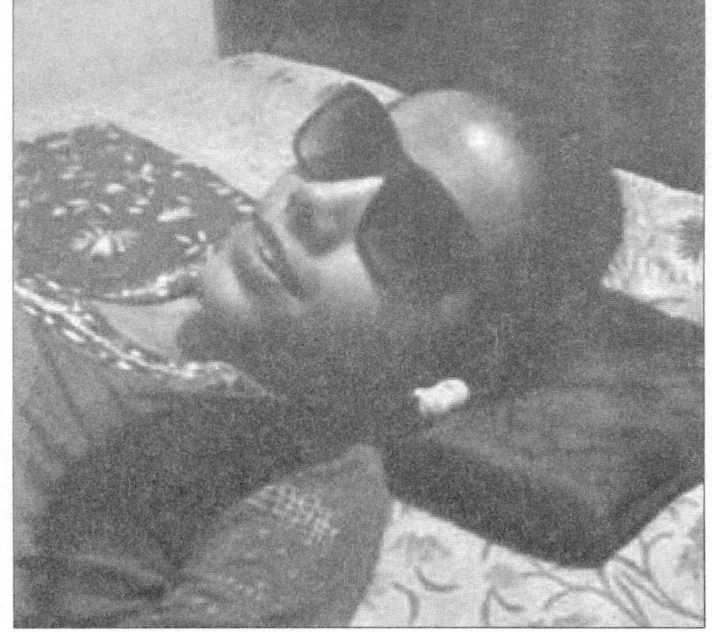

होंगे। यह बात आपके लिए अहम क्यों हो जाती है, जब उस लड़की ने सबसे मुश्किल वक्त मुसकराते हुए गुजारा हो, क्योंकि वह अपना दर्द सबको बताकर अपने आसपास का माहौल खराब नहीं करना चाहती थी? इसकी बजाय आप मशहूर इनसानों की जिंदगियों के उतार-चढ़ावों के बारे में पढ़ना पसंद करेंगे।

जी हाँ, मैं ही वह खूबसूरत लड़की हूँ और मैं किसी सेलिब्रिटी या फ्रीडम फाइटर की तरह लोकप्रिय नहीं हूँ और यह किसी असली इनसान की कहानी नहीं है, बल्कि एक असली इनसान का दुनिया को पैगाम है।

मैं आपको रीढ़ की टेढ़ी हड्डी से पीड़ित लोगों के बारे में और इससे उन्हें होनेवाली दिक्कतों के बारे में जागरूक करना चाहती हूँ। मेरा एक अनुरोध है—ऐसे लोगों को जिंदगी बेहतर बनाने के लिए प्रोत्साहित कीजिए, साथ ही उन्हें स्वतंत्र जिंदगी जीने की दिशा में बढ़ने के लिए भी मदद कीजिए।

□

असली लड़ाकू की कहानी : जीनत आरा

मेरा जन्म 18 अप्रैल, 1987 को हुआ था और मैं माता-पिता के लिए ढेर सारा भाग्य लेकर आई थी। मेरे पिता को नौकरियों के ढेर सारे मौके मिलने लगे और जल्द ही वे कानपुर से गुड़गाँव शिफ्ट हो गए। इसके साथ ही, हम जिंदगी में एक कदम आगे बढ़ गए। अब मेरे पिता हम भाई-बहनों को बेहतर तालीम दिला सकते थे, क्योंकि इस शहर और एन.सी.आर. के अन्य शहरों का उस समय अच्छा विकास हो रहा था। वहाँ शिफ्ट होने के बाद करीब दस सालों में सबकुछ बदल गया।

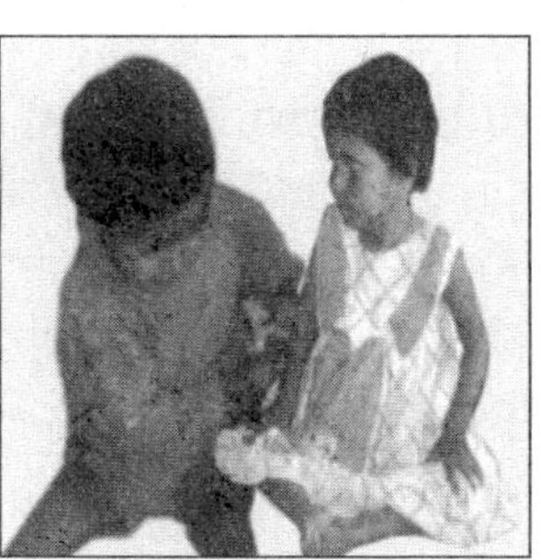

अपने छोटे भाई मजहर के साथ नन्ही जीनत

हम वहाँ इसलिए रहने लगे थे, क्योंकि मेरे पिता जमाल अहमद को उस शहर में नौकरी मिल गई थी और वे शॉ वॉलेस में काम करने लगे थे, हालाँकि चार साल बाद, हम लोग नोएडा में रहने लगे थे।

मेरे परिवार में सात सदस्य थे—पिता जमाल, माँ रिजवाना खातून और तीन भाई-बहन। सबसे बड़े—अजहर हुसैन, छोटा भाई मजहर हुसैन और एक बहन इरम फातिमा। वह हम सबसे छोटी थी। मेरी बुआ आयशा भी हमारे साथ रहती थीं। वास्तव में, उन्होंने ही मेरी जिंदगी में सबसे अहम किरदार निभाया। मेरी जिंदगी में उनके योगदान को जानने से पहले आपको उनके बारे में जानना जरूरी होगा।

वे समर्पित महिला थीं। उन्होंने अपनी सारी जिंदगी मेरे पिता के पालन-पोषण में लगा दी थी और मेरे जन्म के बाद उन्होंने अपनी बाकी जिंदगी मेरे लिए लगा देने का निश्चय किया था। तो उन्होंने अपनी जिंदगी के बेशकीमती पल मेरी देखभाल करने में और मुझे सँभालने में लगा दिए।

वे अपनी जिंदगी अपने लिए नहीं जीती थीं, बल्कि दूसरों की सेवा करना ही उन्हें पसंद था। वे सबकी सेवा करती थीं और सबकी सुविधा का खयाल करती थीं, फिर चाहे वे हमारे रिश्तेदार हों, मित्र हों या कोई और हों।

अब बात करते हैं मेरी जिंदगी में उनके योगदान की। आप यकीन नहीं करेंगे कि मैं उनके बिना एक पल नहीं रह पाती थी। वे मेरे लिए ऑक्सीजन की तरह थीं, जो साँस के लिए जरूरी होती है।

मैं उनके बहुत करीब थी और वे हमेशा बहुत अच्छी तरह से मेरा खयाल रखती थीं। अगर वे पास में न हों, तो मैं सो तक नहीं पाती थी। एक ही स्थिति में देर तक लेटे रहने पर मेरा बदन दर्द करने लगता था, इसलिए उन्हें रात में बीच-बीच में जागना पड़ता था। जब कभी मुझे जरूरत होती, वे मेरी स्थिति बदल देती थीं। वे मुझे खाना खिलाती थीं, नहलाती थीं, आराम से सुलाती थीं, वगैरह-वगैरह। आसान शब्दों में, आप कह सकते हैं कि मेरे रोज के सारे काम वे ही करती थीं। इस कारण मेरे पिता को अपने काम पर ध्यान लगाने का समय मिल जाता था, क्योंकि उन्हें हर सप्ताह किसी-न-किसी दूसरे शहर जाना पड़ता था। उनकी नौकरी ही ऐसी थी और मेरी माँ बाकी बच्चों का खयाल रख पाईं।

□

अन्य लोगों की तरह पढ़ने की चाहत

मेरे भाई-बहन हर दिन स्कूल जाते थे, जहाँ से उन्हें भारी-भरकम गृहकार्य मिलता था और वह कार्य उन्हें अगले दिन स्कूल जाने से पहले पूरा करना होता था। मेरे आसपास का यही माहौल था, जिससे मेरे मन में भी स्कूल जाने की चाहत पैदा हुई। हालाँकि 8-9 साल की नन्ही लड़की होने के नाते मैं यह नहीं समझ पाती थी कि दूसरों की तरह स्कूल जाना और पढ़ना मेरा हक है। मुझे लगता था कि स्कूल जाना मेरे लिए आसान नहीं होगा, क्योंकि मेरे पास हर दिन स्कूल जाने लायक ताकत की कमी थी।

मुझे लगता था कि मैं सामान्य बच्चों के साथ चार-पाँच घंटे तक बैठ नहीं पाऊँगी, क्योंकि मुझे शरीर का संतुलन बनाने में दिक्कत होती थी, कोई बच्चा मुझे छू भी देता था तो मेरी गरदन एक तरफ लटक जाती थी।

हालाँकि पढ़ी-लिखी लड़की बनने की चाहत मेरे मन से खत्म नहीं हुई। मैंने खुद ही पढ़ना शुरू कर दिया। मैं अपने भाई-बहनों की किताबें पढ़ा करती थी और फिर कॉपी में लिखने का अभ्यास किया करती थी। कई बार मेरी ममेरी बहन हिना हफ्ते के आखिर में मुझसे मिलने आया करती थी, जो मेरे घर से कुछ किलोमीटर दूर ही रहती थी। हम दोनों टीचर-टीचर खेला करते थे। इस खेल में वह मुझे वे सारी चीजें सिखाती थी, जो वह स्कूल में सीखती थी। इस तरह से मुझे काफी-कुछ जानने का मौका मिलता था और मेरी जानकारी का स्तर बढ़ता था।

मैं अपनी जिंदगी की एक घटना आपको बताती हूँ। जब मेरे अंदर पढ़ने की चाहत तेज हुई तो मुझे यह भी पता लगा कि यह जिंदगी में जरूरी भी है।

उस समय मेरी उम्र करीब 7 साल की रही होगी। मैं बहुत खुश थी, क्योंकि दो दिन बाद मेरी ममेरी बहन हिना आनेवाली थी। वह मेरे मामा की लड़की थी। मुझे उसका साथ बहुत अच्छा लगता था, क्योंकि उसके साथ मुझे पढ़ने और ऐसी

ढेर सारी दिलचस्प बातें जानने का मौका मिलता था, जिनके बारे में मुझे बहुत ही कम पता होता था। वह नकल उतारने में बहुत माहिर थी। वह उस उम्र के अधिकतर बच्चों की तरह अपने शिक्षकों की नकल उतारा करती थी और उसी के हिसाब से काम किया करती थी।

वह दिन आ गया और इस बार उसने मुझे देशों की राजधानियों के नाम याद कराए। मुझे यह विषय बहुत दिलचस्प लगा। मैंने उसके साथ एक ही रात में पाँच-छह नाम याद कर लिये थे। मैं उनके बारे में और जानना चाहती थी कि दुर्भाग्य से उसे अगले दिन जाना पड़ गया, क्योंकि उसका स्कूल था।

मुझे अंदर से बहुत बुरा लगा और मैं सोचने लगी कि काश मैं भी स्कूल जाती होती तो मुझे उसकी जरूरत नहीं पड़ती, क्योंकि मैं स्कूल में ही बहुत सारी राजधानियों के नाम जान जाती, शायद उससे भी ज्यादा जान जाती।

तो, यह तो था शिक्षा की अहमियत समझना, हालाँकि जब हम छोटे होते हैं, तब यह सब समझ पाना बहुत मुश्किल होता है।

दिन बीतते गए और मैं अपने भाई-बहनों की किताबें पढ़ने और कॉपी में लिखने में व्यस्त बनी रही।

□

शिक्षित होने की कोशिश जारी रखी

बच्चे के तौर पर मैं अपने और अन्य बच्चों के बीच के भारी फर्क को समझ चुकी थी। मैं बता नहीं सकती कि इस छोटे से शब्द फर्क को स्वीकार कर पाना कितना कठिन था। यह दो विश्वविद्यालयों के बीच के फासले की तरह था, जिसे व्यावहारिक रूप से पाट पाना मुमकिन नहीं दिखता था। मेरी जिंदगी में अन्य लोगों की तुलना में कई और भी सीमाएँ थीं, जो मुझे यकीन दिलाती थीं कि मुझे वे सारे अधिकार तो नहीं मिल पाने वाले हैं, जो किसी सामान्य इनसान को मिलते हैं।

यह दुनिया मुझे यही यकीन दिलाने पर तुली थी, लेकिन यकीन कीजिए, मेरी आँखों ने इस पर कभी ध्यान नहीं दिया। मैं अपने दिल में कहीं-न-कहीं महसूस करती थी कि मैं भी अंदर से उतनी ही मजबूत हूँ। भले ही कथित सामान्य लोगों की तुलना में शारीरिक तौर पर मैं कुछ अलग थी, लेकिन मेरी भावनाएँ, मेरी ख्वाहिशें, मेरी चाहतें तो वैसी ही थीं।

और, आपको यह सच्चाई पता है न, आपकी आँखें वही बोलती हैं, जो आपका दिल कहता है? हमारे दिल का सीधा कनेक्शन हमारी आँखों से होता है।

और, हमारे साथ रहनेवाला एक इनसान था, जिसका नाम था फरहान। मैं उसे मामू कहती थी। मुझे पता नहीं, लेकिन उन्होंने मेरी आँखों में कुछ देख लिया था, पढ़ने की चाहत या कुछ और। वास्तव में, मुझे पढ़ने का इतना ज्यादा शौक था कि मैं हर वक्त अपने हाथ में कलम-कागज लिये रहती थी और हर वक्त कुछ-न-कुछ लिखती रहती थी।

एक दिन मैं अपने ड्राइंग रूम में दीवार से टिकी बैठी थी, तभी वे आए और मेरी बगल में बैठ गए। उनके हाथ में नर्सरी की कुछ किताबें थीं। उन्होंने पूछा, ''तुम क्या लिख रही हो? देखो, मैं तुम्हारे लिए क्या लाया हूँ!''

मैंने उनके हाथों की तरफ देखा; किताबें थीं। मैं इतनी खुश हुई जैसे कि मुझे

कोई खजाना मिल गया हो। उन्होंने कहा, ''ये किताबें मेरे पास रहेंगी। मैं तुम्हें हर दिन ऑफिस से लौटने के बाद पढ़ाया करूँगा।'' उनकी यह बात मुझे अच्छी नहीं लगी, क्योंकि मैं चाहती थी कि किताबें मेरे ही पास रहें और मैं खुद ही उन्हें पढ़ूँ, चाहे मामू मेरे साथ हों या न हों, लेकिन उन्होंने किताबें मुझे नहीं दीं, क्योंकि उन्हें लग रहा था कि मैं उन्हें फाड़ न दूँ, आखिर थी तो मैं छोटी बच्ची ही।

उसी समय मुझे लगा कि वे मेरे शिक्षक कैसे हो सकते हैं, क्योंकि शिक्षक तो छुट्टी होने के बाद बच्चों की किताबें अपने पास रखते नहीं। मेरे भाई-बहन भी स्कूल से लौटते समय अपने साथ किताबें लेकर ही आते थे।

मुझे बहुत खराब लगा, क्योंकि मैं सामान्य लोगों की तरह ढंग से पढ़ाई करना चाहती थी। मैं चाहती थी कि नियत समय पर कोई मुझे पढ़ाए और नियत तारीख पर मेरी परीक्षा हो, जैसे कि मेरे भाई-बहन के साथ होता था, लेकिन मेरे साथ ऐसा कुछ नहीं हुआ, क्योंकि मामू मुझे ढंग से समय नहीं दे पाते थे। वे तभी मुझे पढ़ाते थे, जब कभी उन्हें समय मिलता था।

इस दुनिया ने मुझे मेरे और बाकी लोगों में भारी फर्क को समझाने की सारी कोशिशें की, लेकिन मेरा दिल वह मानने को तैयार ही नहीं था, जो यह दुनिया मुझे समझाना चाहती थी।

जब मैं अपनी उम्र के बच्चों को स्कूल जाते देखती तो मेरी आँखों में आँसू आ जाते। मैंने दिल में मान लिया था कि किसी दिन कोई-न-कोई निश्चित रूप से ही मेरे और बाकी लोगों के बीच खड़ी की गई यह दूरी खत्म करने में मदद करेगा।

और, यह अल्लाह ने ही किया, जो हमेशा दुनिया के इनसानों को यह बताता रहता है कि उसने हर किसी को बराबर बनाया है और शारीरिक तौर पर भले ही कोई अलग हो, कुछ लोगों को उसने अलग तरह का बनाया हो, लेकिन उसने सबको अंदर से बराबर मजबूत और सक्षम बनाया है।

□

आखिरकार मेरी जिंदगी में दिखा बड़ा बदलाव

घर पर पढ़ाई करना मुझे अच्छा नहीं लगता था, क्योंकि मैं सारे सवालों के जवाब नहीं पा पाती थी और यह सही है कि बिना उचित मार्गदर्शन के कोई घर पर नहीं पढ़ सकता, खासकर तब, जब वह शुरुआती स्तर पर हो, तब तो उसे सही कोचिंग या पढ़ाने की जरूरत होती ही है।

इसका नतीजा मेरी तनहाई के तौर पर सामने आया। मैं छोटी थी और अपनी भावनाएँ दूसरों के सामने व्यक्त नहीं कर पाती थी, इसलिए मुझे हर समय रोना आता रहता था। मैं सोचा करती थी कि लोग मेरी मदद कैसे करेंगे, जब मैं अपने आप ठीक से बैठ तक नहीं पाती, बैग से किताबें नहीं निकाल पाती, अपनी गरदन तक नहीं सँभाल पाती, जो अकसर ही एक तरफ लुढ़क जाती है। कौन स्कूल मुझे दाखिला देगा ? मैं किसी से बात करने की बजाय अकेली बैठी रहती। मैं, हर समय मुँह लटकाए पाई जाती, लेकिन मेरी आशाएँ हमेशा ऊँची रहती थीं, वे कभी कम नहीं हुईं। दिल में हमेशा एक भावना थी कि जीत मेरी होगी।

जब मेरी माँ ने यह सब देखा, तो उन्हें भी बहुत बुरा लगा और उन्हें महसूस होने लगा कि वे अच्छी माँ नहीं बन पा रही हैं और तभी उन्होंने तय कर लिया कि वे जल्द ही मुझे किसी-न-किसी स्कूल में भेजेंगी। वे अन्य महिलाओं की तरह हिम्मती तो नहीं थीं, लेकिन उन्होंने भरसक कोशिश की और पता किया कि दिल्ली में कुछ स्पेशल स्कूल हैं, जहाँ वे मुझे भेज सकती हैं, लेकिन समस्या वही रही कि हर दिन मुझे दिल्ली कौन ले जाएगा, क्योंकि मेरे पिता तो ज्यादातर वक्त बाहर रहते थे।

वे माँ थीं। उन्होंने नौ महीने तक मुझे गर्भ में रखा था। मेरे अंदर की आवाज

वे ही सुन सकती थीं। उन्हें पता चल गया था कि उनकी बेटी की मुसकान कैसे वापस आ सकती है।

और उस मुसकान को वापस लाने के लिए उन्होंने फिर से तलाश शुरू की और हमारी ही बस्ती में पास में रहनेवाली एक आंटी के बेटे के बारे में पता किया, जो किसी मानसिक समस्या के कारण स्पेशल स्कूल में जाता था। बस, मेरी माँ ने मुझे उसी स्कूल में भेजने का निश्चय किया, क्योंकि उसमें शारीरिक रूप से विकलांग बच्चों को पाँचवीं कक्षा तक शिक्षा दी जाती थी। वे उस आंटी से मिलीं, जिनका नाम जसवंत कौर था। वे बहुत मददगार महिला निकलीं। वे जब भी मुझे घर पर पातीं, वे मेरी माँ से मुझे बाहर लाने को कहतीं। अगर मुमकिन न हो तो कम-से-कम शाम को तो बाहर लाने को जरूर कहतीं। इसके लिए उन्होंने अपने बेटे की व्हीलचेयर भी दी, हालाँकि उसकी कोई बात नहीं थी। मेरा घर सीढ़ियों से ऊपर था। सीढ़ियाँ भी मेरे लिए दिक्कत थीं।

मैं बहुत कम ही नीचे उतरा करती थी। जब बहुत जरूरी होता, मसलन बीमार होती या डॉक्टर के पास जाना होता, या जब परिवार के लोग किसी रिश्तेदार, मित्र आदि से मिलने जा रहे होते, तो मेरी माँ या परिवार के बाकी सदस्य मुझे नीचे लाते थे।

मुझे एक घटना याद है, जब ये सीढ़ियाँ मेरे और मेरी खुशी के बीच बड़ी बाधा बन गई थीं। उस समय मेरी ममेरी बहन हिना को सप्ताहांत के लिए अपने परिवार समेत मेरे घर आना था। उसके भाई-बहन और मेरे भाई-बहन सब बराबर उम्र के थे। हम लोग खेल रहे थे; हमें जब भी समय मिलता था, हम लोग खेला करते थे, इसे गँवाते नहीं थे।

ऐसी ही एक शाम, उसने मुझसे कहा, ''मन्नी, आज हम पास के पार्क में खेलेंगे। मजा आएगा।''

मन्नी मेरा घर का नाम है। मेरे परिवार के लोग मुझे इसी नाम से पुकारते हैं।

मैंने जवाब दिया, ''हाँ, हम गुड़ियों की शादी कराएँगे।''

मेरी माँ आईं और कहने लगीं, ''बच्चो, चलो, पार्क में जाकर खेलो।''

हिना बोली, ''फूफी, हम लोग मन्नी को साथ ले जाएँगे।''

इस पर मेरी माँ ने कहा, ''पहले तुम लोग जाओ और मन्नी की चेयर साथ ले जाओ। मैं उसे थोड़ी देर में लेकर आती हूँ।''

सभी बच्चे नीचे गए और मैं ड्राइंग रूम में लेटी रही; शाम का समय था, इसलिए लाइट बंद थी, कमरे में रोशनी थी, मेरे बिस्तर के पास की खिड़की से

हल्की रोशनी आ रही थी। उसी समय मैं अपने खयालों में खो गई। मुझे पता ही नहीं चला कि मेरे आसपास क्या हो रहा है। वास्तव में मुझे बहुत दुःख हो रहा था और अपनी सीमाओं का एहसास कर रही थी। मैं सोच रही थी कि मैं उन लोगों के साथ क्यों नहीं जा पाई।

अब मैं जब उस पल के बारे में सोचती हूँ तो मुझे लगता है कि जैसे आज भी मैं वही हूँ। मैं ही उस हालत को बेहतर समझ सकती हूँ।

□

अब आइए, उसी मूल बात को आगे बढ़ाते हैं, जिसकी चर्चा हम कर रहे थे। उसके बाद मेरी माँ जसवंत कौर आंटी से मिलीं और उनसे उस स्कूल के बारे में पूछा और दाखिले के लिए उनसे साथ चलने का अनुरोध किया। कुछ ही दिनों में दोनों स्कूल गईं और मेरा दाखिला हो गया। पढ़ाई की मेरी इच्छा देखकर प्रिंसिपल बहुत प्रभावित हुईं।

□

एक कदम नई जिंदगी की तरफ

मेरी माँ नई जिंदगी की तरफ एक कदम पहले ही बढ़ा चुकी थीं, जिससे इस सबसे खूबसूरत लड़की की खूबसूरती और बढ़ गई थी; क्योंकि अब मेरे होंठ अकसर मुसकराना सीख गए थे। मुझे वह मिल चुका था, जिसके लिए मेरा दिल लंबे समय से रो रहा था।

अब, 1994 के साल में, मैंने रोज स्कूल जाना शुरू कर दिया था और यही मेरी मुसकान का कारण था। उस समय मेरी उम्र 8 साल की थी, मेरी माँ और मेरी बुआ आयशा दोनों मिलकर मुझे हर रोज स्कूल के लिए तैयार करती थीं।

वह स्कूल एक छोटा सा एन.जी.ओ. था और नोएडा के सेक्टर 40 में स्थित था, जो कि मेरे घर से कुछ ही दूरी पर था। इसका नाम था 'इंटरेक्ट सोसाइटी'।

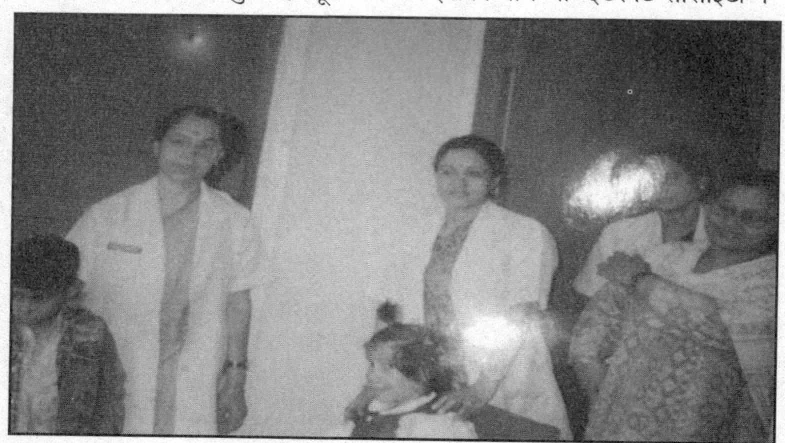

जीनत अपनी माँ रिजवाना खातून और प्रिंसिपल श्रीमती बर्मन के साथ 1994 में।

स्कूल में मेरी प्रिंसिपल श्रीमती बर्मन ने सारे इंतजाम करा दिए थे। मेरे बैठने का इंतजाम करने के लिए उन्होंने फिजियोथेरेपिस्ट की मदद ली, क्योंकि मुझे अपना शरीर सही स्थिति में रखने के लिए खास खयाल रखने की जरूरत थी।

फिजियोथेरेपिस्ट अंजलि दीदी तकियों का इस्तेमाल करके मुझे सीपी चेयर में बैठाती थीं, जिसमें गरदन टिकाने का इंतजाम था। हालाँकि कुरसी कड़ी थी, क्योंकि वह लकड़ी की थी, लेकिन सामान्य कुरसियों की तुलना में बेहतर थी।

मुझे लगा जैसे मैं एक अलग ही दुनिया में हूँ, जहाँ लोग एक-दूसरे से बात कर रहे हैं, एक-दूसरे के खयाल बाँट रहे हैं। मुझे यकीन ही नहीं हो रहा था कि दुनिया इतनी रंगीन भी हो सकती है।

यहाँ मैं दुनिया को रंगीन दुनिया से जोड़कर देख रही थी। मेरा कहने का मतलब यह है कि दुनिया रंगीन इसलिए है, क्योंकि मुझे अलग-अलग इच्छाओं, स्वभावों और क्षमताओं के लोगों से मिलने का मौका मिला और सबसे अहम बात थी, मुकाबला। मैंने हर किसी की आँखों में जिंदगी में सबसे बेहतर होने के लिए मुकाबला करने की चिनगारी देखी।

स्कूल जाना शुरू करने से पहले, मेरा घर ही मेरी पूरी दुनिया था और उसमें रहनेवाले गिने-चुने लोग ही मेरे साथी थे, लेकिन स्कूल जाने पर दुनिया के बारे में मेरी सोच ही फैल गई और मुझे यकीन हो गया कि दुनिया जादू से भरी है और इससे मेरे अंदर इस दुनिया में जीने का आत्म-विश्वास आया, जिससे मैं दुनिया में वह सब पा सकी, जिसकी अब तक मैं कुरबानी करती आ रही थी। मैं बहुत खुश थी, क्योंकि अब शिक्षक मेरे ऊपर पूरा ध्यान दे रहे थे। अब मुझे किसी से घर पर आकर पढ़ा जाने का अनुरोध करने की जरूरत नहीं थी, बल्कि अब मुझे स्कूल में मेरी उम्मीद से भी ज्यादा लोगों से बात करने का मौका मिलता था।

ये सारे बदलाव मेरे लिए चमत्कारिक थे।

□

मेरा नाम जीनत आरा मेरे परिवार के लिए सौभाग्यशाली रहा

मेरी जिंदगी में एक बड़ी चीज ऐसी हुई, जिससे मेरे परिवारवालों को यकीन हुआ कि मैं कोई मामूली लड़की नहीं हूँ, बल्कि उससे ज्यादा कुछ हूँ, शायद खुदा की नेमत हूँ और वे सब लोग मुझे खुदा का तोहफा मानने लगे।

मेरा मतलब यह नहीं कि उस घटना के बाद से वे मुझे पहले से ज्यादा प्यार करने लगे, उनका प्यार तो मेरे लिए हमेशा से बेशकीमती रहा, बल्कि वे यकीन करने लगे कि मेरे साथ खुदा की मेहरबानी है और उसने अन्य आम इनसानों की तुलना में उनकी लड़की के साथ किसी भी तरह की नाइनसाफी नहीं की है। उन्हें यकीन था कि खुदा जिंदगी के हर उतार-चढ़ाव में हमेशा उनकी बेटी के साथ है।

यह बदलाव तब हुआ, जब मेरे एक भाई ने स्कूल में हर साल होनेवाले समारोह के समय दिए जानेवाले टिकटों के सारे पन्नों पर मेरा नाम लिख दिया। इसके बाद स्कूल को अंत में लकी ड्रॉ निकालना था। जिसका नाम ड्रॉ में सबसे पहले निकलता, उसे बड़ा इनाम मिलनेवाला था और उस समय मुझे जीतने का मौका मिला।

मेरे भाई-बहन निर्धारित तारीख पर समारोह में गए। परिणाम समारोह के अंत में एक शिक्षक घोषित करनेवाले थे, लेकिन मेरे भाई-बहन उस दिन परिणाम सुने बिना जल्दी घर आ गए। उन्हें यकीन था कि वे नहीं जीतेंगे, इसलिए वे वहाँ से चले आए।

अगले दिन, जब मेरे बड़े भाई अजहर हुसैन अपनी कक्षा में गए, तो वहाँ हर तरफ शोर था कि अपनी बहन जीनत के नाम से उसने लकी ड्रॉ का पहला इनाम जीता है। जब यह खबर उसके कानों में पड़ी तो उसे लगा कि जैसे उसके कानों में

कोई बम सा फट गया हो! उसे इस खबर पर यकीन नहीं हो रहा था।

उस दिन वह बहुत खुश होकर घर लौटा और घर में घुसते ही उसने सबको यह खबर सुनाई। सबने मुझे गले लगा लिया।

काफी देर बाद सारे घरवाले मुझसे अलग हुए। मैं खुली आँखों से यह सोचने लगी कि यह सब हुआ क्या है? मुझे लगा, जैसे कुछ दिनों में मैं चलना सीख जाऊँगी। यह खयाल मेरे मन में आया, क्योंकि मेरे जीवन में सबसे बड़ी घटना यही हो सकती थी।

एक दस साल की लड़की उस समय इससे ज्यादा और क्या सोच सकती थी?

जीनत अपने पिता जमाल अहमद के साथ विश्व भारती पब्लिक स्कूल, नोएडा में 1995 में पहला इनाम लेते हुए।

मेरे परिवार में खुशी की सच्ची या असली तसवीर तब दिखी, जब मेरे पिता और मेरे एक चचेरे भाई अताउल्लाह मुझे उस इनाम को दिलाने के लिए मेरे भाई-बहनों को स्कूल लेकर गए। वे बहुत खुश थे और जल्दी-से-जल्दी इनाम ले लेना चाहते थे।

जब मैं बड़े से गेट से अंदर घुसी तो मुझे अपनी आँखों पर यकीन नहीं हुआ। मैंने कभी सोचा तक नहीं था कि किसी स्कूल का दरवाजा इतना बड़ा हो सकता है या इतना बड़ा स्कूल हो सकता है। ये विचार मेरे मन में इसलिए आए, क्योंकि जिस

स्कूल में मैंने जाना शुरू किया था, वह इसका एक चौथाई से भी छोटा रहा होगा।

मेरा चचेरा भाई मुझे लिये हुए स्कूल के जिस ऑफिस में घुसा, वह इतना बड़ा था कि मेरे स्कूल के सारे बच्चे ही प्रिंसिपल के कमरे में आ सकते थे, हालाँकि मुझे उनका नाम याद नहीं है। उन्होंने मुझे बड़े आरामदायक सोफे पर बैठने को कहा। मेरे पिता के साथ उन्होंने कुछ देर बात की।

इसके बाद उन्होंने मेरे साथ एक फोटो खींचने को कहा। इसके लिए उन्होंने मुझे मेरे चचेरे भाई से ले लिया। वे इतने बुजुर्ग थे कि जब उन्होंने मुझे अपनी गोद में लिया, तब उनका शरीर एक ओर झुक गया था और मुझे लगा कि मैं कहीं छूटकर गिर न जाऊँ। इस दौरान, उन्होंने मेरी तारीफ में जो कहा, वह आज भी मेरे दिमाग में एकदम स्पष्ट है। उन्होंने कहा था, ''एक दिन, यह रानी बनेगी और लाखों दिलों पर राज करेगी।'' उन्होंने मेरी आँखों की गहराई में झाँकते हुए कहा था। इनाम लेने के बाद जल्द ही हम घर लौट आए।

□

एक खास मुलाकात

जैसा कि मैंने आपको बताया, मेरी जिंदगी में सबसे बड़ी इच्छा शिक्षा थी, जो अब पूरी हो रही थी और सब चीजें ठीक से चल रही थीं। कुछ समय बाद, एक शिक्षिका मिसेज नेगी मेरे पास आईं और उन्होंने मुझे अपनी कक्षा में शिफ्ट करा लिया। मिसेज नेगी ने अपनी बेटी के लिए स्कूल में नौकरी की थी। उनकी बेटी भारती दीदी को दिमागी परेशानी थी। इस स्कूल में आने से पहले वे एक सामान्य स्कूल में थीं। यहाँ इस स्पेशल स्कूल में वे बड़ी कक्षाओं के बच्चों, मसलन, तीसरी, चौथी और पाँचवीं के बच्चों को सँभालती थीं। उनसे बड़ी कक्षाएँ स्कूल में नहीं थीं।

मिसेज नेगी मैम जिस दिन से इस स्कूल में आई थीं, तभी से वे मुझे देख रही थीं। वे एक बार में ही मेरी समस्या समझ गईं और सीधे प्रिंसिपल के पास जाकर मुझे उनकी अपनी कक्षा में शिफ्ट कराने की अनुमति ले ली।

अनुमति मिलते ही, उन्होंने मुझे पढ़ाना शुरू कर दिया। उन्होंने मेरी आँखों में एक चमक देखी थी, दूसरों की तरह बनने की चाहत देखी थी, जिसके कारण मैं दूसरों से बेहतरीन थी और जिंदगी के प्रति मेरे सकारात्मक रवैए ने भी उन्हें बहुत प्रभावित किया था। मैं अपनी जिंदगी को बहुत कठिन कभी नहीं समझती रही, इसकी बजाय मैं कठिन चीजों को अपनी जिंदगी से बाहर निकाल फेंकती थी और हमेशा मुसकराहट के साथ जीना पसंद करती थी।

मुझे भी मिसेज नेगी मैम से पढ़ना अच्छा लगता था। उनके पढ़ाने का तरीका किसी सामान्य स्कूल की तरह का ही था और मुझे यही चाहिए था। उस स्कूल में अंतर यह था कि सब बच्चों का पाठ्यक्रम एक ही था, चाहे उनका स्तर कितना भी अलग क्यों न हो। मिसेज नेगी मैम अपनी तरफ से सभी बच्चों की जरूरतों को पूरा करने की भरसक कोशिश करती थीं, जिससे कई बार मेरी पढ़ाई पिछड़ जाती थी और मुझे चिढ़ होने लगती थी; क्योंकि मैं अपना पाठ्यक्रम जल्द-से-जल्द पूरा

कर लेना चाहती थी।

बाद में, कुछ और समझ आने पर, मैंने पाया कि शिक्षा का जो स्तर मुझे चाहिए था, वह उस स्पेशल स्कूल में मिलनेवाला नहीं था। मेरे स्कूल और किसी सामान्य स्कूल के बीच में पढ़ाई के स्तर में भारी अंतर था। हालाँकि मैं इसमें कुछ नहीं कर सकती थी, क्योंकि कुछ न होने से तो कुछ होना ही बेहतर था और अगर किसी इनसान में विश्वास है तो वह उस कुछ को पल भर में ही सबकुछ में बदल सकता है। इसलिए मैं धैर्य बनाए रही।

मेरा दिमाग और दिल एकदम सामान्य तरीके से काम करते थे। जैसे-जैसे मैं बड़ी होती जा रही थी, ये और भी तरोताजा और तेज होते जा रहे थे। मुझे तो केवल शरीर के कारण ही स्पेशल स्कूल में जाना पड़ा था; अन्यथा मुझे तो किसी सामान्य स्कूल में ही जाना चाहिए था। समस्या यह थी कि मैं अपनी गरदन को सँभाल नहीं पाती थी या जरूरत पड़ने पर एक इंच भी खिसक नहीं पाती थी। मेरे शरीर में संतुलन बहुत ही कम था।

इसलिए मिसेज नेगी मैम से यह अप्रत्याशित मुलाकात मेरी जिंदगी को नई दिशा दे गई।

□

मेरी जिंदगी में एक नए सदस्य की आमद

जब मैं दस साल की थी, तब मेरी माँ ने एक बच्चे को जन्म दिया। उसके नाक-नक्श बहुत तीखे थे और अपनी गहरी पलकों के कारण वह किसी खरगोश की तरह लगता था।

मेरे भाई-बहन और मैं हमेशा अपने रिश्तेदारों और पारिवारिक मित्रों के बच्चों को देखकर ललचाते थे। ऐसे में घर में नए सदस्य की आमद से मेरे परिवार में और मेरी जिंदगी में खुशी और उत्साह की लहर दौड़ गई, क्योंकि मुझे तो अपने से छोटे बच्चों से हमेशा से ही बहुत प्यार था। अब उस नन्हे शहजादे की मेरी जिंदगी में आमद से मेरी खुशी का अंदाजा लगाया जा सकता है।

मेरे अनेक रिश्तेदारों और पारिवारिक मित्रों के घरों में छोटे बच्चे थे। जब भी छुट्टियों में या अन्य किन्हीं मौकों पर वे हमारे घर आते थे, तो मैं उन बच्चों को अपनी गोद में रखने को कहती थी और वे बच्चे मेरी गोद में आ जाते तो मैं उनसे तोतली आवाज में बात करती और पूरे समय उनके साथ खेलती रहती थी।

अगर कोई मेरी इच्छा के खिलाफ काम करता था तो मैं चिल्लाने लगती थी या नाराज होने लगती थी, लेकिन इस नए बच्चे के साथ ऐसा बिल्कुल नहीं था, क्योंकि मैं उसे बहुत चाहती थी। यह बच्चा चाहे कुछ भी करे, मैं उसकी हर हरकत सहन करती थी। वह मेरे सिर पर बैठ जाता था, मेरे बाल जोर से खींच देता था। आसान शब्दों में, वह मेरे साथ कुछ भी करता था, लेकिन मैं उसे कभी कुछ नहीं कहती थी। इसकी बजाय, मैं उसे अपने ऊपर लिटाकर सुलाती थी, माँ की मदद से उसे अपने पैरों पर लिटा लेती थी, ताकि उसे झूला झूलने का एहसास हो।

यह सब करते हुए मेरे पेट में कभी-कभी दर्द होने लगता था, लेकिन छोटे

भाई की खुशी के लिए यह दर्द कौन सी बड़ी बात थी।

मुझे एक घटना याद है, जिससे आप समझ सकेंगे कि वह मेरे लिए कितना खास था।

जब वह थोड़ा बड़ा हुआ तो उसे कारों का बहुत शौक हो गया। वह बिस्तर पर बैठ जाता और मम्मी से एक प्लेट देने को कहता। जब मम्मी उसे प्लेट देतीं तो वह उसे कार के स्टीयरिंग की तरह पकड़कर ऐसे घुमाता जैसे वह सचमुच की कार चला रहा हो।

वह टेडी बियर और गुड्डे-गुड़िया जैसे नर्म खिलौनों से कभी नहीं खेलता था और यही कारण था कि मैं उसे कभी इस तरह के तोहफे नहीं देती थी। होता यह था कि हर साल उसकी सालगिरह पर हम भाई-बहन अपनी बचत के रुपए-पैसे इकट्ठे करते और मिठाइयाँ तथा कार खरीदते और उसकी सालगिरह मनाते थे।

उसे कारों से खेलना इतना अच्छा लगता था कि कुछ समय बाद वह फर्श पर कारों से खेलना सीख गया। वह मम्मी से कहता कि उसे फर्श पर लिटा दें और फर्श पर लेटकर वह कार चलने की आवाज धूँ-धूँ मुँह से निकालने लगता। जब मैंने उसकी यह नई आदत देखी तो मुझे डर लगने लगा कि कहीं कोई चींटी उसके कान में न घुस जाए और अगर ऐसा हुआ तो वह तो दर्द का कारण किसी को बता भी नहीं पाएगा।

मैं अपनी हद पहचानती थी। यही कारण है कि मैं अपनी तुलना छोटे बच्चे से करती थी। मैं जानती थी कि वह अपने आपको किसी ऐसी चीज से दूर नहीं रख पाएगा, जो उसे नुकसान पहुँचा सकती हो। उसके मामले में एक और बात थी कि अगर उसे उसकी ओर आती कोई ऐसी चीज दिखती भी, जो उसे नुकसान पहुँचा सकती हो, तो भी वह तब तक नहीं चिल्लाता था, जब तक उसे चोट लग न जाए। इस कारण से कई बार मैंने मम्मी से कहा भी कि उसे फर्श पर न लिटाएँ, हालाँकि मम्मी हर बार मेरी बात हल्के में लेती रहतीं। उनकी सोच बहुत आसान थी। उनकी सोच बिल्कुल सही थी कि बच्चों को प्रतिकूल परिस्थितियों में पलना चाहिए।

जब उन्होंने मेरी बात पर ध्यान देना बिल्कुल बंद कर दिया तो मेरा डर और ज्यादा बढ़ गया और मैंने तय किया कि मुझे ही कुछ करना होगा, जबकि बिना किसी की शारीरिक मदद के यह मुमकिन नहीं था, क्योंकि मैं खुद भी अपनी जरूरतों के लिए दूसरों पर निर्भर थी, ऐसे में मैं उसकी क्या मदद करती?

हालाँकि मेरा यकीन कीजिए, जब आपका दिल और दिमाग ठीक से काम कर रहे हों, तो आप किसी असंभव लगनेवाली ऊँचाई को भी छू सकते हैं। एक

बात हमेशा याद रखिए, आपका दिमाग ही आपके पूरे बदन का मालिक है। आपको हमेशा इसे चुस्त रखना चाहिए।

यही मैंने किया। मैंने आयशा बुआ से कहा, 'प्लीज मुझे भी फर्श पर लिटा दीजिए।' इस तरह से मैं अपने भाई की हरकतों पर नजर रख सकूँगी। अगर कोई खतरनाक चीज उसकी तरफ आएगी तो मैं कम-से-कम मदद के लिए आवाज तो लगा सकूँगी। इस तरह से मैं तसल्ली कर लेती कि उसे कोई कीड़ा नुकसान नहीं पहुँचाएगा।

□

दोस्ती का सही मतलब जाना

जब मैं बहुत छोटी थी, 10 या 12 साल की या उससे भी छोटी, मुझे ठीक से याद नहीं। जो भी हो, तभी मेरी जिंदगी में उत्साह और उत्सुकता जागी।

जब भी मैं अपने भाई-बहनों को उनकी उम्र के बच्चों के साथ जाती देखती, उनके साथ मेरे बारे में बात करते सुनती और एक-दूसरे के साथ कक्षा या खेलने के दौरान पार्क में होनेवाली कई घटनाओं के बारे में बात करते सुनती, तो इससे मेरे दिमाग पर दबाव पड़ता। मैं सोचने लगती, 'यह कैसा रिश्ता है, मेरी जिंदगी में भी ऐसी मस्ती क्यों नहीं है ?'

मैं जानती हूँ कि अब आप जरूर यह सोच रहे होंगे कि मैं भी कितनी मूर्ख थी, जो यह भी नहीं जानती थी कि यह रिश्ता दोस्ती का होता है। आप बिल्कुल सही हैं; आपकी जगह कोई भी होता, यही सोचता। हालाँकि तब मैं जवाब देती—

अपनी आँखें बंद रखो और सोचो। ऐसी लड़की के बारे में सोचो, जिसका कोई दोस्त न हो, साथ ही, वह अपने आसपास दूसरे लोगों को ढेर सारे दोस्त बनाते देखती हो और वे आपस में खूब सारी बातें करते हों और यह लड़की उनमें से किसी दोस्त के सामने दोस्ती का हाथ बढ़ाए, तो उसे क्या हाथ आएगा। कुछ नहीं।

वे चाहेंगे कि वह उनकी अपेक्षाओं पर खरी उतरे, जैसे कि उनके साथ पार्क में चलकर खेले। जब भी वे चाहें, वह पार्क में पहुँच जाए। अब क्या आप सोच सकते हैं कि यह लड़की अपने को अकेला महसूस करे और जिंदगी में दूसरों की तरह खुशियों की अपेक्षा करे, आप कैसे उससे अपेक्षा कर सकते हैं कि वह दोस्ती के रिश्ते का मतलब जाने, जबकि कोई उसके साथ यह रिश्ता नहीं रखना चाहता ? उसके दिल में बस यही दर्द रहेगा, जिसे वह महसूस तो कर सकती है, लेकिन किसी को जता नहीं सकती।

खुदा के अलावा और किसी के हाथ में कुछ नहीं : यही मेरी सोच थी

और यही हुआ। अल्लाह ने मेरे नए-नवेले स्कूल में एक सुंदर लड़की मेरी सहेली के रूप में भेज दी। उसका नाम रंजना गुप्ता था। वह बहुत सुंदर थी। जब मैं पहली बार स्कूल में मिली तो मुझे अपनी आँखों पर यकीन नहीं हुआ कि इस दुनिया में इतनी सुंदर कोई और लड़की भी हो सकती है, क्योंकि इसके पहले तो मुझे लगता था कि मैं ही सबसे सुंदर हूँ।

जीनत और उसकी सहेली रंजना गुप्ता—दो मिलते-जुलते चेहरे।

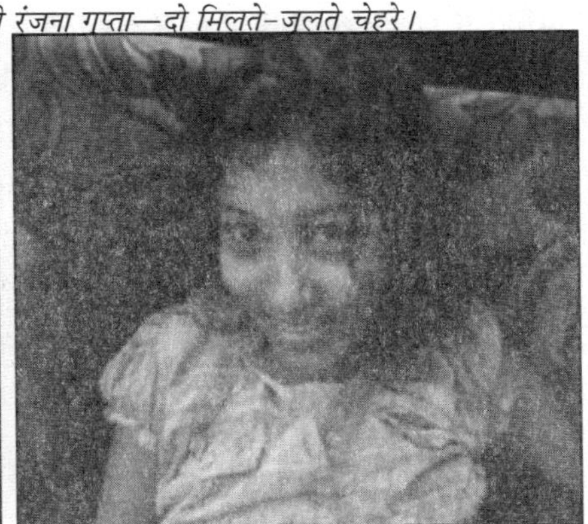

जब हम दोनों एक-दूसरे से मिले तो उसने अपने बारे में मुझे सबकुछ बताया और मेरी जिंदगी के बारे में सबकुछ पूछा। वह किसी परी की तरह थी, जो पंख फैलाए मेरी जिंदगी में आई और मेरी जिंदगी को खुशियों से भर दिया। उसकी सूरत भी बिल्कुल मेरी तरह ही थी। फर्क केवल यह था कि उसकी त्वचा का रंग कुछ धूमिल था और मेरा रंग गोरा था।

आमतौर पर कोई सुंदर लड़की, दूसरी सुंदर लड़की को देखकर जलने लगती है, लेकिन हमारे बीच ऐसा कुछ नहीं था। मेरे मन में ऐसा कुछ नहीं आया और न ही उसके मन में कुछ ऐसा भाव आया। मुझे उससे कभी जलन नहीं हुई, क्योंकि जलन तो तब होती है, जब आपको किसी से पराजित होने का डर हो।

सच में, हम दोनों के बीच कोई मुकाबला था ही नहीं। हम दोनों एक-दूसरे के अच्छे कामों की तारीफ करते थे। जब मैंने पहली बार उसे देखा था, तो एक ही बात मेरे दिमाग में आई थी कि उसे भी वही दिक्कत है, जो मुझे है। मेरे मन में यही विचार उठा, क्योंकि मेरे और उसके बीच बहुत सारी समानताएँ थीं, जैसे कि वह मेरी तरह ही सीपी चेयर पर बैठती थी, मेरी तरह लिखती थी और सबसे खास,

उसका दिमाग मेरी तरह ही काम करता था। हमारे अंदर बहुत सारी समानताएँ थीं, जो मुझे स्कूल के किसी अन्य बच्चे में नहीं मिल रही थीं।

शायद यही कारण रहा होगा कि मुझे लगा कि उसे भी मेरी ही तरह समस्या होगी, लेकिन बाद में पता चला कि उसे जापानी बुखार हुआ था, जो कि एक मच्छर के काटने से फैलता है। इससे त्वचा जलने लगती है, खुजली होने लगती है और दिमाग में सूजन आ जाती है। इस संक्रमण के कारण रोगी कोमा तक में जा सकता है और बाद में जब वह कोमा से बाहर निकलता है तो कई बार वह चलने, बैठने या हिलने-डुलने की ताकत खो बैठता है। हालाँकि ऐसे मरीजों पर एस.एम.ए. की तरह बाद में बहुत ज्यादा ध्यान देने की जरूरत नहीं पड़ती, क्योंकि एस.एम.ए. में कई तरह की स्वास्थ्य संबंधी जटिलताएँ पैदा होती हैं, जिससे उनकी जिंदगी को भी खतरा हो सकता है। इसके बारे में मैं बाद में बताऊँगी।

तो, मेरी जिंदगी में इस लड़की की आमद ने मुझे सच्ची सहेली की खुशी पाने का मौका दिया। तभी मैं उस रिश्ते का असली अर्थ समझ सकी, जिसे दोस्ती कहते हैं।

□

माँ का साया

जैसा कि मैंने आपको बताया, मुझे अपनी अनेक सीमाओं के कारण स्पेशल स्कूल में दाखिला लेना पड़ा था। जब मेरी गरदन का संतुलन बिगड़ जाता था, तो मुझे कोई व्यक्ति सँभालने के लिए पूरे समय चाहिए होता था। गरदन लुढ़क जाती थी या मुझे अपनी बैठने की स्थिति बार-बार बदलनी पड़ती थी। वास्तव में, पहले मैं अपनी स्थिति खुद ही बदलने की कोशिश करती, ताकि मुझे कुछ राहत मिल सके, लेकिन पूरी कोशिश के बाद भी मैं अपने हाथ-पैर नहीं हिला पाती थी और उनमें दर्द होने लगता था, तब मुझे किसी की मदद की जरूरत पड़ती थी।

आप अंदाजा लगा सकते हैं कि जब आपको दर्द का कारण पता हो और आप हाथ-पैर हिलाने में अपनी अक्षमता के कारण कुछ न कर पाएँ तो कितनी दिक्कत होती है।

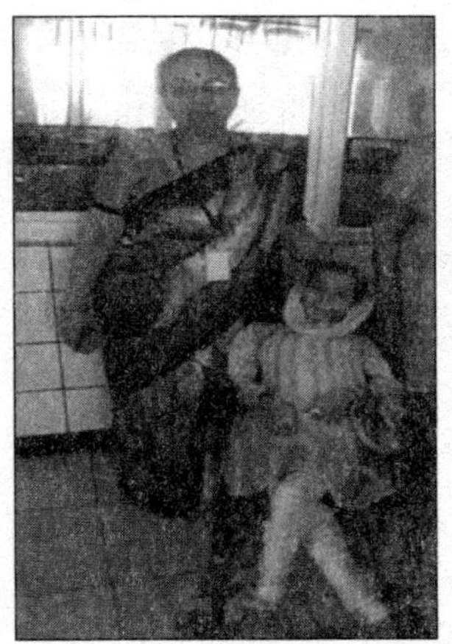

जीनत एम.बी.सी.एन. स्कूल की प्रिंसिपल मिसेज सरस्वती नेगी के साथ।

हालाँकि जिस स्कूल में मैं पढ़ती थी, वहाँ देखभाल की अच्छी सुविधाएँ थीं। मेरी कक्षा अध्यापिका मिसेज नेगी मेरा बहुत खयाल रखती थीं। अगर मुझे वॉशरूम जाना हो या अटेंडेंट किसी और बच्चे की मदद कर रहा हो तो वे किसी अटेंडेंट की मदद नहीं लेती थीं। किसी और के खाली होने और मुझे खाना खिलाने के लिए वे किसी का इंतजार नहीं करती थीं। वे खुद ही मेरा काम कर दिया करती थीं।

मुझे एक घटना याद है, जब मैंने उनके अंदर अपनी माँ की छवि देखी थी। हालाँकि किसी और से माँ की तुलना करने का कोई मतलब नहीं, क्योंकि असली माँ की तरह दुनिया में कोई और तो हो ही नहीं सकता। माँ खुदा की तरफ से हमें एक बेशकीमती तोहफा है। माँ जो हमारे लिए करती है, उसका कर्ज हम कभी नहीं चुका सकते। माँ जो हमारे लिए करती है, उसकी बराबरी कोई नहीं कर सकता।

अब मूल बात पर आती हूँ, जिसके बारे में मैं बता रही थी। मैंने मिसेज नेगी में अपनी माँ की छवि देखी थी। वास्तव में हुआ यह था कि एक दिन जब मैं स्कूल गई तो मेरा गला खराब था और कक्षा में ही अचानक मुझे जोर की खाँसी आने लगी थी। गले में जो कफ फँसा हुआ था, वह बाहर नहीं आ पा रहा था। इस वजह से मुझे खाँसी आने लगी थी और अपनी कमजोरी के कारण मैं जोर से खँखार नहीं पा रही थी। जब मेरी अध्यापिका मिसेज नेगी मैम ने मुझे खाँसने में हो रही कठिनाई को देखा तो वे बाकी बच्चों को छोड़कर मेरी तरफ भागीं और मुझे अपनी गोद में लेकर मेरा मुँह नीचे करके, अपनी उँगली मेरे मुँह में डाल दी और सारा कफ बाहर निकालने लगीं। तब जाकर मुझे कहीं आराम मिला।

यह काम तो कोई माँ ही कर सकती थी या फिर कोई ऐसा, जो मेरे बहुत करीब हो, मसलन भाई-बहन या दुर्लभ मामले में कोई बहुत करीबी रिश्तेदार, हालाँकि वास्तविक जीवन में खून के रिश्ते के अलावा आप कम ही किसी के इतने निकट आ पाते हैं। दो दिलों के बीच जितना मजबूत आकर्षण हो सकता है, मैंने वही मिसेज नेगी मैम के साथ महसूस किया।

□

एक बड़ा सदमा, जिसने मुझे तोड़ दिया

काफी लंबे समय बाद पैदा हुआ मेरा सबसे छोटा भाई भी उसी समस्या (एस.एम.ए. टाइप-1) से पीड़ित था। उसका नाम बाद में सैफ हुसैन रखा गया था। जन्म के तीसरे महीने में उसकी इस बीमारी की पहचान हुई, लेकिन उस समय मुझे यह पता नहीं था। जब उसकी समस्या का पता चला तो मेरे माता-पिता ने यह बात मुझे नहीं बताई। मैं वह सब जानने-समझने लायक बड़ी नहीं हुई थी। मेरे माता-पिता ने मुझे इसलिए वह बात नहीं बताई, क्योंकि मैं बहुत छोटी थी और उन्हें लगा कि मुझे यह पता लगने पर बड़ा सदमा लग सकता है। हालाँकि समय के साथ-साथ उसकी हरकतें कम होती गईं। इस पर मैं घर के बड़े लोगों से सवाल करने लगी। जब उन्होंने मुझे यह सच्चाई बताई तो मैं अंदर से टूट गई।

मैं, उस पल की अपनी भावनाएँ व्यक्त नहीं कर सकती। ऐसा लगा जैसे किसी ने मेरे देखने-समझने की ताकत छीन ली। मेरी आँखों के आगे अँधेरा छा गया था। मुझे ऐसा लगा जैसे मेरी जिंदगी ने कुछ और चुनौतियाँ पैदा कर दी हों और जो इनसान उन्हें झेलने जा रहा था, वह मेरे लिए अपने आप से भी अहम था। मैं ही जानती हूँ कि किसी बच्चे को यह समझ पाना कितना मुश्किल होता है कि वह अपनी समस्या के कारण जिंदगी के सारे सुख नहीं उठा पाएगा। जब वह दूसरे बच्चों को स्कूल जाते, खेलते और जिंदगी के हर तरह से आनंद उठाते हुए देखता है तो वह क्या महसूस करता है?

मैं अपने भाई की आँखों में वह दर्द नहीं देखना चाहती थी, लेकिन मैं कुछ नहीं कर सकती थी। मैंने अपने विकलांगता को कभी दोष नहीं दिया, अपनी असहायता के कारण अपनी इच्छाएँ दबाते समय मुझे इतना दुःख तब तक कभी नहीं हुआ था।

जिस दिन से मुझे यह बात पता चली, मैं उदास रहने लगी और अपने भाई

सैफ को ध्यान से देखने लगी। एक दिन मैंने उससे 4 साल छोटी एक लड़की को देखा, जो मेरे घर के पड़ोस में रहती थी और हर रोज हमारे यहाँ आ–जाया करती थी। वह लड़की आई और आते ही उसने पूरे घर में दौड़ना शुरू कर दिया। उसे देखते ही मेरा भाई अचानक चुप हो गया। वैसा न कर पाने की क्षमता के कारण उसकी आँखों में निराशा तैरती दिख रही थी, लेकिन न तो मैं उसे कारण समझा सकती थी और न ही वह मुझसे पूछ सकता था, क्योंकि वह इस लायक नहीं हुआ था कि कारण समझ सके। वह केवल 6 साल का था। इतना छोटा बच्चा; क्या समझता, वह तो बस यह सब देखकर भ्रमित सा रह गया था!

उस दिन और पूरी रात मैं रोती रही और अल्लाह से पूछती रही कि उसने मेरे भाई के साथ भी ऐसा क्यों किया? उस रात मैं बहुत तनाव में थी और बहुत दुःखी थी। मेरे आँसू थम नहीं रहे थे। मैं जिंदगी का सबसे बड़ा दर्द झेल रही थी, यहाँ तक कि अपनी विकलांगता के कारण, अपनी इच्छाओं का दमन करते समय भी मुझे इतना दुःख नहीं हुआ था। मैं यह दर्द सहन नहीं कर पा रही थी। मुझे ऐसा लगा जैसे किसी ने मेरे बदन से मेरे दिल को अलग कर दिया हो।

क्या आप इसके बिना अपनी जिंदगी की कल्पना कर सकते हैं? अगर आपके शरीर में दिल न हो, तो कोई भावना ही नहीं रहेगी। उस घटना के बाद मेरा शरीर कई महीनों तक बिना भावनाओं के रहा, हालाँकि मैंने धैर्य के साथ यह विश्वास बनाए रखा कि यह भी इस दुनिया के मालिक, अल्लाह का ही इम्तिहान है और असली विजेता वह है, जो दुनिया के मालिक के इस इम्तिहान में जीतेगा और मैं धैर्य रखकर वह इम्तिहान पास करना चाहती थी।

□

स्कूल सेवाएँ अच्छी से खराब होती गईं

अब मिसेज नेगी मैम की देख-रेख में मैंने पाँचवीं कक्षा पास कर ली। वे उसी तरह से मुझे पढ़ाया करती थीं, जिस तरह से सामान्य स्कूलों में पढ़ाया जाता है; दूसरी तरफ, स्पेशल स्कूलों में शिक्षकों को डिग्रियों की जरूरत नहीं होती। उन्हें केवल विशेष शिक्षा (स्पेशल एजूकेशन) का कोर्स करना पड़ता है, क्योंकि उन्हें बच्चों को कक्षाओं में नहीं पढ़ाना पड़ता, उन्हें तो केवल व्यवहार सिखाना पड़ता है, लेकिन मेरे मामले में ऐसा नहीं था। मेरी जरूरतें अलग थीं। मेरी जरूरतें सामान्य बच्चों की ही तरह थीं और मिसेज नेगी मैम ने यह बात गौर कर ली थी। इसलिए उन्होंने तुरंत ही मुझे पढ़ाने का तरीका सामान्यवाला ही कर दिया था।

मुझे जिस तरीके से पढ़ाया जा रहा था, उससे मैं बहुत खुश थी। मेरी पढ़ाई में तब बाधा पड़ी, जब मिसेज नेगी मैम ने इस्तीफा दे दिया और स्कूल छोड़ दिया। शुरू में तो मेरे लिए वहाँ के बाकी अध्यापकों के साथ अभ्यस्त होने में बहुत कठिनाई हुई। वे मेरी जरूरतों को समझने के विशेषज्ञ नहीं थे, जैसे वे नहीं जानते थे कि मेरी गरदन किस स्थिति में रखनी चाहिए कि मैं पढ़ते समय आराम महसूस कर सकूँ, कितनी देर में मुझे अपनी स्थिति बदलने की जरूरत है, यह भी उन्हें नहीं पता था। ऐसी बहुत सारी बातें थीं, जिन्हें सीखने में उन्हें समय लगा, यहाँ तक कि वे उतने माहिर कभी नहीं हो पाए, जितनी कि मिसेज नेगी मैम थीं।

मैं तो उसी दिन स्कूल छोड़ देती, जिस दिन मिसेज नेगी मैम ने इस्तीफा दिया था, लेकिन उस समय यही स्कूल मेरे घर के सबसे पास था और मेरी माँ ने कहा था कि उसी स्कूल में जाती रहो, क्योंकि वहाँ मैं 20 मिनट में ही पहुँच जाती थी। उन्होंने ऐसा इसलिए कहा था, क्योंकि मैं बस में ज्यादा देर तक बैठे-बैठे थक जाती थी।

बाद में, समय के साथ-साथ मैं अभ्यस्त हो गई, क्योंकि स्कूल के अधिकारियों ने मेरी सुविधा के हिसाब से कई शिक्षक बदले, क्योंकि उन्हें लगता था कि अगर

वे मुझे नहीं सँभाल पाए तो मैं स्कूल ही न छोड़ दूँ। उस समय स्कूल में काफी कम बच्चे थे, करीब सौ ही बच्चे होंगे।

दो साल तक सबकुछ ठीक चला। उन्होंने मुझे अच्छे अध्यापक मुहैया कराए, जो न केवल स्पेशल एजूकेटर थे, बल्कि बी.एससी., एम.एससी. भी थे और वे जानते थे कि मैं किसी भी समय स्कूल छोड़ सकती हूँ और वे ऐसी अच्छी छात्रा को नहीं खोना चाहते थे, जो उनके स्कूल के लिए प्रतिष्ठा अर्जित कर रही थी। बाद में, दो-तीन साल बाद उनकी सेवाएँ धीरे-धीरे अच्छी से खराब होती गईं, जिसका कारण तो मुझे नहीं पता, क्योंकि ये बातें तो स्कूल प्रशासन ही बेहतर समझ सकता है।

उन्होंने मुझे ऐसे अध्यापक दिलाए, जो बिल्कुल सामान्य और स्पेशल एजूकेटर थे और मुझे ढंग से पढ़ाने के लायक नहीं थे।

स्पेशल एजूकेटर वे होते हैं, जो मानसिक समस्या से ग्रस्त बच्चों आदि की विशेष जरूरतों को समझकर उन्हें पढ़ाने के विशेषज्ञ होते हैं। हालाँकि मेरे मामले में, मुझे शारीरिक समस्या तो थी, लेकिन मानसिक समस्या नहीं थी, जिस वजह से मुझे उन शिक्षकों के साथ दिक्कत होती थी।

मेरा मकसद किसी स्पेशल एजूकेटर को ठेस पहुँचाना नहीं है। मैं केवल यह बताना चाह रही हूँ कि स्कूल ने मुझे बाद में कैसे शिक्षक मुहैया कराए। वे सामान्य और स्पेशल एजूकेटर थे और उन्होंने मेरी जरूरतें पूरी करने की भरसक कोशिश की, लेकिन कई बार वे उस तरह से मुझे समझा नहीं पाते थे, जिस तरह से मुझे जरूरत होती थी।

□

जिंदगी की सबसे खूबसूरत चीज खोई

दो-तीन साल आराम से बीत जाने के बाद, मेरी जिंदगी में एक बड़ी त्रासदी हुई, जिसने मुझे अंदर से और कमजोर कर दिया। यह तब हुआ, जब मेरे भाई की तबीयत खराब थी और उसे लगातार साँस का संक्रमण हो रखा था।

जब मैं अपने भाई को तकलीफ में देखती, तो मैं नर्वस हो जाती और मेरा मन करता कि उसकी सारी तकलीफ ले लूँ और अपना स्वास्थ्य उसे दे दूँ।

हालाँकि उस समय, हम लोग असहाय हो जाते हैं, हमारे हाथ में कुछ नहीं रह जाता और इन चीजों पर काबू केवल हमें बनानेवाले अल्लाह का ही होता है। हम केवल उससे कह सकते हैं और अगर वह हमारी अर्ज सुन लेता है, तो इसका मतलब यह होता है कि हम उसके चहेतों में शामिल हैं।

मैं हर पल अल्लाह से प्रार्थना करती, साथ में पता करने की भी कोशिश करती कि मेरे भाई को हुआ क्या है, लेकिन मुझे कोई नतीजा नहीं मिला। इसका कारण शायद यह था कि मैं खुद भी बहुत छोटी थी और मेरी उम्र करीब 15 साल की रही होगी। उस समय मुझे भी इतनी जानकारी नहीं थी कि मैं भाई की तकलीफ का कारण ठीक से जान सकूँ, यहाँ तक कि मेरे परिवार को भी कुछ भी पता नहीं था। वास्तव में, उसे साँस का संक्रमण बार-बार इसलिए हो रहा था, क्योंकि उसे एस.एम.ए. टाइप-1 की जन्मजात बीमारी थी। यह हर तरह के एस.एम.ए. प्रकारों में सबसे ज्यादा तीव्र होता है, जिसमें फेफड़ों की मांसपेशियाँ कमजोर हो जाती हैं और सामान्य बच्चों की तरह ठीक से काम नहीं करतीं, जिससे आरंभिक बचपन में बार-बार साँस का संक्रमण होता है। मेरे परिवार को भी इस बारे में पता नहीं था और वे उसे सामान्य दवाइयाँ दे रहे थे।

बाद में जब वे उसे कलावती अस्पताल ले गए, तब उसने अपनी आखिरी साँस ली और शांति से इस दुनिया से विदा हो गया। मेरे माता-पिता जब अस्पताल

में ही थे, तब एक व्यक्ति ने घर पर आकर मुझे और मेरे भाई–बहनों को सीधे ही यह खबर दी। उसने सोचा भी नहीं कि इसका हम बच्चों पर क्या असर होगा। वह एकदम बेरुखा और संगदिल व्यक्ति था, जिसके अंदर इतनी नरमी भी नहीं थी कि वह हम बच्चों की आँखों में उमड़े दर्द को महसूस कर सके।

मुझे याद है कि जब मैंने उससे अपने भाई के स्वास्थ्य के बारे में जानकारी चाही तो उसने क्या कहा था। उसने कहा था, ''सैफ की कहानी अब खत्म हो चुकी है।'' यह लाइन मुझे इतनी चुभी कि मुझे लगा जैसे किसी ने मेरे दिल में तीर चुभो दिया हो और उसके दो टुकड़े हो गए हों। यह खबर सुनने के बाद मैं अपने थमे आँसू बहने से नहीं रोक पाई। मेरे सारे भाई–बहन रो पड़े और वह व्यक्ति सोफे पर बैठा मजे लेता रहा।

कोई इतना बेरहम कैसे हो सकता है, उसने यह भी नहीं सोचा कि हम लोगों को शांत कराए। मैं जानती हूँ कि अब तक आप समझ चुके होंगे कि उसकी मेरी जिंदगी में क्या भूमिका थी। तो, अब मैं आपको बस यह बताऊँगी कि हर किसी की जिंदगी में ऐसे लोग होते हैं, जो बहुत अच्छा असर नहीं छोड़ते। ऐसे लोग भी होते हैं, जो नकारात्मक असर छोड़ जाते हैं। यह मेरे साथ हुआ है। वह मेरी जिंदगी में नकारात्मक असर छोड़ गया था।

□

दर्दनाक रातें

अपने भाई सैफ को खोने के बाद मैं हर रात रोती रही और अल्लाह से पूछती कि उसने क्यों मेरे भाई को मुझसे दूर किया है। क्यों उसने मुझे इतनी ताकत नहीं दी कि मैं उसकी देखभाल कर सकूँ? तभी से मुझे लगने लगा कि मैं एक अच्छी बहन नहीं हूँ।

पूरी रात मैं रोती रही और अल्लाह से दुआ माँगती रही कि कम-से-कम मरने के बाद उसे शांति दे। अपने अंतिम समय में सैफ ने जो दर्द झेला था, उसे मैं भूलने में असमर्थ थी। मेरा रोना इतनी धीमा था कि मेरी बगल में सो रही मेरी आयशा बुआ को भी सुनाई नहीं दिया।

वह मुझसे इतना ज्यादा जुड़ा था कि वह अधिकांश समय मेरे ऊपर ही लेटा रहता था और इस दौरान, हम दोनों बातें करते रहते थे। मैं उसे कविता याद कराती, रंगों के नाम, आकारों के नाम याद कराती। सारी यादें मेरे मन में थीं, जब वह जिंदा था और मुझसे कहा करता था, "आपा, आपा, आप क्या कर रही हो?" उसकी यह आवाज मेरे मन में हमेशा गूँजती रहती थी और मेरे सोने तक गूँजती रहती थी। जब मैं सो जाती थी तो यह आवाज फटकर धरती में समा जाती थी।

वास्तव में होता यह था कि जब सब कोई रात में सो जाते थे, तब मेरा बड़ा भाई अजहर, जो तब कक्षा 10 में था, वह देर रात तक पढ़ाई किया करता था। उसे कोई साथी चाहिए होता था, इसलिए वह सबसे छोटे भाई सैफ को जगा लेता था। इस तरह से वह अपनी पढ़ाई पर ज्यादा ध्यान लगा पाता था। इस बीच सैफ यह पता करने की कोशिश करता था कि उसकी बहन सो गई है या जाग रही है और इसीलिए वह पूछा करता था, "आपा, आपा, क्या आप जाग रही हो?"

इस सबसे आप समझ सकते हैं कि उन यादों से निकल पाना मेरे लिए कितना कठिन रहा होगा। वह तो मेरा खुदा ही था, जिसने मुझे एक के बाद एक सामने आनेवाली चुनौतियों से लड़ने की ताकत दी थी।

□

पढ़ाई के मोरचे पर दिखी उम्मीद की रोशनी

कुछ माह बाद मैं अपने भाई की मौत के सदमे से सँभल पाई और मैंने अपना ध्यान अपनी पढ़ाई पर लगा दिया। उस समय मैं 16 वर्ष की हो चुकी थी और मैंने पाया कि मैंने तब तक छठी कक्षा भी पास नहीं की थी। इससे मुझे कुछ चिढ़ होने लगी और मैंने तय किया कि मैं अपनी पढ़ाई पर असर नहीं पड़ने दूँगी और उसके लिए कड़ी मेहनत करने लगी। मैं तीन साल पहले ही मिसेज नेगी से अलग हो चुकी थी और उसके बाद मुझे कोई भी सही टीचर नहीं मिला, जो मुझे ऊँची कक्षा की तैयारी करा सके; इसके लिए मैंने अपने स्कूल के मालिक से शिकायत भी की, लेकिन कोई फायदा नहीं हुआ। मेरी पढ़ाई वैसी ही खराब चलती रही।

उचित गाइडेंस न मिलने या शिक्षकों की पर्याप्त संख्या न होने के कारण मेरी पढ़ाई तो सही नहीं चल रही थी, लेकिन मैंने उम्मीद नहीं खोई थी और कड़ी मेहनत से पढ़ रही थी। मैं चाह रही थी कि अल्लाह निश्चित ही मेरी सुनेगा और मेरी समस्याएँ जल्द ही समाप्त हो जाएँगी।

तब, दो दिन में मुझे खबर मिली कि मेरी प्रिंसिपल ने भी स्कूल छोड़ दिया है, क्योंकि वे गर्भवती थीं। इसके साथ ही नई प्रिंसिपल आ गईं, जिनका नाम नंदिनी था। वे मेरे लिए बहुत अच्छी थीं। उन्होंने भी पढ़ाई की मेरी इच्छा पर गौर कर लिया था और वे चाहती थीं कि मुझे अच्छी-से-अच्छी कोचिंग मिले, क्योंकि उन्हें लगता था कि मेरे अंदर ऐसा कुछ है, जो और लोगों के अंदर नहीं है और इस कारण मैं शारीरिक दिक्कत के बावजूद जिंदगी में असंभव लक्ष्य हासिल कर सकती हूँ।

मिसेज नंदिनी मैम बहुत ही आत्मोन्मुखी अध्यापिका थीं। वे किसी भी काम के लिए कभी दूसरे (शिक्षकों) पर निर्भर नहीं रहती थीं। जब कभी उन्हें ऑफिस के काम से फुरसत मिलती, वे मेरी कक्षा में या किसी अन्य कक्षा में पहुँच जातीं और पढ़ाने लगतीं। उन्होंने मुझे भी कई बार पढ़ाया। उनका मुख्य मकसद था कि

मैं जल्द-से-जल्द 12वीं कक्षा पास कर लूँ और तब मैं अपनी मंजिल पा सकूँगी।

मेरी जिंदगी में यह खुशी ज्यादा दिन नहीं टिकी और नंदिनी मैम ने भी स्कूल मालिक के खराब बरताव के कारण नौकरी छोड़ दी।

□

जिंदगी में फिर आया बड़ा भारी बदलाव

मेरी तकलीफ केवल शारीरिक अक्षमता के कारण ही नहीं थी, बल्कि मेरे आसपास का माहौल भी मेरी दिक्कत का कारण था। मेरे सबसे छोटे भाई की मौत को तीन साल भी नहीं हुए थे और अब फिर से मैं एक नई स्थिति में फँस गई थी। अब मेरे बड़े भाई अजहर के दिमाग में सूजन आ गई और बाद में उन्हें ब्रेन ट्यूमर हो गया।

आप समझ सकते हैं कि जब आपके परिवार का कोई सदस्य कठिन परिस्थिति से गुजर रहा हो और आप उसकी मदद कर पाने की हालत में न हों, तो कितना कठिन हो जाता है। मैं उसी स्थिति से गुजर रही थी। आप मेरा दर्द महसूस कर सकते हैं, जब मैं अपने भाई की आँखों में आँसू देखती थी, जिसके बारे में परिवार में और कोई नहीं जानता था, क्योंकि अजहर ने उन्हें कभी पता नहीं चलने दिया। वे बहुत समझदार थे और किसी को परेशान करना नहीं चाहते थे। इसलिए, वे आमतौर पर अपने दर्द को छिपाते रहते थे, लेकिन मैं इतनी संवेदनशील थी कि मैंने उन पर गौर कर लिया।

मेरे अजहर भाई बहुत अच्छे और होशियार लड़के थे। वे पढ़ाई में बहुत तेज थे और पढ़ाई तथा खेलों में कई पुरस्कार और ट्रॉफियाँ जीत चुके थे। वे अपने स्कूल के स्टार थे और इसलिए उनके अध्यापक और मित्र उनकी बहुत इज्जत करते थे।

वे कभी अपने दोस्तों से प्रतिस्पर्धा नहीं करते थे और उनके दोस्त भी जरूरत पड़ने पर हमेशा उनकी मदद के लिए तैयार रहते थे। मुझे जो चीज परेशान कर रही थी, वह यह थी कि मैं अपने भाई की उम्र के ऐसे अन्य बच्चों को दाखिला लेते, मेहनत से पढ़ाई करते देखती, जो पढ़ाई में बहुत अच्छे नहीं थे और उस समय मेरा भाई बीमारी से जूझ रहा था। वह दर्द सहन करना मेरे लिए मुश्किल हो रहा था।

मैं सही तरह से उस हालत का बयान नहीं कर सकती, जिससे मैं और मेरा

परिवार उस दौर में गुजर रहा था, क्योंकि मेरे पिता को हर सप्ताह शहर से बाहर जाना पड़ता था, जो मैं आपको बता ही चुकी हूँ। यह उनकी नौकरी का हिस्सा था और तब घर में कोई नहीं रह जाता था, जो मेरे भाई को गुसलखाने जाने, कपड़े बदलने आदि में मदद कर सके। बीमारी में वे कभी-कभी बिस्तर पर उल्टी कर देते थे। ऐसी हालत में उन्हें किसी-न-किसी की देखभाल की लगातार जरूरत पड़ती थी, हालाँकि हमारी सहायता के लिए हमारे कुछ रिश्तेदार कुछ दिनों के लिए आ जाते, लेकिन सबसे बड़ी मदद हमें अल्लाह से मिली, जिसने हमारे सेक्टर-37 के मकान में हमारी मदद के लिए दादी के रूप में एक फरिश्ता भेज दिया, जिनका नाम दया था। उन्हें मेरे भाई की बीमारी के बारे में हमारे पारिवारिक शिक्षक संतोष झा से पता चला था, जिन्होंने छठी कक्षा में मुझे तीन माह तक गणित पढ़ाया था।

जिस पल दादी को हमारे बारे में पता चला, वे सीधी हमारे पास आईं और मेरे भाई के बारे में सारी जानकारी लेने के बाद उन्होंने सारी जिम्मेदारी ले ली। वे दिन-रात मेरे घर रहने लगीं और मेरे भाई की सारी जिम्मेदारियाँ—समय पर दवाएँ देना, खाना खिलाना और जरूरत पड़ने पर अस्पताल तक ले जाना, सब उन्होंने सँभाल लिया। मेरे भाई के एक करीबी मित्र नितिन भैया की माँ रजनी आंटी भी मेरे परिवार को काफी मदद करती थीं। वे ऑफिस से सीधी मेरे घर आ जातीं और मेरी माँ और बुआ का खाना पकाने और मुझे खिलाने में हाथ बँटाने लगतीं। उस दौर में मेरे पड़ोसी मेरे अपने रिश्तेदारों से ज्यादा अपने हो गए थे और इन पड़ोसियों में बिल्कीस आंटी और रामरती आंटी भी शामिल थीं।

इस अनपेक्षित मदद से मेरे माता-पिता की ताकत पहले से ज्यादा बढ़ गई। उन्हें एहसास हुआ कि वे अकेले नहीं हैं। अल्लाह ने उनकी मदद के लिए कुछ फरिश्ते भेजे हैं। मैं केवल आपको यह बता सकती हूँ, वरना आपको बहुत सदमा लगेगा। यह हमारे परिवार के लिए सबसे मुश्किल वक्त था। मैं इतनी मायूस थी कि मैं अल्लाह से प्रार्थना करती थी, 'अल्लाह, मुझे पूरी जिंदगी ऐसे ही रहने देना, लेकिन मेरे भाई को ठीक कर दो।' हालाँकि अल्लाह ने पहले ही कुछ सोच रखा था और उसकी बीमारी के एक साल के अंदर ही उसने मेरे भाई को अपने पास बुला लिया। मैं और मेरे परिवार को पहले तो बहुत सदमा लगा, लेकिन बाद में हमने इसे अल्लाह की मरजी समझकर कबूल कर लिया।

□

साल भर घर पर बैठना

जैसा कि मैंने पहले ही आपको बताया कि जिस स्कूल में मैं जाती थी, वह ठीक नहीं चल रहा था। उनकी सेवा दिन-ब-दिन बदतर होती जा रही थी। वे सारी सुविधाएँ देने में असमर्थ हो रहे थे और मिसेज नंदिनी के स्कूल छोड़ने के बाद उसकी हालत और खराब हो गई थी। वहाँ कोई ठीक-ठाक अटेंडेंट तक नहीं बचा था, जो बच्चों को ठीक से सँभाल सके।

नंदिनी मैम के बाद आनेवाली प्रिंसिपल मिसेज कविता थीं, जिनसे शिक्षकों की कमी के कारण स्कूल मालिक ने मुझे पढ़ाने के लिए बोला था। उनका बरताव मेरे साथ बहुत खराब था। वे मुझे अपने ऑफिस के बाहर बैठा देती थीं और कहती थीं कि ऑफिस के काम से निपटकर वे मुझे पढ़ाएँगी, लेकिन पूरे दिन उन्हें समय नहीं मिलता था, यहाँ तक कि घंटी बजने के बाद भी वे बाहर नहीं आती थीं और अगले दिन वे कोई-न-कोई बहाना बना देतीं। स्कूल के अधिकारियों के खराब बरताव से मैं चिढ़ गई और मैंने अपनी माँ से कहा कि मैं उस स्कूल में नहीं जाऊँगी और फिर काफी लंबे समय तक घर पर ही रही।

घर बैठे जब दो-तीन माह बीत गए तो मैं पागल सी होने लगी। मेरे लिए चौबीसों घंटे हाथ-पर-हाथ धरे बैठे रहना मुश्किल हो रहा था। अन्य लोगों से मेरा संपर्क बहुत सीमित होकर केवल परिवार के सदस्यों तक ही सिमट गया था। मुझे भविष्य निराशाजनक लगने लगा था। मेरी सारी कल्पना कमरे की चार दीवारों तक सिमट गई थी। धीरे-धीरे मैं नई चीजों की कल्पना करने की ताकत खोती जा रही थी, क्योंकि मेरा मन कमरे की चार दीवारों तक ही सीमित हो गया था। मैं उससे परे कुछ नहीं सोच पा रही थी। कई बार मैं सबसे छिपकर रात में रोती रहती थी।

वास्तव में रात में ही मुझे दुनिया बनानेवाले अल्लाह से अकेले में बात करने का मौका मिलता था और उस समय हम दोनों के बीच कोई तीसरा नहीं होता था।

मैं आसानी से अपने सवाल बिना किसी हिचक के उसके सामने रख देती थी।

आप जरूर अपने मित्रों-रिश्तेदारों को यह कहानी सुनाने के बारे में सोच रहे होंगे। इसे किसी परी-कथा की तरह अधिक दिलचस्प बनाने से इसे सुनाना आसान हो जाएगा, लेकिन इसे हिम्मत के साथ अनुभव करते हुए सुनाना बहुत कठिन और दर्दनाक होता है, लेकिन अल्लाह ने मुझे यह ताकत दी, अन्यथा मेरे लिए तो ऐसे शरीर में रह पाना ही आसान नहीं होता, जो न हिल-डुल सकता हो या कुछ और कर सकता हो। केवल चाह सकता हो, लेकिन उस चाहत को साकार नहीं कर सकता हो।

□

एक नई शुरुआत

घर पर फालतू बैठे मुझे करीब साल भर हो गया था। यह बहुत ही सुस्ती भरे, उदास और दुःख का समय था। दिन में मेरे अंदर यही भाव आता कि मैं जीवन में कुछ करने लायक नहीं बन पाऊँगी। मेरे चेहरे पर यह झलकने लगा था। मेरी बुआ आयशा ने इसे समझ लिया था और उन्होंने मेरी माँ से कहा कि मुझे बाहर भेजना चाहिए और घर के अंदर सीमित नहीं रखना चाहिए, वरना मैं डिप्रेशन में चली जाऊँगी।

ऐसे में, मेरी माँ को भी बुआ की बात सही लगी और वे किसी अच्छे स्कूल की तलाश में निकल पड़ीं, जहाँ मैं आसानी से दूसरों से बात कर सकूँ और अच्छी

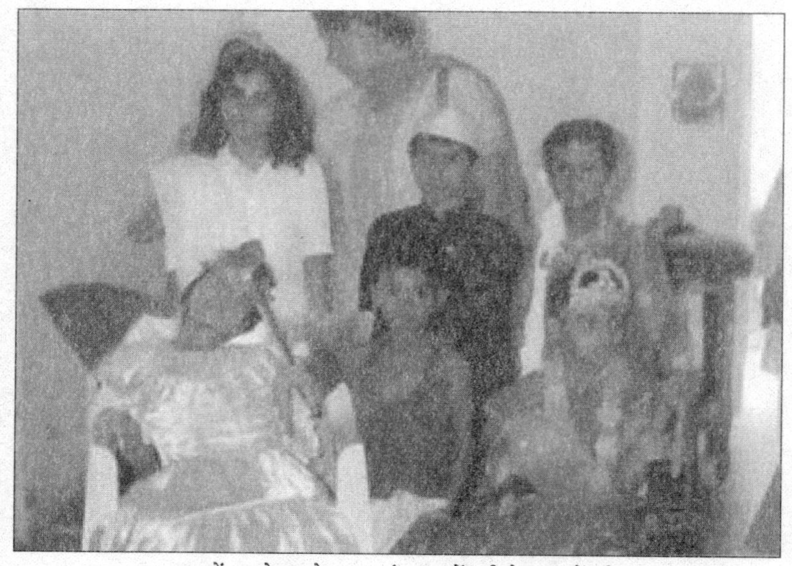

2002 में अपने पहले स्कूल फंक्शन में परी के रूप में जीनत।

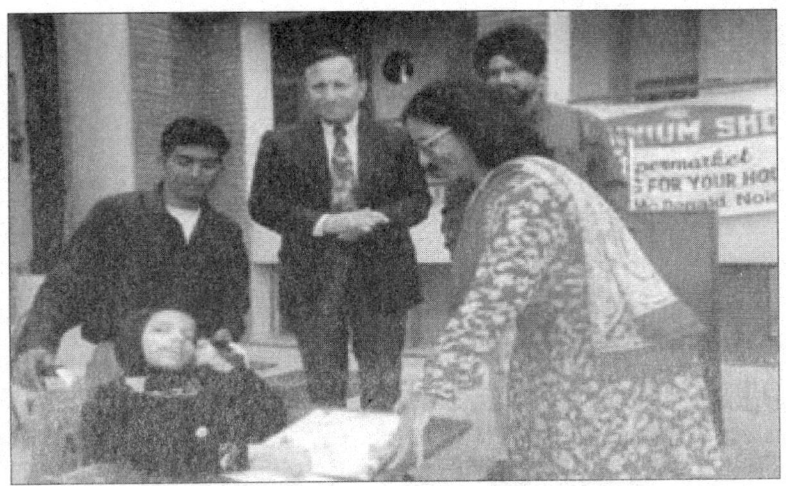

2003 में जीनत खेतान पब्लिक स्कूल के ड्राइंग कंपटीशन में पहला पुरस्कार ग्रहण करते हुए।

पढ़ाई भी कर सकूँ, हालाँकि दुर्भाग्य से उनकी कोशिश बेकार गई। उन्हें मेरे लिए कोई सही स्कूल नहीं मिला।

इसके कुछ महीनों बाद किसी ने उन्हें सेक्टर–33, नोएडा में 'शंकरा' नाम के स्पेशल स्कूल के बारे में बताया। मेरे माता–पिता—रिजवाना और जमाल मुझे दाखिला दिलाने उस स्कूल में ले गए।

उस स्कूल का प्रबंधन इतना खराब था कि उन्होंने मुझे स्वागत कक्ष में लिटा दिया और प्रिंसिपल मुझसे मिलने तक नहीं आईं, जबकि वे मुझे अच्छी तरह से जानती भी थीं, क्योंकि मैं बहुत लोकप्रिय थी। मुझे राष्ट्रपति डॉ. ए.पी.जे. अब्दुल कलाम का चित्र बनाने पर उनकी ओर से एक पत्र भी मिला था और जहाँ कहीं स्कूलों की ड्राइंग प्रतियोगिताएँ होतीं, मैं उनमें पहला पुरस्कार हासिल करती थी।

मेरे साथ इतना खराब सलूक करने के बाद, उन्होंने मेरे माता–पिता पर मेरा नाम उनके स्कूल में लिखाने के लिए दबाव डाला।

जब वे लोग स्कूल से घर लौटे तो मैंने कह दिया कि मैं उस स्कूल में नहीं जाऊँगी, क्योंकि मैं उनके रवैए से संतुष्ट नहीं थी और मैंने घर पर ही पढ़ने का निश्चय किया। उसके लिए मुझे ट्यूशन की जरूरत थी। इसके लिए मैंने मिसेज नेगी मैम से बात की और उन्हें अपनी समस्या बताई। मेरी बात सुनने के बाद उन्होंने उस स्कूल में जाने की सलाह दी, जिसमें वे पहले से नौकरी कर रही थीं। उन्होंने मुझे

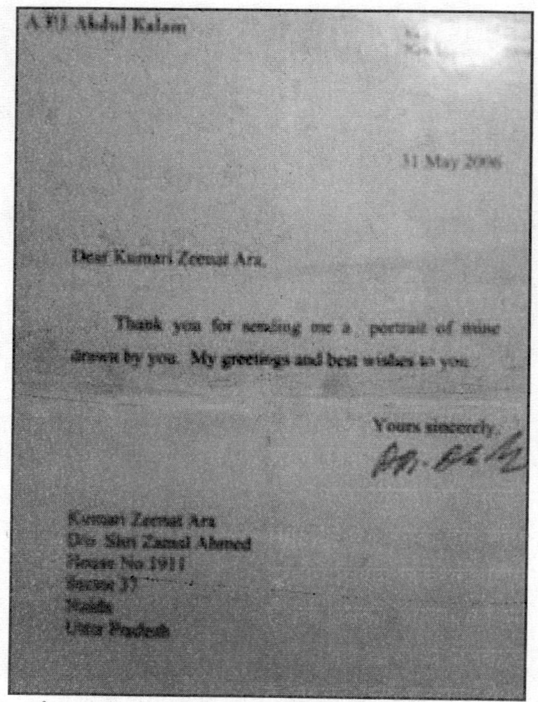

A P J Abdul Kalam

31 May 2006

Dear Kumari Zeenat Ara,

Thank you for sending me a portrait of mine drawn by you. My greetings and best wishes to you.

Yours sincerely,

Kumari Zeenat Ara
D/o Shri Zamal Ahmed
House No.1911
Sector 37
Noida
Uttar Pradesh

पूर्व राष्ट्रपति डॉ. ए.पी.जे. अब्दुल कलाम ने उनका चित्र बनाने पर जीनत को मई 2006 में पत्र लिखा।

बताया कि वह स्कूल एक बड़े इलाके में शिफ्ट हो रहा है और मेरे शहर नोएडा का सबसे अच्छा स्कूल बनने जा रहा है।

जल्द ही मैं उस स्कूल में जाने की तैयारी करने लगी। इस बार मैं सामान्य स्कूलों की ही तरह की बेहतर गाइडेंस की अपेक्षा कर रही थी।

□

जीनत एम.बी.सी.एन. स्कूल में

मिसेज नेगी मैम ने मुझसे इसी स्कूल के बारे में बताया था। मैं अपने माता-पिता के साथ वहाँ दाखिला लेने गई। अंदर मिसेज नेगी मैम को पाकर मैं बहुत खुश हुई। अब वे इस स्कूल की वाइस प्रिंसिपल बन चुकी थीं।

इस स्कूल का नाम 'माता भगवती चड्ढा निकेतन' था। पोंटी सर इसके मालिक थे। उनके इस महान् काम के लिए मैं उनको दिल से सैलूट करती हूँ कि उन्होंने विशेष जरूरतोंवाले बच्चों के लिए यह स्कूल शुरू किया और प्रार्थना करती हूँ कि उनकी आत्मा को शांति मिले।

जब कभी मैं उनके बारे में सोचती हूँ, तो मेरी आँखों में आँसू आ जाते हैं। वे बहुत अच्छे इनसान थे। मुझे याद है, जब मैं स्कूल खुलने पर उनसे पहली बार मिली थी, तो उन्होंने कहा था, "बेटा, अगर तुम्हारा इंटरेस्ट फैशन डिजाइनिंग में है तो बस अपनी पढ़ाई पर ध्यान लगाओ, क्योंकि अब तुम आठवीं कक्षा में हो और डिजाइनिंग की बात मुझ पर छोड़ दो। तुम्हारी पढ़ाई पूरी हो जाएगी तो मैं तुम्हारे लिए एक फैशन हाउस खोल दूँगा।"

वे मुझसे मिलने वाले महानतम लोगों में से एक थे और एक ही मुलाकात में उन्होंने मेरे दिल में इज्जतदार छवि बना ली थी।

स्कूल खुलने के बाद शायद मैं दो या तीन बार उनसे मिली। मैंने देखा कि वे कक्षाओं में जाकर हर बच्चे के साथ अपना बेशकीमती समय बिताते, उनकी समस्याओं पर चर्चा करते और व्यक्तिगत रूप से उनकी सुविधाओं का खयाल रखते। वे कभी शिक्षकों या अन्य अधिकारियों के भरोसे नहीं रहते थे। वे बच्चों से बेहद निजी तौर पर बात करते थे।

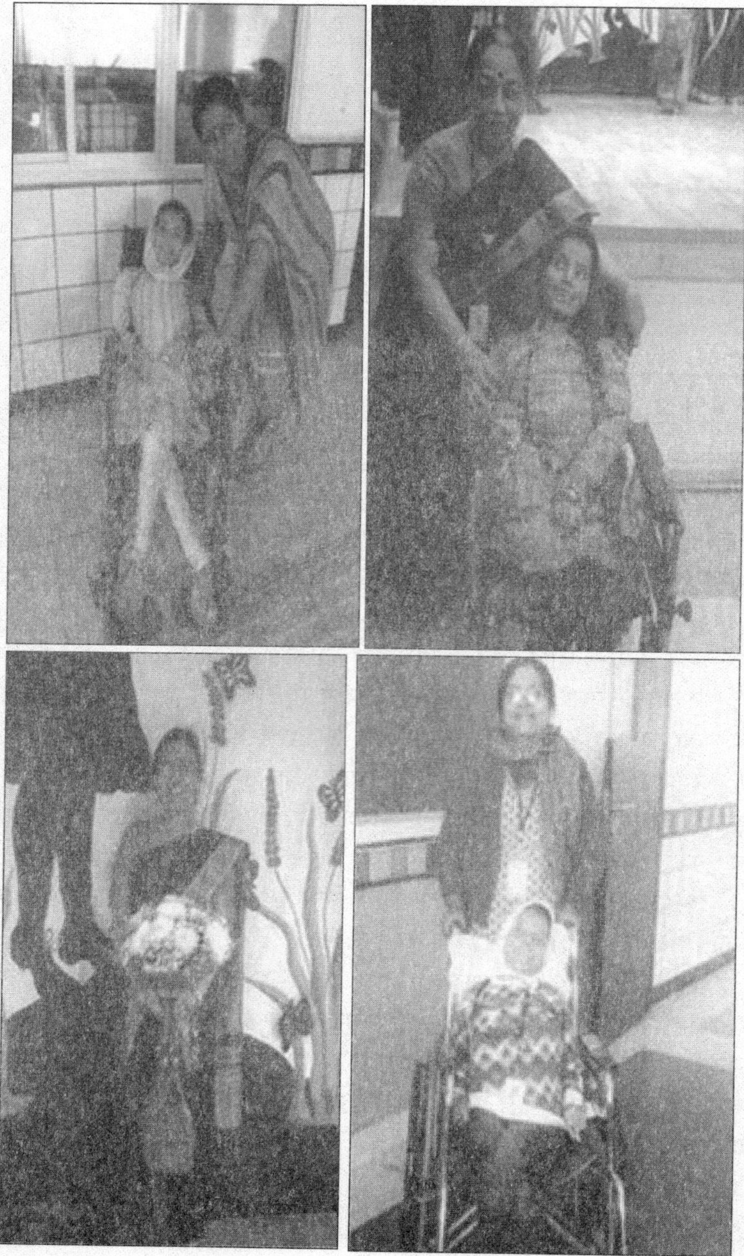

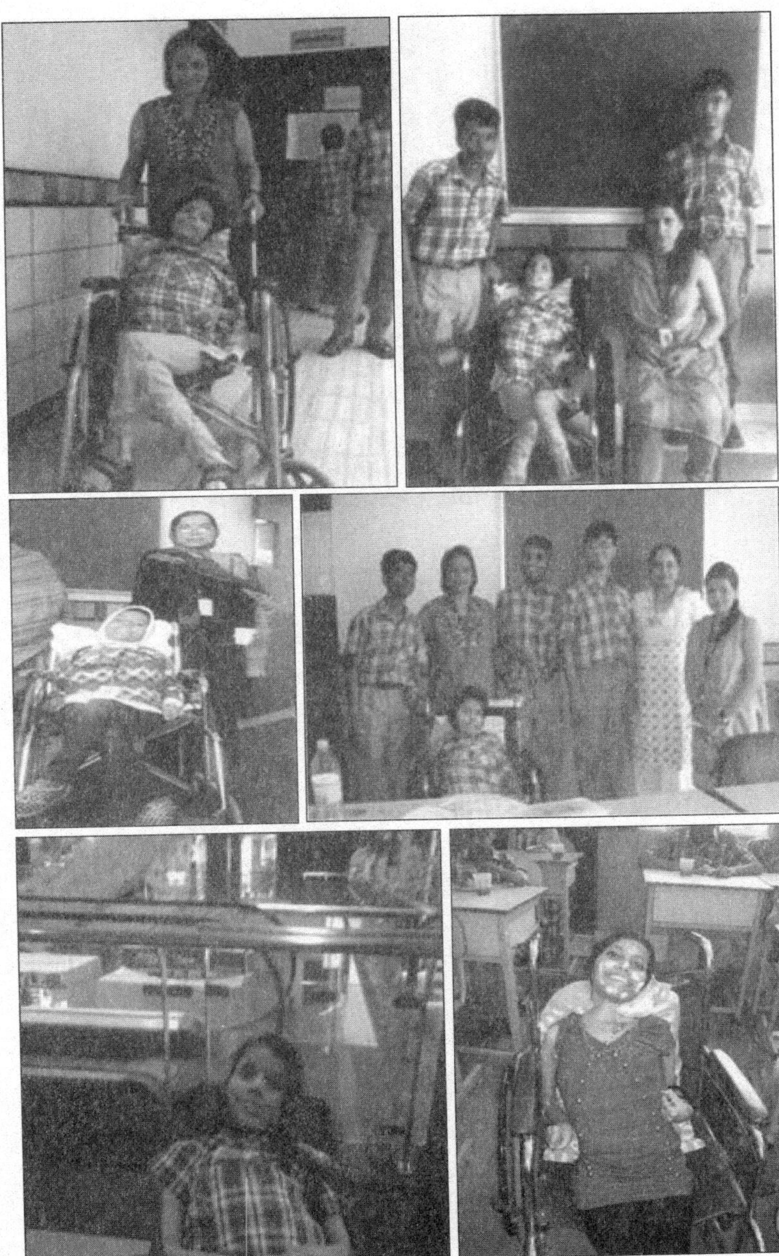

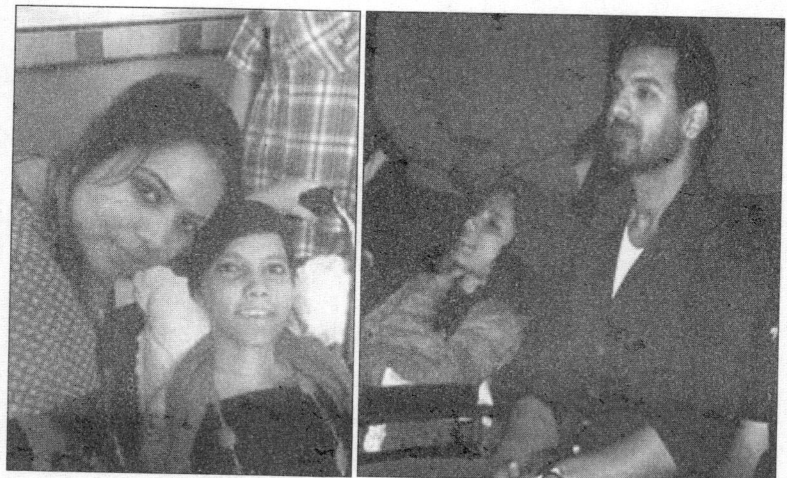

एम.बी.सी.एन. के वार्षिक समारोह में मुख्य अतिथि जॉन अब्राहम के साथ जीनत एम.बी.सी.एन. की यादें।

दाखिला लेने के बाद जब मैं पहली बार उस स्कूल में पहुँची तो एक नई मुसीबत मेरी जिंदगी में आ गई। मुझे बस स्टॉप तक जाना पड़ता था, जो कि मेरे घर से बहुत दूर था और दूसरा, मेरा घर दूसरी मंजिल पर था। मुझे नियमित तौर पर किसी की मदद पड़ती थी, जो मुझे सीढ़ियों से नीचे उतारे और बस स्टॉप तक लेकर जाए। दुर्भाग्य से उस वक्त मेरे घर में कोई नहीं था, क्योंकि मेरा भाई पढ़ाई के सिलसिले में उस वक्त अलीगढ़ में था और मेरे पिता पूरे समय घर पर रुकते नहीं थे और घर की महिलाओं के लिए मुझे दूसरी मंजिल से नीचे उतार पाना मुमकिन नहीं था। इस कारण मैं बहुत परेशान थी कि स्कूल कैसे जाऊँगी। मेरी तकदीर अच्छी रही कि समस्या का हल निकल गया।

मेरी एक पड़ोसी शमीम आंटी ने मुझे सलाह दी कि एक रिक्शा लगा दिया जाए जो मुझे सीढ़ियों से उतारे भी और बस स्टॉप तक लेकर भी जाए।

मेरी माँ ने उनकी सलाह सुनी। वे रिक्शे पर बैठ जाती थीं और रिक्शेवाले से या घर की किसी नौकरानी से मुझे दूसरी मंजिल से नीचे उतारने को कहतीं। इस तरह से वे मुझे फिर गोद में बैठाकर बस स्टॉप तक ले जातीं।

हालाँकि एक खास उम्र के बाद मुझे अच्छा नहीं लगता था कि कोई व्यक्ति मुझे उठाकर सीढ़ियों से नीचे उतारे, लेकिन जब मुसीबत ही ऐसी हो तो आपके पास

कोई चारा नहीं होता। आपको हालात के आगे झुकना पड़ता है। मेरे साथ भी यही हुआ। मुझे जिंदगी के कई स्तरों पर बड़ी हिम्मत के साथ समझौते करने पड़ते थे।

बस स्टॉप पहुँचने की मेरी समस्या सुलझी तो एक और समस्या आ गई। अब समस्या यह थी कि मैं बस में बैठूँगी कैसे, क्योंकि मेरा शारीरिक संतुलन बहुत कम था। मैं अपने सभी शिक्षकों और परिचारिकाओं की सचमुच बहुत शुक्रगुजार हूँ, जो मुझे बस में सँभालने पर राजी हो गए। उनके नाम थे—भावना मैम, निर्मल मैम, चंदना गुप्ता मैम, ममता मैम, रोजी मैम और अटेंडेंट जिया आंटी और सुनीता आंटी। ये लोग मुझे बस की पिछली सीट पर लिटा देते थे और मेरा सिर अपनी गोद में रख लेते थे। इस तरह से मैं आसानी से स्कूल पहुँचने लगी।

जब मैं पहले दिन एम.बी.सी.एन. पहुँची तो मुझे अभ्यस्त होने में ज्यादा दिक्कत नहीं हुई, क्योंकि प्रिंसिपल वंदना शर्मा मैम समेत सब लोग मुझे जानते थे और मैं अपने प्यारे स्वभाव और सबसे अहम, जिंदगी के सारे पहलुओं के प्रति अपने सकारात्मक रवैये के कारण सारे शिक्षकों और स्कूलों में बेहद लोकप्रिय थी। विभिन्न स्कूलों के ड्राइंग कंपीटीशनों और वाद-विवाद प्रतियोगिताओं में अकसर ये लोग मुझसे मिलते थे, इसलिए सब लोग मुझे आमतौर पर जानते थे। इस वजह से मुझे अभ्यस्त होने में ज्यादा दिक्कत नहीं आई। मैं आसानी से नए स्कूल की अभ्यस्त हो गई।

2008 में अपने दाखिले के वक्त मैं 21 साल की हो चुकी थी। इसलिए प्रिंसिपल मिसेज वंदना मैम ने मुझे सीधे ही छठवीं से आठवीं में पहुँचा दिया, क्योंकि मेरी उम्र ज्यादा थी और वे जानती थीं कि मैं जल्द ही पढ़ाई कवर कर लूँगी, लेकिन दुर्भाग्य से शुरू में मुझे यहाँ भी वही दिक्कत हुई। वहाँ ऐसे कोई शिक्षक नहीं थे, जो मुझे सारे विषय पढ़ा सकें, लेकिन मुझे उम्मीद थी कि हालात बेहतर बनेंगे और पिछले स्कूल की तुलना में मुझे बेहतर मौका मिलेगा। स्कूल शुरू करने के दो-तीन माह के अंदर, मेरी समस्या हल हो गई। एक नई शिक्षिका आईं, जिनका नाम प्रिया नायर मैम था। वे स्वयंसेवी थीं और खासतौर पर मुझे पढ़ाने के लिए ही रखी गई थीं। उन्होंने मेरे मुख्य विषयों—गणित, विज्ञान और अंग्रेजी पढ़ाने की जिम्मेदारी ले ली।

उनके पढ़ाने के तरीके से मैं बहुत खुश थी, क्योंकि उनका तरीका मिसेज नेगी मैम की तरह था, इसलिए मुझे उनसे पढ़ना बहुत अच्छा लगता था। □

एम.बी.सी.एन. पहुँचने के बाद जिंदगी का मजा बढ़ा

जब मेरा नाम इस नए स्कूल में लिखाया गया तो मुझे पता चला कि जिंदगी इतनी कठिन नहीं है, जितनी मेरे साथ थी। एक बार स्कूल जाना शुरू करने के बाद जिंदगी आसान हो गई थी। मुझे पता चला कि जिंदगी बहुत खूबसूरत है, क्योंकि हमें यह एक ही बार मिलती है और अंतिम सच्चाई मौत है। इसलिए, मैंने सोचा कि इसे अपनी मुसीबतों पर रोकर फालतू क्यों गँवाया जाए, जबकि अंतिम सच्चाई मौत ही है।

तो, अब आप समझ गए होंगे कि इस स्कूल ने मेरी जिंदगी में क्या बदलाव किया। मैं आपको फिर से पीछे लिए चलती हूँ, जब मेरी उम्र 11-12 साल की थी।

उस समय सबसे छोटे भाई सैफ को छोड़कर मेरे तीनों भाई-बहन स्कूल जाते थे। सप्ताहांत में दो चचेरे भाई ताज और अताउल्ला हमारे पास आया करते थे। उस समय अगर कोई नई फिल्म रिलीज होती तो वे उसे देखने जाया करते थे। सुविधाओं की कमी के कारण वे मुझे नहीं ले जा पाते थे और एक बात यह भी थी कि उन्हें लगता था कि इतने सारे लोगों के बीच मैं फिल्म कैसे देख पाऊँगी और कहीं गिर न जाऊँ और चोट न लग जाए।

हालाँकि जब वे मेरे तीन भाई-बहनों को लेकर जाते और मुझे पीछे छोड़ जाते तो मुझे अंदर से ज्यादा चोट पहुँचती। मैं बता नहीं सकती कि मुझे कितना बुरा लगता था। हर किसी को मेरा मुसकराता चेहरा तो दिखता था, लेकिन मेरी आँखों का दर्द किसी को नहीं दिखता था, जो थियेटर में फिल्में न देख पाने की निराशा से उपजता था।

हालाँकि मैं अपने अल्लाह की, मुझे बनानेवाले की बेहद शुक्रगुजार हूँ, जिसने

मुझे हमेशा इस दुनिया को दिखाया कि वह अपने बंदों के साथ कभी अन्याय नहीं करता। मैंने जब इस स्कूल में जाना शुरू किया, तब मेरे साथ भी यही हुआ। अल्लाह ने हॉल में फिल्में देखना मेरे लिए आसान कर दिया। वास्तव में, सेंटर स्टेज मॉल के मालिक मेरे स्कूल के मालिक मोंटी चड्ढा ही थे। यही कारण था कि हमारे स्कूल के सभी बच्चों को साल में दो बार फिल्में दिखाने के लिए ले जाया जाता था। बच्चों को हॉल में फिल्में देखने के लिए सारी सुविधाएँ मुहैया कराई जाती थीं।

जब मैंने अपने स्कूली सहपाठियों के साथ पहली बार हॉल में फिल्म देखी तो मेरे लिए एकदम अलग अनुभव था। यह मेरे लिए सपने के साकार होने जैसा था। अल्लाह ने इस स्कूल को मेरे सपने पूरे करने का जरिया बना दिया।

इसके बाद मैंने हॉल में कई और फिल्में देखीं। मुझे गिनती तक याद नहीं। मैं अपने भाई-बहनों के साथ भी उसी हॉल में फिल्म देखने जाती। वहाँ जब मैं बताती कि मैं एम.बी.सी.एन. स्कूल से आई हूँ तो वहाँ के परिचारक मेरी काफी मदद करते थे।

□

एम.बी.सी.एन. में मुझे मिले दो नए दोस्त

जैसा कि मैंने पहले ही बताया, यह स्कूल मेरी जिंदगी में कई बदलाव लाया। वहाँ मुझे कई अच्छे लोग भी मिले, जिनमें निश्चल और कृतिका भी शामिल थे।

इन्होंने मेरी जिंदगी में और मायने भर दिए। मैंने कृतिका से बहुत कुछ सीखा। आपको याद होगा मैंने रंजना के बारे में बताया था, जो मेरी पहली सहेली थी, जो मुझे अपने पहले स्कूल में मिली थी। इस नए स्कूल में मुझे उसकी कमी खलती थी। मैंने सोचा कि अगर वह भी यहाँ होती तो मुझे और ज्यादा मजा आता, लेकिन जब मैं कृतिका से मिली तो मुझे यह और भी दिलचस्प लगी। उसको बहुत सारी नई चीजें पता थीं, जो मेरी जिंदगी को बेहतर कर सकती थीं, जबकि रंजना के साथ ऐसा नहीं था।

वास्तव में कृतिका की पढ़ाई सामान्य स्कूल से हुई थी। वह इस स्कूल में स्वयंसेविका के रूप में शामिल हुई थी। उसके भी हाथ-पैर में समस्या थी। जब कभी घंटे भर की क्लास में मैं थक जाती तो आराम करने के लिए मेडिकल रूम में चली जाती थी। वह भी मेरे साथ रहती थी। हम देर तक बातें करते। मैं उससे हर तरह की बात कर लेती थी। मेरी जिंदगी में तीन लोग थे, जिनसे मैं खुलकर अपनी बात कह सकती थी। ये थीं—मेरी बहन इरम, कृतिका और रंजना।

जब कभी मैं अपना दर्द उसके साथ बाँटती तो मुझे काफी राहत मिलती। मुझे ऐसा लगता जैसे मेरा आधा दर्द खत्म हो गया हो। वह हमेशा मुझे प्रोत्साहित करती और कहती, ''जीनत, तुम्हारे अंदर जिंदगी में बहुत कुछ हासिल करने की काबिलीयत है। इसलिए कभी अपना मनोबल गिरने नहीं देना।'' मैं हमेशा उसकी

बात पर अमल करती, लेकिन उसकी एक बात पर मेरा दिल कभी सहमत नहीं हो पाता था, जब मैं उससे कहती, 'तुम डॉक्टर या इंजीनियर बनने के लिए आगे पढ़ाई क्यों नहीं करती?'

इस पर वह कहती, "यह इतना आसान नहीं है यार, क्योंकि स्कूलों-कॉलेजों में लोग इतने मददगार नहीं होते। वे विकलांग लोगों के साथ बदसलूकी करते हैं। मैं इसीलिए इस स्पेशल स्कूल में आई, क्योंकि यहाँ लोग विकलांगों की जरूरतों को समझते हैं और बहुत मदद भी करते हैं।"

हो सकता है, उसकी बात सही हो, क्योंकि उसकी पढ़ाई सामान्य बच्चों के साथ ही हुई थी। हालाँकि सच मानिए, मेरा दिल कभी इस बात को स्वीकार नहीं कर पाया, क्योंकि मेरा विश्वास था कि जब तक अल्लाह न चाहे, कोई तुम्हें कुछ भी हासिल करने से नहीं रोक सकता।

अब आपको निश्चल के बारे में जानना चाहिए। उसकी आँखों में समस्या थी। वह मेरी ही कक्षा में पढ़ रहा था। मेरे पाँच महीने बाद उसने इस स्कूल में दाखिला लिया था। वह बहुत मददगार था। कक्षा में वैसे तो सभी शिक्षक मददगार थे, लेकिन कई बार वे बाकी बच्चों के साथ व्यस्त होते और उस समय मुझे अपने बैग से किताब निकालनी होती तो निश्चल तुरंत मेरा काम कर देता। मैंने उससे कभी कहा नहीं, लेकिन वह खुद ही मेरी मदद के लिए आगे आ जाता था। वह न केवल मेरी मदद करता, बल्कि शारीरिक रूप से कमजोर और बच्चों की भी मदद करता। इस तरह, मेरी हर समस्या मेरे सामने आते ही हल हो जाती। अल्लाह ने हमेशा मेरी मदद करने के लिए कोई-न-कोई भेजा।

□

मिसेज प्रिया ने छोड़ा स्कूल

उस समय मिसेज प्रिया मुझे पढ़ा रही थीं और सबकुछ मेरे अनुकूल हो रहा था। अब मैं बहुत खुश थी और लगता था कि मेरी कक्षाएँ शांति से पूरी हो जाएँगी, क्योंकि मिसेज प्रिया मैम मुझे पूरी लगन से पढ़ा रही थीं। सबसे ज्यादा आनंद मुझे उन्हीं की कक्षा में आया, एकदम तनावरहित, कोई चिंता नहीं, न सवालों की चिंता, कुछ समझने में दिक्कत।

हालाँकि यह खुशी ज्यादा देर नहीं टिकी। मिसेज प्रिया ने भी करीब साल भर बाद स्कूल छोड़ दिया। वे बहुत बढ़िया टीचर थीं। उस स्कूल में मुझे उनकी कमी हमेशा खली।

जिस पल मुझे यह खबर मिली, मेरे सपने फूलों की पंखुड़ियों की तरह टूट गए। मिसेज प्रिया मैम ने भी बहुत रुँधे गले से मुझे यह बात बताई थी। इस पर मैंने अपने जज्बात पर काबू करते हुए उन्हें शांत करने की भरसक कोशिश की, क्योंकि मैं जानती थी कि वे स्कूल के बच्चों से कितना जुड़ाव रखती थीं। ऐसे में, मैं अपने आपको भूल गई और उनके दर्द को कम करने में लग गई थी।

मिसेज प्रिया मैम ने बच्चों का अंतिम रिजल्ट देने के बाद, गरमियों की छुट्टियों से 20 दिन पहले स्कूल छोड़ दिया था। मैंने भी सालाना परीक्षाएँ दी थीं, लेकिन मेरा पाठ्यक्रम सत्र के अंत तक पूरा नहीं हुआ था। ऐसे में मुझे कक्षा 9 में नहीं भेजा गया, क्योंकि वे चाहती थीं कि पहले मैं बचा कोर्स क्रम से पूरा कर लूँ, ताकि कक्षा 9 में मुझे सुविधा रहे।

□

शिक्षण की समस्या, फिर से सामने आई

दो माह की लंबी छुट्टियों के बाद स्कूल फिर से खुला। सामान्य तौर पर जब लंबी छुट्टियों के बाद बच्चों को दोबारा स्कूल जाना पड़ता है तो उन्हें बहुत बोझ लगता है, लेकिन मेरे साथ ऐसा नहीं था। मेरे लिए तो यह नई जिंदगी की तरह था। मुझे नए-नए लोगों से बात करने का मौका मिलता था, किसी मसले पर अन्य लोगों के अलग-अलग विचार समझने का मौका मिलता था। स्कूल जाना मेरे लिए दूसरी दुनिया में जाने की तरह होता था।

आप तभी मेरी भावनाएँ समझ सकते हैं, जब आप अपने को मेरी जगह रखकर देखें। जरा उस जिंदगी की कल्पना कीजिए, जो केवल आपके शरीर तक सीमित हो और आप अपनी इच्छा से एक इंच भी न हिल सकते हों, चाहे आपकी पीठ दर्द कर रही हो, लेकिन फिर भी राहत पाने के लिए आप न हिल सकते हों।

यही कारण था कि मैं जितनी जल्दी हो सके, स्कूल जाना चाहती थी, क्योंकि तब मैं अपने शरीर को चला-फिरा तो सकती थी, लेकिन लगातार बीमारी के कारण मैं ऐसा नहीं कर पा रही थी।

जब मैं छुट्टियों के बाद स्कूल गई तो मुझे पता चला कि मुझे दसवीं कक्षा में बढ़ाया जा रहा है, जबकि मैं बार-बार की बीमारी के कारण आठवीं की पढ़ाई तक पूरी नहीं कर पाई थी और किसी खास विषय के लिए सही शिक्षक न होने की भी समस्या थी। जब मुझसे इस बारे में पूछा गया तो मैं मान गई, क्योंकि दिन-ब-दिन मेरी उम्र बढ़ती जा रही थी और मैं किसी व्यावसायिक कोर्स करने के लिए जल्द-से-जल्द बारहवीं की पढ़ाई पूरी करना चाहती थी, जिससे मैं भविष्य में आत्मनिर्भर लड़की बन सकूँ।

अब बारी आई विषय चुनने की। मैं तो कुछ और चाहती थी, लेकिन हर किसी ने मुझे विज्ञान न लेने की सलाह दी, क्योंकि उसमें बहुत ज्यादा मेहनत

पड़ती है और मेरी सेहत के कारण उसमें दिक्कत आ सकती थी, क्योंकि मैं बहुत कमजोर थी और अकसर बीमार हो जाती थी। मेरा इंटरेस्ट विज्ञान में था। इसलिए मैंने किसी की सलाह नहीं मानी और घर जाकर अपनी छोटी बहन इरम से बात की, जो तब तक बारहवीं पास कर चुकी थी। मेरी बहन ने मुझे विज्ञान लेने की सलाह दी, क्योंकि दसवीं कक्षा में मुझे उसके बेसिक्स पढ़ाए गए थे और यह हम सबके लिए बहुत अहम था। वास्तव में, मैं जिस बोर्ड से दसवीं की परीक्षा दे रही थी, उसमें मुझे दसवीं में ही विषय चुनने की सुविधा दी गई थी।

विषय चुनने के बाद मेरे चचेरे भाई ताज भाई राष्ट्रीय मुक्त विद्यालय संस्थान गए और मेरा नाम वहाँ दर्ज करा आए। मुझे जब भी जरूरत पड़ती, वे मुझे उस संस्थान ले जाते।

मैं अपने आप ही पढ़ाई कर रही थी, क्योंकि तब तक स्कूल में कोई ठीक से पढ़ाने की व्यवस्था नहीं थी, हालाँकि प्रिंसिपल मिसेज वंदना ने जल्द-से-जल्द इंतजाम करने का वादा किया था।

जीनत 2008 में एम.बी.सी.एन. स्कूल में अपनी बहन इरम के साथ अपना जन्मदिन मनाती हुई।

□

जिसे मैं सबसे ज्यादा चाहती थी, उसे ट्यूमर हो गया

मेरी बुआ आयशा की तबीयत ठीक नहीं चल रही थी। वे मेरे साथ बचपन से रही थीं और वे मेरे साथ ही सोया करती थीं, मुझे स्कूल के लिए तैयार किया करती थीं; क्योंकि मेरी माँ तो पूरे समय बाकी बच्चों के साथ व्यस्त रहा करती थीं। उनके पेट में दर्द हो रहा था और ट्यूमर के कारण उनके पेट का आकार भी बढ़ता जा रहा था।

इससे पहले उनके पेट में सूजन का पता चला था। बाद में पूरी जाँच के बाद सबको इस भयानक रोग के बारे में पता चला था। मेरे माता-पिता ने यह बात उन्हें नहीं बताई, क्योंकि तब उनके लिए बाकी की जिंदगी शांति से बिता पाना मुश्किल हो जाता। डॉक्टरों ने पहले ही मेरे पिता को बता दिया था कि इस उम्र में ट्यूमर का ऑपरेशन नहीं किया जा सकता। वे 70 साल से ज्यादा की थीं।

घर में किसी ने मुझे भी यह बात नहीं बताई, क्योंकि उन्हें पता था कि मैं उनसे कितना जुड़ाव रखती थी। वे मेरे लिए सचमुच की माँ की ही तरह थीं। कई बार, जब कभी मेरे पैरों में तेज दर्द होने लगता, खासकर रात में, तो मेरी आयशा बुआ मेरे पैरों में तेल लगातीं और तब तक उन्हें दबाती रहतीं, जब तक कि मुझे चैन न मिल जाए। मुझे जरूरत पड़े तो वे सारी-सारी रात जागती रहती थीं। यह उनका मेरे लिए प्यार था। वे मुझे शायद इसलिए प्यार करती थीं, क्योंकि वे मेरी माँ को प्यार करती थीं, हालाँकि जल्द ही जब मेरी बहन इरम उन्हें दोबारा जाँच के लिए ले गई तो मुझे उनकी बीमारी का पता चल गया। डॉक्टर ने बताया कि उनका ट्यूमर बहुत तेजी से बढ़ता जा रहा है। यह सुनकर मेरी बहन अपनी भावनाओं पर काबू नहीं कर पाई और बुआ से छिपकर रास्ते भर रोती आई।

जब वह घर पहुँची तो उसकी आँखों से आँसू बह रहे थे। वह सीधे मेरे कमरे में आई और मेरे गले लग गई। तब हम दोनों देर तक जोर-जोर से रोते रहे। रुँधी आवाज में उसने मुझे सारी बात बताई। जब मैंने उसकी पूरी बात सुनी तो मैं स्तब्ध रह गई। मैं डर के मारे काँपने लगी, क्योंकि मैं पहले ही इस बीमारी का असर अपने बड़े भाई पर देख चुकी थी। मैं देर तक रोती रही और सोचने लगी कि बुआ के बाद मेरी जिंदगी का क्या होगा। अचानक, मेरी आँखों में वही तसवीर झलकने लगी। मैंने डर के मारे आँखें बंद कर लीं, जैसे मेरा तापमान गिरता जा रहा हो और जुलाई के गरम महीने में ही मेरा बदन ठंडा होता जा रहा हो।

कुछ देर बाद, मैं सामान्य हुई तो मेरी बहन ने मुझसे कहा कि डॉक्टर ने कहा है कि दवाएँ लेने पर बुआ जल्द ठीक हो जाएँगी।

□

दसवीं कक्षा की तैयारी पहला काम था

इतनी बड़ी बीमारी होने पर भी मेरी बुआ ने कभी आराम नहीं किया। वे जितना कर सकती थीं, उतना घर के कामों में मेरी माँ की मदद करती थीं। जब उनकी तबीयत ठीक नहीं होती थी तब भी वे मुझे स्कूल के लिए तैयार किया करती थीं।

मैं खुद उन्हें इतना ज्यादा चाहती थी कि जब कभी मैं उनकी बीमारी के बारे में सोचती, तो मैं खुदा से यही माँगा करती कि वह मुझे आत्मनिर्भर बना दे या चलने-फिरने की ताकत दे दे, ताकि मैं भी अपनी बुआ के लिए कुछ कर सकूँ, जिन्होंने मेरे पालन-पोषण में अपनी पूरी जिंदगी खपा दी थी।

अपनी बीमारी के दिनों में भी वे मुझे स्कूल भेजा करती थीं और मैं रास्ते भर उनके बारे में सोचा करती थी। मैं मन-ही-मन दुआ करती रहती थी और अल्लाह से उनकी तंदुरूस्ती के बारे में प्रार्थना करती थी, लेकिन स्कूल पहुँचने के बाद मेरे दिमाग में एक और विचार आ जाता, यह दसवीं कक्षा जल्द-से-जल्द पास करने और उसके लिए जूझने का।

मेरे स्कूल में सभी जरूरी जगहों पर रपटे बने हुए थे, ताकि छात्र-छात्राओं को जाने में सुविधा हो। मेरी अटेंडेंट सुनीता आंटी मुझे स्कूल की पार्किंग की जगह से उठाकर व्हील चेयर पर बैठाकर कक्षा में ले आती थीं, लेकिन कक्षा में जाने से पहले मैं उनसे अपने प्रिंसिपल के ऑफिस में ले जाने को कहा करती थी और उनकी मदद से बार-बार विज्ञान और अर्थशास्त्र के शिक्षक मुहैया कराने को कहती रहती थी।

प्रिंसिपल वंदना मैम हमेशा मेरी बात सुनतीं, लेकिन समस्या यह थी कि उन विषयों के छात्र-छात्राओं की संख्या बहुत कम थी, या कहिए की बिल्कुल थी ही नहीं। सारे विद्यार्थियों के विषय आर्ट्स के थे। ऐसे में किसी खास स्टूडेंट के लिए अलग से टीचर लगाना मुमकिन नहीं था, क्योंकि उन्हें भी ऊपर जवाब देना होता था।

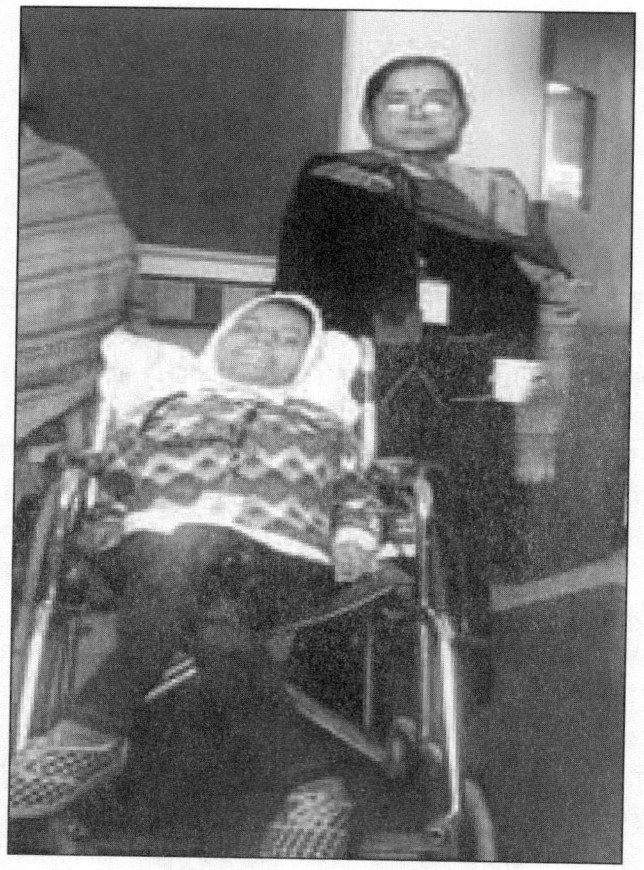

जीनत एम.बी.सी.एन. की अटेंडेंट सुनीता झा के साथ।

अब आपको सुनीता आंटी के बारे में बताती हूँ, जिन्होंने मेरी जिंदगी में अहम भूमिका निभाई। सुनीता आंटी उन गिनी-चुनी महिला अटेंडेंटों में से थीं या कम-से-कम मुझे तो एकमात्र वही मिलीं, जो अच्छी तरह से जानती थीं कि मुझे कैसे व्हील चेयर पर आराम से बैठाना चाहिए और इस महारत के कारण ही वंदना मैम ने उन्हें मेरी देखभाल के लिए रखा था।

वे मुझे लंच टाइम में खाना खिलाती थीं, क्योंकि मुझे गुटकने में कुछ समस्या होती थी, इसलिए मैं ठोस चीजें बहुत कम ही खाती थी। मैं अकसर अर्ध-ठोस

खाद्य पदार्थ लिया करती थी, लेकिन कई बार स्कूल की कैंटीन में मैं देखती थी कि विल्सन भैया ने साँभर डोसा बनाया है तो मैं आंटी से वह खिलाने को कहती थी। इस पर वे मेरे लिए कैंटीन से साँभर डोसा लातीं, उसे मसलती और फिर मुझे खिलातीं। यह उन्हीं की कला थी कि वे हर तरह के ठोस पदार्थों को मेरी सुविधा के हिसाब से मुझे खिला देती थीं।

□

बड़ी खबर

मेरी बुआ आयशा हमेशा मेरी चिंता करती रहती थीं और लगातार मेरे ही बारे में सोचती रहती थीं। वे सोचती थीं कि उनके और मेरे माता-पिता के न रहने पर मेरा क्या होगा, कौन मेरी देखभाल करेगा, क्योंकि मैं छोटी-से-छोटी चीज के लिए भी पूरी तरह से उन पर निर्भर थी। मुझे अपनी सारी जरूरतों के लिए दूसरों की मदद चाहिए होती थी। मैं अपने आप अपना कुछ भी नहीं कर पाती थी, तो ऐसे में जब वे परिवार के सारे सदस्यों के साथ बैठी होतीं, तो वे मेरे पिता और माता से कुछ करने को कहतीं। वे कहतीं, ''मैं चाहती हूँ कि मेरे मरने से पहले उसकी हिफाजत हो जाए।''

और, जाहिर है कि उनकी बात बिल्कुल सही थी।

उनकी जगह पर कोई भी होता, तो यही कहता।

मेरे लिए उनकी चिंता बिल्कुल वाजिब थी। ऐसी लड़की, जो अपनी सारी जरूरतों के लिए दूसरों पर निर्भर हो, जो दूसरों से अपनी जरूरतों के बारे में न कह सकती हो या आसानी से न कह सकती हो, उसके दिल में कहीं-न-कहीं हिचक होगी, क्योंकि उसका अपने सिवा और किसी पर तो बस होगा नहीं। यही कारण था कि मेरी बुआ अपनी मौत से पहले मेरी हिफाजत का इंतजाम कर जाना चाहती थीं।

हालाँकि मेरे अंदर ऐसी भावना नहीं थी। मुझे विश्वास था कि अगर अल्लाह ने मुझे इस समस्या के साथ भेजा है तो उसके पीछे कुछ-न-कुछ कारण होगा। उसने मेरे लिए कुछ-न-कुछ सोचा होगा।

और यही सच था। अल्लाह ने कभी मेरी ख्वाहिश बेकार नहीं जाने दी और न ही कभी मेरे चेहरे से मुसकराहट हटने दी। मेरे जन्म से ही यह बनी रही।

एक दिन मैं बिस्तर पर लेटी टी.वी. देख रही थी, मेरी माँ भी वहाँ मौजूद थीं। उन्होंने मुझसे पूछा, ''तुम किसके साथ रहोगी, इरम के साथ या मजहर के

साथ?'' अचानक मैंने उत्तर दिया, 'मम्मी, मैं अपने खुद के मकान में रहूँगी।' ऐसा लगा जैसे अल्लाह ने मेरे मुँह से यह जवाब दिलवाया हो और उसी दिन शाम को मेरे परिवार को खबर मिली कि नोएडा में ड्रॉ में मेरे नाम से प्लॉट निकला है।

परिवारवालों को यह बात मुश्ताक अंकल ने बताई, जो मेरे पिता के दोस्त थे और हमारे घर के पास में ही रहते थे। उन्होंने मेरे पिता को फोन लगाया और बताया कि उनका नोएडा अथॉरिटी में प्लॉट निकला है। इस पर मेरे पिता ने पूछा कि उन्हें कैसे पक्की जानकारी हुई। उनके पड़ोसी ने उन्हें बताया था, जिन्होंने खुद भी ड्रॉ में हिस्सा लिया था, लेकिन उनका नाम नहीं निकला था। उनका बेटा शादाब भाई इंटरनेट पर नाम चेक कर रहा था, जिस पर केवल जीनत का नाम दिख रहा था।

मेरे पिता बहुत खुश हुए। उन्होंने कभी यह उम्मीद नहीं की थी कि एक दिन ऐसा भी होगा, क्योंकि वे नोएडा अथॉरिटी के कई ड्रॉ में परिवार के सभी लोगों के नाम से कोशिश कर चुके थे, लेकिन इतनी बड़ी खबर उन्हें पहले कभी नहीं मिली थी।

जिस ड्रॉ में मेरा नाम निकला था, वह चार साल पहले रद्द कर दिया गया था और उसका पैसा मेरे पिता को वापस कर दिया गया था। केवल थोड़ी सी रकम नोएडा अथॉरिटी के पास थी। इसलिए, सब लोग उसे एक तरह से भूल ही गए थे। हालाँकि जैसा कि मैंने बताया, अल्लाह मेरे मुँह से निकली बात को कभी खाली नहीं जाने देता। जब मैंने अपनी माँ से अपने खुद के मकान में रहने की बात कही, तब शायद अल्लाह ने मेरी बात सुन ली थी।

□

त्रासदी, जिसने मुझे बिल्कुल तोड़ दिया

अपनी बुआ के साथ मैं बहुत ज्यादा, शायद परिवार में सबसे ज्यादा जुड़ी हुई थी, लेकिन अब उनके व्यवहार में कुछ परिवर्तन दिखाई देने लगा था। 2-3 महीने से जब से इरम उन्हें मेडिकल चेक-अप के लिए ले गई थी, तब से यह बदलाव दिख रहा था। मुझे लगा कि बुआ अब मुझसे कुछ दूरी बनाने लगी हैं। वे मेरे बिस्तर के पास जमीन पर सोने लगी थीं और जब मैंने इसका कारण पूछा तो उन्होंने कहा, "अब तुम बड़ी हो गई हो। तुम्हें अकेले सोना सीखना चाहिए।" इस पर मैंने कोई बहस नहीं की और चुप रह गई थी।

मेरी बुआ मुझसे जो दूरी बना रही थीं, वह अल्लाह का हुक्म था; क्योंकि अगर उन्होंने ऐसा न किया होता, तो मुझे उनसे अलग होकर जी पाना कठिन हो जाता। अल्लाह ने अपने आप ही यह दूरी बनाने का विचार बुआ के मन में डाल दिया था। खुदा जो चाहे कर सकता है और उसी ने यह दुनिया बनाई है और वही इस दुनिया को चलाता है।

दिन गुजरते गए और मेरी बुआ की हालत दिन-पर-दिन बिगड़ती गई। उन्होंने मेरे पिता से अपने गाँव भेज देने को कहा। उनके सारे रिश्तेदार वहाँ थे और वे सबसे मिलना चाहती थीं।

मेरे पिता ने तुरंत उन्हें भेज दिया। माता-पिता उन्हें गाँव भेजना तो नहीं चाहते थे, क्योंकि उनकी तबीयत ठीक नहीं थी और यहाँ नोएडा में उनको बेहतर इलाज मिल सकता था, लेकिन फरमाबरदार भाई होने के नाते मेरे पिता ने कभी उन्हें न नहीं कहा था। वे आराम से गाँव पहुँच गईं और एक सप्ताह के अंदर वे इस दुनिया से गुजर गईं। मुझे एक माह तक इस सच्चाई का पता नहीं चला, क्योंकि मुझे किसी ने बताया ही नहीं। हालाँकि उस समय मैं कोई छोटी बच्ची नहीं रह गई थी, जो दूसरों के चेहरों से समझ न सकूँ। मैं एक वयस्क लड़की थी और जब मुझे इस

सच्चाई का पता चला तो मुझे बहुत पीड़ा हुई। मैं पूरे समय रोती रहती, जिसका पता मेरे भाई-बहनों तक को नहीं चला। उन्होंने मुझे बताया था कि बुआ जल्द ही आ जाएँगी, क्योंकि उनका इलाज चल रहा है और अम्मी तथा अब्बू उनसे मिलने गए हैं।

जब बुआ को दफनाने के बाद मेरे माता-पिता हमारे पैतृक स्थान से लौटे तो उन्हें पता नहीं था कि मैं अकसर रोती रहती थी और इस बात का पता भी किसी को नहीं लगने दिया था कि मुझे सच पता है।

मुझे लगा कि अगर वे मुझे नहीं बताना चाहते हैं तो मुझे ऐसे ही रहना चाहिए। अगर मैं उन्हें बता दूँगी कि मुझे सच पता है, तो मेरी बुआ तो वापस आ नहीं जाएँगी।

अब मेरी बुआ के इंतकाल के बाद, मैं या तो अपनी बहन इरम के साथ सोती या अपनी माँ के साथ। मैं ऐसे दौर से गुजरी हूँ, जब मुझे करवट बदलने के लिए किसी की मदद की जरूरत पड़ती थी, क्योंकि एक ही स्थिति में देर तक लेटे रहने से शरीर में दर्द होने लगता था।

वास्तव में जब तक बुआ जिंदा थीं, तो वे पूरी रात मेरी करवट बदल दिया करती थीं और उनकी मौत के बाद जब मुझे रात में करवट बदलनी होती तो आमतौर पर मैं अपने पास सो रहे किसी व्यक्ति को जगाती नहीं थी, क्योंकि जब मुझे उनकी जरूरत पड़ती, तब मैं देखती कि वे गहरी नींद में हैं और तब मैं खुद ही करवट लेने की कोशिश करती। जब मैं ऐसा नहीं कर पाती तो आँसू मेरी आँखों से बहने लगते, क्योंकि काफी कोशिश के बाद भी मैं अपने शरीर को एक इंच नहीं हिला पाती थी और मुझे बहुत तेज दर्द होने लगता था।

आँखों में आँसू भरकर मैं अल्लाह से कहती, 'अल्लाह, तूने मेरे साथ ऐसा क्यों किया? कम-से-कम मुझे इतनी ताकत तो देते कि मैं अपने शरीर के अंग हिला पाती।' जैसे ही मैं यह बात कहती, तभी कोई-न-कोई अपनी जरूरत के लिए उठ बैठता और फिर मैं उसको मदद के लिए बुला लेती। मेरे आँसू गाल पर लुढ़कने से पहले ही अल्लाह हमेशा मेरी आवाज सुन लेता था। यही कारण है कि मैं हमेशा कहती हूँ कि अगर अल्लाह ने मुझे इस दिक्कत के साथ भेजा है तो उसने कुछ-न-कुछ समाधान भी भेजा होगा।

□

बुआ के इंतकाल के बाद आई समस्याएँ

मैं आपको पहले ही बता चुकी हूँ कि मेरी बुआ के इंतकाल के बाद रात में मुझे कई दिक्कतें होने लगीं, क्योंकि जब तक वे जिंदा थीं, तब तक वे रात भर मेरी अच्छी तरह से देखभाल करती रहती थीं।

मेरी जरूरत के समय वे हमेशा मेरे पास रहती थीं। अगर मुझे गरदन मोड़नी होती तो वे एक आवाज पर उठ जाती थीं। अपनी बगल में उनकी मौजूदगी पर मैं आराम से सो जाती थी। उन्होंने मेरे लिए वह भी किया, जो कई बार किसी माँ के लिए भी अपने बच्चों के लिए करना मुश्किल होता है। उन्होंने मेरी देखभाल में अपनी पूरी जिंदगी लगा दी थी। उन्हें अपनी आखिरी साँस तक यह यकीन था कि किसी-न-किसी दिन मैं अपने आप चलने लगूँगी। उसके लिए उन्होंने मेरे पूरे बदन पर कई यूनानी तेल धार्मिक तौर पर लगाए और मुझे कई होम्योपैथिक दवाइयाँ भी दीं, लेकिन असर किसी का नहीं हुआ।

हालाँकि उनकी हर कोशिश बेकार गई, लेकिन उन्होंने आखिरी उम्मीद नहीं छोड़ी थी।

मेरे लिए उनके सपने बड़े थे। वे कहा करती थीं, ''मैं अपनी बिटिया को लाल जोड़े में देखना चाहती हूँ। वह दिन मेरी जिंदगी का सबसे बड़ा दिन होगा, जब मेरी बिटिया दुलहन बनेगी।''

मुझे याद है, अपनी मौत से एक महीना पहले उन्होंने घर पर सबसे कहा था, ''प्लीज, तुम लोग मेरी बिटिया को कभी किसी चीज के लिए न मत कहना। उससे कुछ गलत भी हो जाए, तब भी उसे खुश रखना।'' और तब वे रोने लगी थीं।

वे मेरे लिए बड़ा सहारा थीं, क्योंकि वे हर समय मेरे पास रहती थीं। आप कह सकते हैं कि वे चौबीसों घंटे मेरी सेवा में लगी रहती थीं। आप पैसे से सेवा तो खरीद सकते हैं, लेकिन लगन तो केवल प्यार से ही पैदा होती है। इसकी कीमत

तो प्यार है, जो कि हासिल करना आसान नहीं है। मैं खुशनसीब थी कि वह मुझे मिला था। मेरी बुआ मुझे बहुत प्यार करती थीं। उन्होंने पूरी जिंदगी मेरे पालन-पोषण में खपा दी थी।

मेरी बुआ की मौत के बाद, मेरी माँ की जिंदगी और व्यस्त हो गई, क्योंकि अब उन्हें अकेले ही रसोई के साथ-साथ मुझे भी सँभालना पड़ता था। मेरे पिता पूरे समय अपनी नौकरी में लगे रहते थे। उनके पास इतना वक्त नहीं होता था कि मुझे स्कूल भेजने या रात में आराम से सुलाने में वे मेरी माँ की कोई मदद कर सकें और मेरी माँ को कम-से-कम रात में ही थोड़ा आराम मिल सके। वे पूरे समय व्यस्त रहा करते थे।

अल्लाह के पास सारी समस्याओं के हल होते हैं। उस समय मेरा एक चचेरा भाई फरहान, जो ग्रेटर नोएडा से इंजीनियरिंग कर रहा था, वह सप्ताहांत में हमारे घर आ जाता था। उसे देर रात तक जागने की आदत थी। मेरी मम्मी उससे कहती थीं, ''बेटा गुफरान, जब तक जागो, तब तक मन्नी को देखते रहना।''

'गुफरान' उसका घर का नाम था और वह मेरी देखभाल करता रहता था और मेरी एक आवाज पर उठ जाता था।

जब वह घर पर होता तो मेरी बहन इरम को भी काफी राहत हो जाती, क्योंकि बुआ की मौत के एक साल बाद वही मेरे बगल में लेटने लगी थी।

वह बहुत समझदार भी थी। उसने मेरी माँ से कहा था, ''आप दूसरे कमरे में सो जाइए, मैं मन्नी को अपने पास सुला लूँगी। आप चिंता न कीजिए। आपको दिन में घर का काम सँभालना होता है। रात में आपको आराम की जरूरत है।''

बुआ के इंतकाल के बाद मेरे लिए जीना बहुत कठिन था, क्योंकि उनकी सेवा मुझे हर जरूरत के समय मुहैया हो जाती थी। वे तो मेरे कहने से पहले ही मेरी जरूरतें समझ जाती थीं। ऐसे में, उनके इंतकाल के बाद, दूसरों से मैं यह उम्मीद नहीं कर सकती थी। दूसरों से ली जानेवाली मदद की एक सीमा थी। मैं सबको रात में बार-बार नहीं जगा सकती थी, क्योंकि उन सबकी अपनी जिंदगी भी थी। उन्हें सुबह कॉलेज या ऑफिस जाना होता था। ऐसी स्थिति में मैं उन्हें हर समय तो परेशान नहीं कर सकती थी। उन्हें भी थोड़े आराम की जरूरत होती थी।

कई बार बहुत बेबस होने पर मैं अल्लाह से प्रार्थना किया करती, 'तूने मेरी जिंदगी में इतनी बंदिशें क्यों लगा दीं? मेरी भी रूह है। मुझे भी दूसरों की तरह दर्द होता है।' तब अपने आप मुझे कुछ देर बाद आराम मिल जाता और मैं आनेवाली चुनौतियों का सामना करने को तैयार हो जाती।

अब मैंने यह करना सीख लिया था कि मैं उसी करवट लेटती थी, जिसमें मैं घंटों सो सकूँ और आपको यकीन नहीं होगा कि मेरे शरीर का दर्द बुआ के रहने के समय के दर्द की तुलना में बहुत कम हो गया था। कई बार मैं अकेले ही सो जाती। अल्लाह ने चीजें मेरे लिए आसान कर दी थीं।

□

विज्ञान पढ़ाने के लिए मुझे नई स्वयंसेविका मिली

जैसा कि मेरी प्रिंसिपल मिसेज वंदना ने मुझे विज्ञान और अर्थशास्त्र के लिए टीचर मुहैया कराने का वादा किया था, इसलिए वे उसे पूरा करने के लिए जी–जान से लगी थीं। उन्होंने कुछ कोचिंग सेंटरों से भी संपर्क किया और उनसे कहा कि वे स्कूल के समय मुझे उनके पास भेज दें, लेकिन उन्होंने कह दिया कि वे सुबह के समय स्कूली बच्चों को नहीं लेते। उन्हें वे शाम के समय ही पढ़ाते थे, क्योंकि सुबह वे इंजीनियरिंग के स्टूडेंट्स को पढ़ाते थे।

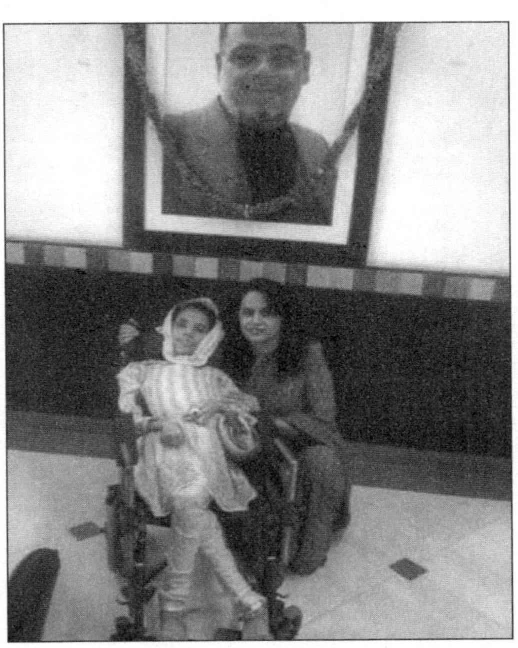

जीनत आरा अपनी प्रिंसिपल मिसेज वंदना शर्मा के साथ एम.बी.सी.एन. स्कूल में।

जब उन्होंने यह समस्या मुझे बताई तो मैंने सब्र बनाए रखा और सबकुछ अल्लाह पर छोड़ दिया और अपने आप ही जितना बन पड़ता था, पढ़ने लगी।

तभी कुछ दिनों में मुझे खबर मिली कि एक

स्वयंसेविका सप्ताह में दो बार आकर मुझे दोनों विषय पढ़ाया करेंगी। उनका नाम मिसेज संगीता था। मैं बहुत खुश हुई और मैंने अल्लाह का शुक्र अदा किया।

मिसेज संगीता भी बहुत अच्छी शिक्षिका थीं। उन्होंने मुझे बहुत अच्छी तरह से पढ़ाया, उन दिनों में भी पढ़ाया, जब मेरी तबीयत ठीक नहीं रहती थी। कमजोरी के कारण मैं अकसर बीमार पड़ जाती थी और इसलिए मैं बहुत कम स्कूल जा पाती थी। मेरी अनेक कक्षाएँ चूक जाती थीं।

□

मेरी जिंदगी की सबसे बड़ी चुनौती

समय तेजी से निकलता जा रहा था और मेरी चुनौतियाँ दिन-पर-दिन बढ़ती जा रही थीं। यह 2010 के आसपास की बात है, जब मेरी किशोरावस्था समाप्त हो रही थी और मैं जवानी की दहलीज पर कदम रख रही थी। अब मैं पूरी तरह से वयस्क लड़की थी।

अब मैं अपना भला-बुरा अच्छी तरह से समझती थी। मेरी जिंदगी की सबसे बड़ी चुनौती इसी समय आई, क्योंकि अब मैं एक जवान लड़की थी और मुझे किसी गैर-इनसान से मदद लेना पसंद नहीं था। मुझे कहीं जाना होता था, या अपनी जगह बदलनी होती थी तो भी मैं नहीं चाहती थी कि कोई मुझे अपनी गोद में उठाए। यह सब मुझे शर्म की बात लगती थी। मैं सचमुच यह सब पसंद नहीं करती थी, लेकिन मैं बेबस थी और कुछ नहीं कर सकती थी; क्योंकि एस.एम.ए. बीमारी के कारण मैं खुद तो चल-फिर नहीं सकती थी।

और यह सोच तो सामान्य थी। कोई भी लड़की मेरी जगह होती तो उसे यही महसूस होता। मैं शब्दों में बता नहीं सकती कि मुझे कितनी कठिनाई होती थी, लेकिन अपनी सारी कमजोरियों के बावजूद मैं अपनी दुनिया को अपने कमरे की चहारदीवारों के अंदर सीमित नहीं रख सकती थी, इसलिए मुझे इस चुनौती का भी बहादुरी से सामना करना था और मैंने यही किया। आप मेरा दर्द जी तो नहीं सकते, केवल कल्पना करके महसूस कर सकते हैं।

जब कोई गैर-मर्द मुझे उठाकर ले जा रहा होता तो मुझे बहुत शर्म आती थी। मान लीजिए, मुझे स्कूल जाना है, या अपने घर से बाहर जाना है तो मुझे किसी की मदद की जरूरत पड़ती थी, क्योंकि मेरा भाई अलीगढ़ में पढ़ाई करने गया था।

अगर वह घर पर होता तो मुझे सहजता महसूस होती, क्योंकि मेरे भाई और बहन दोनों ही मुझे कभी न नहीं कहते थे। दोनों जहाँ मैं चाहती, तुरंत ले जाते थे।

मुझे जरूरत पड़ती तो मैं अपनी बहन को अपने साथ स्कूल ले जाती थी, लेकिन वह कभी नाराज नहीं होती थी। अगर रात में मेरा भाई बहुत थका नहीं होता था और उसे थोड़ा भी पता लग जाता कि मुझे उसकी जरूरत है तो वह तुरंत आ जाता और मेरी मदद कर देता। पहले की तरह ही जैसा कि मैं बता चुकी हूँ कि उस रात मुझे अपनी करवट बदलनी थी, क्योंकि मेरा बदन दर्द करने लगा था। वह होता तो आकर मुझे करवट बदलवा देता, लेकिन दुर्भाग्य से अब वह घर से बाहर था।

मैं ऐसी हालत में फँस गई थी, जहाँ मैं किसी को दोष नहीं दे सकती थी, न ही अल्लाह को दोष दे सकती थी। मुझे अल्लाह पर पूरा भरोसा था और मैं जानती थी कि वह निश्चित ही इस हालत से मुझे उबारेगा।

जो व्यक्ति मुझे एक स्थान से उठाकर, दूसरे स्थान पर ले जाने में मदद करता था, उससे मुझे कभी कोई दिक्कत नहीं रही, बल्कि मैं उन लोगों की इज्जत करती हूँ, क्योंकि वे बहुत एहतियात से मुझे उठाते थे, ताकि मुझे चोट न लग जाए। अब समस्या यह थी कि मैं बच्ची नहीं रही थी, इसलिए मैं खुद ही असहज महसूस करने लगी थी।

यह सच है कि आप मेरे लिखे या बोले शब्दों से मेरे दर्द का एहसास नहीं कर सकते। इसके लिए आपको खुद को मेरी जगह रखकर देखना होगा। मेरे पास कोई और चारा नहीं था, इसलिए मुझे हालात के आगे झुकना पड़ा।

□

मिसेज संगीता को किसी कारण स्कूल छोड़ना पड़ा

स्कूल में बोर्ड की परीक्षाओं की मेरी तैयारी ठीक चल रही थी, तभी अचानक, एक दिन मिसेज संगीता ने बताया कि वे अब मुझे विज्ञान नहीं पढ़ा पाएँगी, क्योंकि उन्हें जेपी कंपनी में नौकरी मिल गई है। हालाँकि उन्होंने मुझे यह यकीन दिलाया कि वे समय निकालकर अर्थशास्त्र पढ़ाती रहेंगी।

शुरू में जब उन्होंने यह बात कही तो मुझे बुरा लगा और मैंने बेबस महसूस किया, लेकिन बाद में कुछ दिनों में मैंने अपने को सँभाल लिया। मैं बेबस इसलिए महसूस कर रही थी, क्योंकि मेरी बोर्ड की परीक्षाओं में बहुत कम समय बचा था और इसके अलावा, यह कम समय मेरे बार-बार बीमार हो जाने के कारण और भी कम हो चुका था। अब उसी थोड़े से समय में मुझे परीक्षा की तैयारी करनी थी।

मिसेज संगीता मैम बहुत अच्छी अध्यापिका थीं और पेशे से वे आर्किटेक्ट थीं। उन्होंने मुझे इतनी अच्छी तरह से और मेरी सुविधा के हिसाब से पढ़ाया कि मेरे लिए उनकी तरह का अध्यापक ढूँढ़ पाना बहुत कठिन हो गया था।

आपको यह जानना चाहिए कि वे किस तरह की सुविधा मुझे दे रही थीं। बहुत ही कम छात्र-छात्राएँ ऐसे होते हैं, जिन्हें अपने शिक्षकों से इतनी इज्जत मिलती होगी। वे मुझे कक्षा के दौरान खाना भी खिलाती थीं, ताकि मैं थकान महसूस न करूँ। वे मुझे हर बार थोड़ा समझाने के बाद एक कौर खिलाती थीं।

□

जीनत ने अपनी समस्या के बारे में नेट पर पढ़ा

2011 चल रहा था और मैं 23 साल की हो चुकी थी। मुझे बार-बार सीने में संक्रमण होने लगा था और मैं सुस्त होती जा रही थी। मेरी दिनचर्या बिगड़ चुकी थी। मैं नियमित तौर पर स्कूल नहीं जा पा रही थी। ऐसी समस्या मुझे पहले कभी नहीं हुई थी। केवल डेढ़ साल से ही मुझे बार-बार सीने में संक्रमण हो रहा था।

जब मैं इस समस्या से तंग आ गई तो मैंने इसका कारण खोजने की कोशिश की। मैंने बहुत सोचा और तत्काल मेरे दिमाग में एक विचार आया और तब मैंने अपने पिता से कहा, 'जन्म के समय मुझमें कौन सी बीमारी पाई गई थी?' उन्होंने एस.एम.ए. टाइप-2 का नाम बताया।

जैसे ही मुझे यह पता चला, मैंने तुरंत गूगल पर सर्च किया। मैंने पाया कि एस.एम.ए. में बच्चों की मांसपेशियाँ कमजोर हो जाती हैं और समय के साथ-साथ इसका असर पूरे शरीर की मांसपेशियों पर होता है। समय के साथ जब यह कमजोरी बढ़ जाती है तो इसका असर फेफड़ों तक पहुँच जाता है और उनमें संक्रमण फैल जाता है, जिससे बच्चों को साँस लेने, जमाव, जकड़न आदि की परेशानी होने लगती है।

एस.एम.ए. बीमारी एस.एम.ए.1 नाम के जीन से पैदा होता है, इस बीमारी से ग्रस्त लोगों में असामान्य लक्षण होते हैं या नहीं होते हैं। एस.एम.ए. ऑटोसोमल रिसेसिव पैटर्न में निहित होता है, जिसका अर्थ होता है कि किसी बच्चे में डिफेक्टिव जीन के दो रूप होते हैं, एक माता से मिला होता है और दूसरा पिता से। 40 में से करीब 1 बच्चे में डिफेक्टिव एस.एम.ए.1 जीन होता है, जो दूसरे बच्चों तक भी जा सकता है। एस.एम.ए. हर नस्ल के स्त्री-पुरुषों में असर करता है। एस.एम.ए.

के पाँच या छह प्रकार होते हैं, जिनमें से मैं टाइप-2 से पीड़ित थी। एस.एम.ए. से पीड़ित बच्चे बहुत बुद्धिमान होते हैं। उनके दिमाग पर इसका असर नहीं होता और औसत से ज्यादा बुद्धिमान लोगों के कम-से-कम बराबर तो होते ही हैं।

निशानी और लक्षण

लक्षण एस.एम.ए. के प्रकार, रोग का स्तर और व्यक्तिगत कारकों के आधार पर निर्भर होते हैं। आमतौर पर ये लक्षण होते हैं—

- मांसपेशियों में समग्र कमजोरी, कमजोर मांशपेशियाँ।
- विकास के चरण हासिल करने में कठिनाई, बैठने/खड़े होने/चलने में कठिनाई।
- शिशुओं में—बैठते समय मेढ़क की तरह पैर रखना (नितंब अलग और घुटने लचीले)
- श्वसन स्नायुओं की शक्ति में कमी, कमजोर खाँसी, कमजोर रोना (शिशुओं में), फेफड़ों या गले में रिसाव का जमा होना, साँस में विकार।
- घंटी के आकार का धड़।
- बँधी मुट्ठियाँ और हाथों में पसीना।
- हाथ अकसर एक ओर झुके रहते हैं, यहाँ तक कि लेटने पर भी।
- जीभ का स्फुरण (फड़फड़ाना)
- चूसने या निगलने में कठिनाई, खाने में दिक्कत।
- सामान्य से कम वजन।

उपचार

अभी तक स्पाइनल मस्क्युलर एट्रॉफी का कोई इलाज ज्ञात नहीं है, हालाँकि स्टेम सेल थेरेपी पर शोध जारी हैं, जिनसे एस.एम.ए. के मरीजों में आशा की बड़ी किरण जगी है।

दर्द कम करने के उपाय निम्नानुसार हैं—

- ऑर्थोपेडिक्स—रीढ़ की कमजोर मांसपेशियों के कारण काइफोसिस (कूबड़), स्कोलियोसिस और अन्य हड्डियों की समस्याएँ विकसित हो सकती हैं। ऐसे में जटिलताओं से बचने के लिए रोगी को फिजियोथेरेपिस्ट और पेशेवर थेरेपिस्ट की निगरानी में रखा जाता है।

- श्वसन तंत्र की देखभाल—एस.एम.ए. से ग्रस्त रोगियों में श्वसन तंत्र पर बहुत ज्यादा ध्यान देना चाहिए, क्योंकि यह एक बार कमजोर हो गया तो दोबारा फिर से पूरी तरह ठीक नहीं हो पाता।
- कमजोर खाँसी से श्वसन संक्रमण और निमोनिया का लगातार खतरा रहता है। रोगी को बीमारी के समय जल्दी-से-जल्दी डॉक्टर को दिखाना चाहिए।
- पोषकीय देखभाल—जबड़ा खोलने, चबाने और खाना निगलने में दिक्कत होने से रोगियों को पर्याप्त पोषण लेने में कठिनाई हो सकती है। ऐसे में रोगी को मांसपेशियों का क्षरण रोकने के लिए आम स्वस्थ लोगों की तुलना में ज्यादा बार खाते रहना चाहिए।
- गतिशीलता—जीवन की गुणवत्ता सुधारने और दैनिक गतिविधि तथा हरकतों के प्रबंधन में सहायकात्मक प्रौद्योगिकियाँ मददगार हो सकती हैं।

एस.एम.ए. टाइप-2 का आरंभ

बच्चों में दो साल की उम्र से पहले, आमतौर पर 15 महीने की उम्र में इसकी पहचान हो जाती है। ये बच्चे आमतौर पर शुरुआती उम्र में तो बिना किसी सहारे के बैठ लेते हैं, लेकिन कई बार अपने आप नहीं भी बैठ पाते हैं। कई बार वे हौसले और सहारे के बल पर तथा थेरैपी की मदद से रेंग सकते हैं और कई बार कुछ सहारे के बल पर खड़े भी हो जाते हैं, लेकिन मेरे साथ ऐसा नहीं था।

खाने और निगलने की समस्याएँ टाइप-2 के बच्चों में आम नहीं होतीं, हालाँकि आशंका रहती है। आमतौर पर वे कभी चल नहीं पाते।

टाइप-2 के बच्चों का जीवनकाल काफी अलग-अलग तरह का होता है। सभी में एक समान नहीं होता! वे कम उम्र में ही मर सकते हैं या वयस्क होने तक भी जीवित रह सकते हैं। एस.एम.ए. के सभी रूपों में कमजोरी समय के साथ बढ़ती जाती है।

पूरी जानकारी लेने के बाद मैं कुछ नर्वस हो गई, लेकिन मैंने उम्मीद नहीं छोड़ी। मैं जानती थी कि जब तक खुदा मेरे साथ है और मुझे इस भयानक रोग से लड़ने की ताकत देता रहेगा, तब तक मेरे रास्ते में आनेवाली कोई भी समस्या या बड़ी बाधा मेरी इच्छा शक्ति को खत्म नहीं कर सकती और मुझे कमजोर नहीं बना सकती।

□

विज्ञान शिक्षक की तलाश जारी रही

मैं बहुत मायूस हो रही थी, क्योंकि कुछ ही दिन पहले मुझे पता चला था कि वास्तव में मुझे क्या समस्या है और इसके अलावा, मैं विज्ञान शिक्षक के लिए भी परेशान थी।

जब मैं स्कूल गई तो मुझे खबर मिली कि मेरे लिए विज्ञान शिक्षिका रख ली गई है और यह खबर सुनते ही मैं बहुत खुश हुई और उनसे मिलने के लिए तत्पर हो उठी।

अगले दिन मेरी उनसे मुलाकात हुई। वे मिसेज संगीता मैम की जितनी अच्छी नहीं लगीं। वे ठीक–ठाक पढ़ाती थीं, न खराब, न अच्छा और मिसेज संगीता की बात ही अलग थी। वे आर्किटेक्ट थीं और उनसे इनका कोई मुकाबला नहीं था।

इन नई शिक्षिका गुंजन मेम ने मुझे तीन माह तक पढ़ाया और बीच में ही मेरा सिलेबस उन्होंने छोड़ दिया, क्योंकि वे गर्भवती हो गई थीं और कुछ समय के लिए उन्होंने स्कूल से छुट्टी ले ली थी। जब मैं वापस आई तो मैंने घर पर ट्यूशन लेने का निश्चय किया, वरना मेरा कोर्स समय पर पूरा नहीं हो पाता। इसके अलावा, अकसर बीमार पड़ जाने के कारण मुझे कुछ अतिरिक्त समय भी लगना था।

जैसे ही मेरे दिमाग में यह बात आई, मैंने तुरंत ही मिसेज प्रिया मैम को नंबर लगाया और उनसे घर पर ट्यूशन देने के बारे में पूछा। उन्होंने तुरंत कंफर्म तो नहीं किया, बल्कि बोलीं, ''पहले मैं तुमसे मिलूँगी और तुम्हारा सिलेबस देखूँगी, इसके बाद ही कुछ बता पाऊँगी।''

जिस दिन वे मेरे पास आईं, उन्होंने मुझे बहुत खुश पाया; क्योंकि मेरी विज्ञान अध्यापिका की तलाश पूरी होती दिख रही थी। उनसे बेहतर मुझे कौन पढ़ा सकता था? वे बहुत काबिल शिक्षिका थीं।

मेरा पूरा सिलेबस देखकर वे संतुष्ट हुईं। वे जानती थीं कि वे मुझे पढ़ा सकती

हैं, लेकिन एक समस्या फिर आ गई। मेरा घर उनके घर से बहुत दूर था। उन्होंने बताया कि वे नियमित तौर पर नहीं आ पाएँगी। ऐसे में, मेरे लिए किसी और की तलाश करना ही बेहतर था। इसके लिए उन्होंने एक और शिक्षक का नंबर दिया।

□

घर का ट्यूशन बढ़िया लगा

मैंने प्रिया मैम के दिए नंबर पर बात की। फोन बलवंतजी ने उठाया। वे कोचिंग सेंटर चलाते थे। मैंने उन्हें अपने बारे में, अपनी समस्या के बारे में और अपनी पढ़ाई के तरीके के बारे में सबकुछ बताया और उनसे पूछा कि क्या वे इस सबके बावजूद मुझे पढ़ा सकते हैं। उन्होंने हाँ कहा और अगले दिन शाम को मेरे घर आ गए। मैंने उन्हें अपना सारा सिलेबस दिखाया।

उन्होंने मुझसे कहा कि वे अगले दिन से मुझे पढ़ाने आ जाएँगे। मैं तैयार हो गई, लेकिन मुझे दिल में कहीं-न-कहीं यह लग रहा था कि वे मुझे नहीं पढ़ा पाएँगे, क्योंकि उनकी आवाज साफ नहीं थी और वे बहुत हकलाते थे।

अगले दिन दोपहर बाद उनका फोन आया और उन्होंने बताया कि वे मेरे बताए दिनों पर मुझे पढ़ाने नहीं आ पाएँगे, क्योंकि उन दिनों वे इंजीनियरिंग के छात्र-छात्राओं को पढ़ाते हैं और उनकी जगह कोई नया शिक्षक मुझे पढ़ाने आएगा।

उसी दिन शाम को मेरे नए शिक्षक ने मुझे फोन किया। मैं उनकी आवाज सुनकर कुछ देर चुप बनी रही, फिर मैंने कुछ राहत महसूस की। मैं संतुष्ट थी, क्योंकि वे पहले वाले टीचर की तरह हकलाते तो नहीं थे। उन्होंने मुझे बताया कि वे मेरी सुविधानुसार बताए दिनों पर मुझे पढ़ाने आएँगे। मैं बहुत खुश थी, क्योंकि अब मैं अपने शेड्यूल के हिसाब से पढ़ने जा रही थी।

जैसा कि मैं आपको लगातार बताती आ रही हूँ कि मुझे खुदा पर पक्का यकीन था कि उसके जैसी कोई और ताकत नहीं है और वह चाहे तो पलक झपकते ही हालात ठीक कर सकता है। अल्लाह ने बिल्कुल उसी तरह मेरी प्रार्थना सुनी और फरिश्ते के रूप में मेरे पास एक शिक्षक भेज दिया। आपको पता है न, अल्लाह उन्हीं के पास फरिश्ते भेजता है, जिनसे वह खुश होता है।

जब वे ट्रायल क्लास के लिए आए, तो मेरी माँ ने उन्हें मेरे बारे में पूरी

जानकारी दी और उनके बारे में भी पूछा। उन्होंने बताया कि वे एमिटी यूनिवर्सिटी नोएडा में बी. टेक थर्ड इयर के छात्र हैं। वे मैकेनिकल इंजीनियरिंग में बी. टेक कर रहे थे।

जब मेरी माँ उन्हें मुझसे मिलाने लाईं तो मैंने उनसे कहा, 'सर, प्लीज बैठिए।' उनका नाम समीर था, जो उनसे पहली मुलाकात में ही मेरे दिमाग में बैठ गया था। वास्तव में मुझे सलमान खान की फिल्मों से ही यह नाम पसंद था। फिल्मों में अकसर उसका नाम यही होता है।

वे मेरे बिस्तर की बगल में बैठे, जहाँ मैं लेटी थी। लोग आमतौर पर समझ नहीं पाते थे कि वे मुझे कैसे पढ़ाएँगे, क्योंकि मैं बिस्तर पर लेटी रहती थी और किताब तक नहीं पकड़ पाती थी, लेकिन उनके चेहरे से ऐसा नहीं झलक रहा था कि वे मुझे पढ़ाने में कोई दिक्कत महसूस करते हैं। वे बहुत समझदार और उदार दिलवाले थे। उन्होंने मुझे कभी यह एहसास नहीं कराया कि मैं जिंदगी के किसी भी पहलू से अन्य लोगों से अलग हूँ।

क्लास के अंत में, मैंने उनसे कहा, 'सर, आपको मेरी लिखावट समझने में दिक्कत तो आई होगी।' उन्होंने कहा, ''क्यों, तुम्हारी लिखावट में क्या दिक्कत है? यह तो अच्छी है। मैं तो आसानी से इसे समझ लेता हूँ। अगर तुम मेरी राइटिंग देखोगी तो बेहोश हो जाओगी। तुम्हें पता है, मेरी राइटिंग तो बहुत ही खराब है।''

वास्तव में, उनकी लिखावट बहुत शानदार थी। उनकी लिखावट हीरे के टुकड़ों की तरह स्पष्ट थी और ऐसा लगता था जैसे कागज पर मोती बिखेर दिए गए हों। मुझे यह बात बाद में तब पता चली, जब उन्होंने मुझे एसाइनमेंट दिया।

मैंने अपनी राइटिंग के बारे में उनसे इसलिए पूछा, क्योंकि स्कूल में मिसेज नेगी मैम के अलावा सारे शिक्षकों को मेरी राइटिंग समझने में दिक्कत आती थी। इसलिए मैंने सोचा कि समीर सर को भी शायद दिक्कत आ रही होगी, क्योंकि वे अन्य शिक्षकों की तुलना में काफी युवा थे और मैंने जीवन में उनके जैसा इनसान कभी नहीं देखा था। इस तरह से मैं शुरू में ही अपनी शंकाएँ दूर कर लेना चाहती थी, ताकि मुझे बाद में कोई दिक्कत न हो।

□

शिक्षक के साथ बहुत खराब सलूक किया

अब विज्ञान शिक्षक की मेरी समस्या हल हो गई लगती थी।

अगले दिन फिर समीर सर मुझे पढ़ाने आए। वे हर बार मुझे पढ़ाई के लिए तैयार पाते थे, क्योंकि उन्होंने मुझसे कह रखा था कि मैं समय पर तैयार मिलूँ, क्योंकि उन्हें अपनी पढ़ाई भी करनी होती थी।

वे बहुत अच्छी तरह से पढ़ा रहे थे और मुझे समझाने के सब तरीके अपनाते थे। हालाँकि मुझे डाउट्स बने हुए थे।

मैंने उनसे कहा, 'सर, आप जो पढ़ा रहे हैं, वह मुझे समझ में नहीं रहा है।' उन्होंने जवाब दिया, ''जब तक तुम मुझे अपनी प्रॉब्लम ठीक-ठीक बताओगी नहीं, तब तक मैं उसे कैसे दूर कर पाऊँगा?'' उनके इस सवाल का मैं कोई जवाब नहीं दे पाई।

वे कहने लगे, ''अगर बिस्तर पर लेटे होने के कारण तुम ठीक से देख नहीं पा रही हो तो मैं बड़े अक्षरों में लिखा करूँगा। वह मेरा काम है। तुम इसके बारे में चिंता मत करो।''

वे हमेशा मुझसे मेरी दिक्कत के बारे में पूछते, लेकिन मैं उनसे कहती, 'सर, आपके पढ़ाने का तरीका मुझे समझ नहीं आ रहा है।' शुरू में तो मुझे लगा कि उन्हें पढ़ाना आता नहीं है और उन्होंने खुद पढ़ाई ठीक से नहीं की है।

हालाँकि समस्या यह थी कि वे मुझे गाइड से पढ़ा रहे थे, क्योंकि मुझे तब तक स्टडी मैटेरियल मिला नहीं था। मुझे यह समस्या बोर्ड की परीक्षाओं के बाद में पता चली।

कई बार मैं सोचती कि मेरे टीचर सही हैं। मैं शायद इस कारण नहीं समझ पाती थी, क्योंकि मैं बिस्तर पर लेटे-लेटे पढ़ती थी। इसलिए, इस समस्या से निजात पाने के लिए मैंने अपनी माँ से कहा, 'मम्मी, प्लीज सर के आने से पहले आप मुझे

बैठा दिया करो।' और जब समीर सर मुझे बैठा देखते, तो कहते, ''जब मैं तुम्हारी सुविधा के हिसाब से तुम्हें पढ़ा सकता हूँ तो तुम क्यों तकलीफ करती हो। अपने आपको सजा देने की कोई जरूरत नहीं, तुम बस लेटी रहो और पढ़ती रहो। मैं बड़े-बड़े अक्षरों में लिख दूँगा, जिससे तुम्हें समझ में आ जाएगा।''

वे बहुत अच्छे इनसान थे, हालाँकि कुछ अनुभवहीन थे, लेकिन अनुभवी शिक्षकों की तुलना में काफी अच्छे थे। उनके दिल में मेरे लिए सहानुभूति और नर्मी थी। बाद में मुझे लगा कि जब कभी मैं उन्हें अपनी दिक्कतें समझाने की कोशिश करती, ताकि उन्हें पढ़ाने में दिक्कत न आए, तो वे मेरी तरफ ध्यान नहीं दे रहे होते। इसकी बजाय, वे तुरंत ही विषय बदल देते। शायद मेरी शारीरिक समस्या के कारण वे मुझे बार-बार ठेस नहीं पहुँचने देना चाहते थे।

वे आते और पढ़ाकर चले जाते, लेकिन मुझे कुछ समझ में नहीं आता और मैं वैसी ही रह जाती, जैसी मैं शुरू में थी। मैं चिढ़ जाती और मुझे अपने पर काबू करना मुश्किल हो जाता, क्योंकि जैसे-जैसे दिन बीत रहे थे, मेरी परीक्षाएँ पास आती जा रही थीं। मैं उनसे काफी कठोर शब्दों में बोल जाती। मैंने उनसे कहा, 'सर, आपके पढ़ाने का तरीका मुझे समझ में नहीं आ रहा है।'

इस पर वे बोले, ''तब मैं क्या कर सकता हूँ सिवाय इसके कि मैं पढ़ाना बंद कर दूँ और अपनी जगह किसी और को भेजूँ।'' इस पर मैं चुप रह गई, लेकिन कुछ देर बाद मैंने जवाब दिया, 'मुझे लगता है, आपको पढ़ाना आता ही नहीं है। मेरे पास अच्छा उपाय है। आप एमिटी में उसी एसेट डिपार्टमेंट में जाइए, जिसमें आप अभी पढ़ रहे हैं। वहाँ मिसेज संगीता नाम की एक टीचर हैं। उन्होंने मुझे कुछ समय तक पढ़ाया है। वे आपको सिखा देंगी कि विज्ञान कैसे पढ़ाया जाता है।'

वे मुसकराए और बोले, ''अरे हाँ-हाँ, जरूर। तुम उनका पूरा नाम मुझे बताओ। मैं उनसे जरूर मिलूँगा। आखिरकार तुमने एक समाधान तलाश ही लिया, जो मेरे लिए बड़ी उपलब्धि है।''

संगीता मैम वही स्वयंसेविका थीं, जिन्होंने मुझे स्कूल में कुछ महीने विज्ञान और अर्थशास्त्र पढ़ाया था जैसा कि मैंने बताया था, वे आर्किटेक्ट थीं, इसलिए एमिटी, नोएडा में वे आर्किटेक्ट के छात्र-छात्राओं को पढ़ाया करती थीं।

मैं समीर सर की हमेशा बेइज्जती करती, लेकिन वे कभी बुरा नहीं मानते थे और ऐसे रहते थे जैसे कुछ हुआ ही न हो। कक्षा के बाद मुझे खुद भी अपने बरताव की गलती महसूस होती, क्योंकि मैं अपने सारे शिक्षकों के साथ बहुत सीधी लड़की रही थी और मुझसे इस तरह के रूखे बरताव की उम्मीद नहीं की जा सकती थी,

लेकिन मैं जो भी कर रही थी, वह स्वाभाविक था, जिस पर मेरा काबू नहीं था।

मैं इसलिए चिड़चिड़ी हो रही थी, क्योंकि मेरे बोर्ड के एक्जाम पास आ रहे थे; लेकिन तब तक मेरा सिलेबस ही पूरा नहीं हुआ था।

एक दिन जब वे मुझे पढ़ा रहे थे, उस समय मेरा ममेरा भाई फरहान सप्ताहांत में आया हुआ था और बगल में बैठा हुआ मेरी पढ़ाई को ध्यान से देख रहा था। कक्षा के बाद उसने पाया कि समीर सर बहुत अच्छी तरह से मुझे पढ़ा रहे थे। उसने मुझसे कहा, ''मन्नी, तुम्हें इससे अच्छा टीचर नहीं मिलेगा। वे तुम्हें बिल्कुल बेसिक्स समझा रहे हैं, इसका ढंग से इस्तेमाल करो और अपने आपको कन्फ्यूज मत करो।''

मेरा ममेरा भाई फरहान मुझे हमेशा सबसे अच्छी सलाह देता था। वह मेरे सगे भाई की तरह था और चाहता था कि मेरे सारे सपने जल्द-से-जल्द पूरे हों। इसके लिए वह खुद भी जितना बन पड़ता, मेरी मदद करता था। मैं खुद भी उसकी बहुत इज्जत करती थी, लेकिन जब उसने मुझसे इस टीचर को न जाने देने को कहा तो मैंने उसकी बात नहीं मानी और अगले दिन मैंने समीर सर को फोन किया और कह दिया, 'सर, आज किसी और को भेजिएगा।'

□

पछतावा

मैं बहुत नाराज थी, क्योंकि सही टीचर पाने की समस्या लाख चाहने पर भी हल नहीं हो पा रही थी। घर में हर किसी ने मुझे सलाह दी कि मैं जल्दबाजी न करूँ, क्योंकि समीर सर अच्छी तरह से पढ़ा रहे हैं, लेकिन मैंने फैसला कर लिया था और किसी और को भेजने को कह दिया था।

अगले ही दिन उसी समय दूसरा टीचर मुझे पढ़ाने आया। जिस पल वह मेरे कमरे में घुसा, वह चकरा गया और बाहर निकल गया। मुझे कैसे पढ़ाएगा, यह उलझन उसके चेहरे पर साफ झलक रही थी और हर किसी के लिए यह उलझन स्वाभाविक ही थी, क्योंकि किसी को लेटी हुई हालत में कोई कैसे पढ़ा सकता है। उसे यही समझ में नहीं आ रहा था कि वह किस दिशा से मुझे पढ़ाना शुरू करे; मुझे तो कुछ-कुछ ऐसा ही लगा।

उसने मुझे पढ़ाना शुरू किया और जब मुझे कुछ समझ में नहीं आया तो वह चिल्ला पड़ा और बोला, ''एक तमाचा मारूँगा।'' उस समय कमरे में मेरे आसपास और कोई नहीं था। केवल हम दोनों ही वहाँ थे। यह मेरे लिए बड़ा सदमा था। मैंने किसी भी शिक्षक से ऐसी उम्मीद नहीं की थी। तभी मुझे समीर सर की अहमियत समझ में आई। कोई ऐसे इनसान पर कैसे चिल्ला सकता है या तमाचा मारने की बात कह सकता है, जो पहले से ही तकलीफ में हो?

मुझे समीर सर की खूबियाँ याद आने लगीं। मुझे याद आया कि जब उन्होंने मुझे पहली बार देखा था तो उनके चेहरे पर ऐसे कोई भाव नहीं थे। इसकी बजाय, जब मैंने उनसे कहा था, 'सर मैं बस इस विषय में किसी तरह पास होना चाहती हूँ,' तो वे मुसकराते हुए बोले थे, ''नहीं, मैं तुम्हें 90 परसेंट नंबर दिलाऊँगा और इसके लिए तुम्हें अपनी स्थिति में बदलाव नहीं करना पड़ेगा। मैं उसी तरह से पढ़ाऊँगा, जिसमें तुम आराम से रह सको।''

लेटे रहने के कारण अगर मुझे लिखित सामग्री पर ध्यान लगाने में दिक्कत आती तो वे नोटबुक को मेरी आँखों के पास भी ले आते और पकड़े-पकड़े पढ़ाते रहते थे।

देर तक झुके रहने के कारण उन्हें निश्चित ही पीठ में दर्द होने लगता होगा, लेकिन वे ऐसा ही करते रहे, ताकि मैं लिखी हुई चीज आसानी से समझ सकूँ।

तभी, अचानक मैंने मौजूदा हालात के बारे में सोचा और कक्षा खत्म होने पर मैंने तय किया कि मैं समीर सर को कॉल करूँगी और केवल उन्हीं से पढ़ूँगी। वे ही मेरे लिए सबसे अच्छे टीचर थे।

अगले दिन, जब मैंने उन्हें फिर से कॉल किया तो उन्होंने कहा कि वे मुझे पढ़ाने आएँगे, लेकिन कई दिनों तक वे जब नहीं आए तो मैंने अपनी माँ से उनसे बात करने को कहा। जब मेरी माँ ने उनसे बात की तो उन्होंने बताया कि उनकी तीन माह की ट्रेनिंग शुरू हो रही है, जिसके लिए उन्हें कहीं बाहर जाना पड़ेगा। ऐसे में वे मुझे ज्यादा समय नहीं दे पाएँगे।

वास्तव में, जब वे मुझे पढ़ाते थे, तभी वे मुझे यह बात बता चुके थे कि किसी भी समय उन्हें पढ़ाना बंद करना पड़ सकता है, क्योंकि उन्हें ट्रेनिंग के लिए जाना है।

अब मैं फिर से वहीं आ चुकी थी, जहाँ से मैंने शुरुआत की थी। मुझे फिर से नया टीचर तलाशना था। समीर सर के साथ किए अपने सलूक पर मुझे पछतावा हो रहा था। एक युवा छात्र होने के नाते वे बहुत अच्छे शिक्षक थे।

□

स्कूल में नई टीचर

मैं क्लासरूम में अपना पाठ दोहरा रही थी कि तभी एच.ओ.डी. गुप्ता मैम मेरे पास आईं और उन्होंने मुझे विज्ञान की नई शिक्षिका से मिलवाया। उनका नाम नीलम था। उन्होंने गणित से एम.एस.सी. किया था और एम.बी.सी.एन. में आने से पहले वे एक सामान्य स्कूल में पढ़ाती थीं। यहाँ पर वे अपने बेटे क्षितिज के कारण आई थीं।

उन्होंने मेरा सिलेबस इतनी तेजी से कराया कि वह समय पर निपट गया। परीक्षा से एक माह पहले ही मेरा कोर्स हो चुका था। उन्होंने उतनी अच्छी तरह से तो मुझे नहीं पढ़ाया, जितनी मैं उनकी डिग्री के हिसाब से उम्मीद कर रही थी, लेकिन उन्होंने भरसक कोशिश की।

एक चीज से मैं इनकार नहीं कर सकती कि मेरे डाउट्स क्लीयर करने के लिए वे जो कर सकती थीं, उन्होंने किया, जबकि वे मुझे जो विषय पढ़ा रही थीं, वह उनका मूल विषय नहीं था। उन्होंने गणित में एम.ए. किया था।

□

जीनत की ड्रेस डिजाइनिंग में दिलचस्पी

मैं स्केचिंग में बहुत अच्छी थी। मैं 15 साल की उम्र से ड्रॉइंग बनाती आ रही थी। मेरे अंदर वह कौशल था, जिससे मैं किसी चीज की कल्पना कर लेती और उसे कागज पर उतार लेती थी। मेरे दूर के या करीब के सभी जाननेवाले मेरी इस खूबी की सराहना करते थे।

हालाँकि यह खूबी मेरे अंदर ज्यादा देर तक नहीं टिकी, क्योंकि मेरी ताकत कम होती जा रही थी, जिससे हाथ हिलाने में मुझे दिक्कत आने लगी थी। इसलिए अब मैं ड्रॉइंग बहुत कम करती थी। इसके बावजूद उसके प्रति मेरा उत्साह कम नहीं हुआ था। मैंने सीनरी, रेगिस्तान, गाँव, शहर आदि बनाना बंद कर दिया था और छोटी-छोटी स्केचिंग करती रहती थी। इसकी बजाय मैंने अब ड्रेस डिजाइनिंग में दिलचस्पी पैदा कर ली थी।

ड्रेस डिजाइनिंग में, आपको ज्यादा ड्राइंग करने की जरूरत नहीं पड़ती। आपको केवल कलर स्कीम के हिसाब से ड्रेस की ही ड्रॉइंग करनी पड़ती है। इसमें

जीनत की हाथ से बनाई पेंटिंग्स

जीनत की कंप्यूटर पर बनाई पेंटिंग्स

पेंटिंग या ड्रॉइंग की तरह बहुत ज्यादा चीजें बनाने की जरूरत नहीं पड़ती। इसे छोटे से कागज पर भी किया जा सकता है। इसलिए मेरे लिए यह ज्यादा आसान था।

ऐसे ही एक दिन स्कूल में जब मेरा सिलेबस पहले ही पूरा हो चुका था और केवल रिवीजन चल रहा था, तभी एच.ओ.डी. गुप्ता मैम मेरी कक्षा में आईं और उन्होंने मुझे बताया कि अगले माह के लिए मुझे लहँगा कलेक्शन तैयार करना है, क्योंकि वे लोग सेंटर स्टेज मॉल नोएडा में विकलांग दिवस पर मेरे डिजाइनों की प्रदर्शनी लगाएँगे।

सेंटर स्टेज मॉल के मालिक मोंटी चड्ढाजी थे, जो मेरे स्कूल के मालिक थे। इस नाते मिली छूट के कारण ये लोग वहाँ किसी भी तरह का कार्यक्रम कर सकते थे।

जब मुझे इस मौके के बारे में पता चला तो मैं बहुत खुश हुई, क्योंकि इससे मैं अपने डिजाइनों को लोगों के बीच कुछ लोकप्रिय करा सकती थी। मुझे करीब एक हजार या इससे भी ज्यादा लोगों के सामने अपनी जिंदगी के इस सबसे बड़े सपने के बारे में कुछ लाइनें भी बोलनी थीं।

कुछ समय के लिए तो मैं अपने इम्तिहान के बारे में भूल गई और अपने को लहँगा डिजाइनों के बारे में सोचने में लगा दिया, साथ ही अच्छा सा भाषण तैयार करने में लग गई, जो हर किसी के दिल को छू जाए।

वह घड़ी आ चुकी थी और जब मेरी बहन इरम ने मिसेज वंदना मैम के केबिन में फोन करके मेरे वहाँ पहुँचने का ठीक समय जानना चाहा तो उन्होंने कहा, ''जीनत को तैयार करो और उसका अच्छे से मेकअप करो। मैं चाहती हूँ कि वह और खूबसूरत लगे।'' वैसे तो मुझे अपने चेहरे पर ज्यादा कुछ करने की जरूरत थी नहीं, अल्लाह ने पहले से ही मुझे ऐसा बनाया था कि मुझे खूबसूरत दिखने के लिए चेहरे पर कोई बाहरी सामान लगाने की जरूरत नहीं पड़ती थी। अल्लाह को पता था कि यह अपने आप कुछ नहीं कर पाएगी, इसलिए उसने शायद मेरी मुश्किलें आसान कर दीं और मुझे ऐसा बनाया कि दूसरों की मदद मुझे कम ही लेनी पड़े। प्रिंसिपल ने मेरी बहन से इसलिए ऐसा कहा, क्योंकि वे मुझे बहुत प्यार करती थीं।

मैं समय पर आयोजन स्थल पर पहुँच गई। मैं अच्छी लग रही थी, हालाँकि

विकलांग दिवस पर सेंटर स्टेज मॉल नोएडा में जीनत की डिजाइनों की प्रदर्शनी।

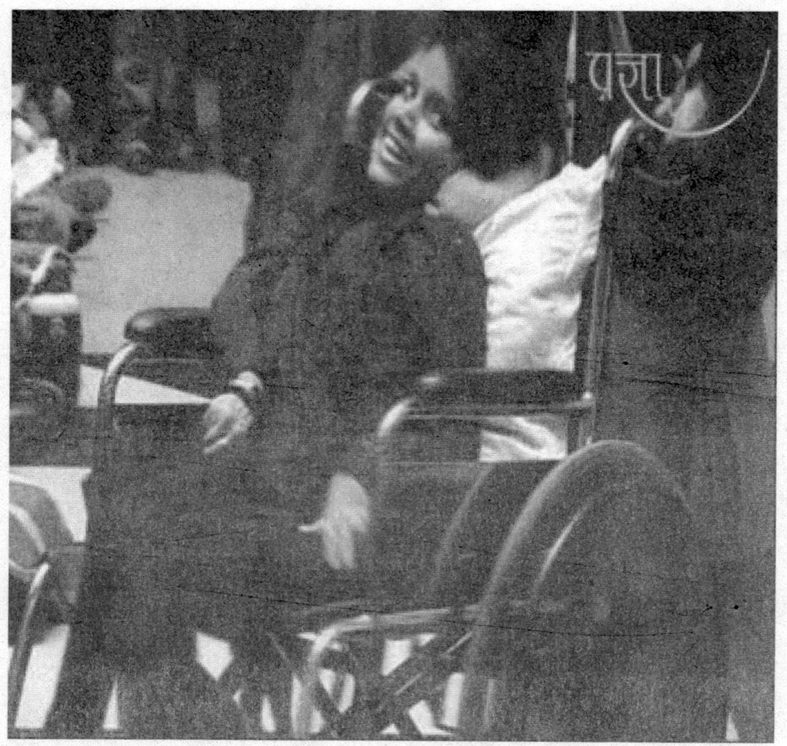

जीनत आरा सेंटर स्टेज मॉल सेक्टर 18 नोएडा में विकलांग दिवस मनाते हुए।

मेरी प्रिंसिपल ने ऐसी उम्मीद नहीं की थी। उन्होंने मुझसे कहा, ''जीनत, तुम एकदम तरोताजा और खूबसूरत लग रही हो।'' प्रोग्राम का संचालन कर रहा एंकर तो मुझे देखते ही बेहोश सा होता दिखा।

मेरा भाषण खत्म होते ही वह मेरे पास आया और बोला, ''क्या तुम मेरी गर्लफ्रेंड बनोगी ?'' मैं एकदम चुप रह गई और सोचने लगी, शायद वह पागल हो गया है। क्या उसे दिखता नहीं कि वह मुझसे दोगुनी उम्र का है। तभी मेरे मन में एक बात आई और मैंने फैसला किया कि उससे कह दूँ कि मेरा भाई वहाँ ऑडिएंस में खड़ा है और अगर उसने यह सुन लिया कि तुम मुझे गर्लफ्रेंड बनने के लिए कह रहे हो तो वह तुम्हें यहीं जमीन पर पटक देगा। तभी भीड़ में से शोर उभरा। लोग जानना चाहते थे कि मैं क्या कहने जा रही हूँ।

उसके बाद मेरे शिक्षकों ने मुझ पर दबाव डाला कि मैं 'हाँ' कर दूँ। अचानक मेरी विचार तंद्रा टूटी और अपने सारे शिक्षकों की मौजूदगी में मैंने उस बड़ी उम्र के व्यक्ति से 'हाँ' कह दिया।

प्रोग्राम खत्म होने पर मीडिया मेरे आसपास इकट्ठा हो गया और मुझसे मेरी ख्वाहिशों के बारे में वे लोग पूछने लगे।

यह मेरे लिए नया अनुभव है। यह सब मैंने टी.वी. पर तो देखा था, लेकिन

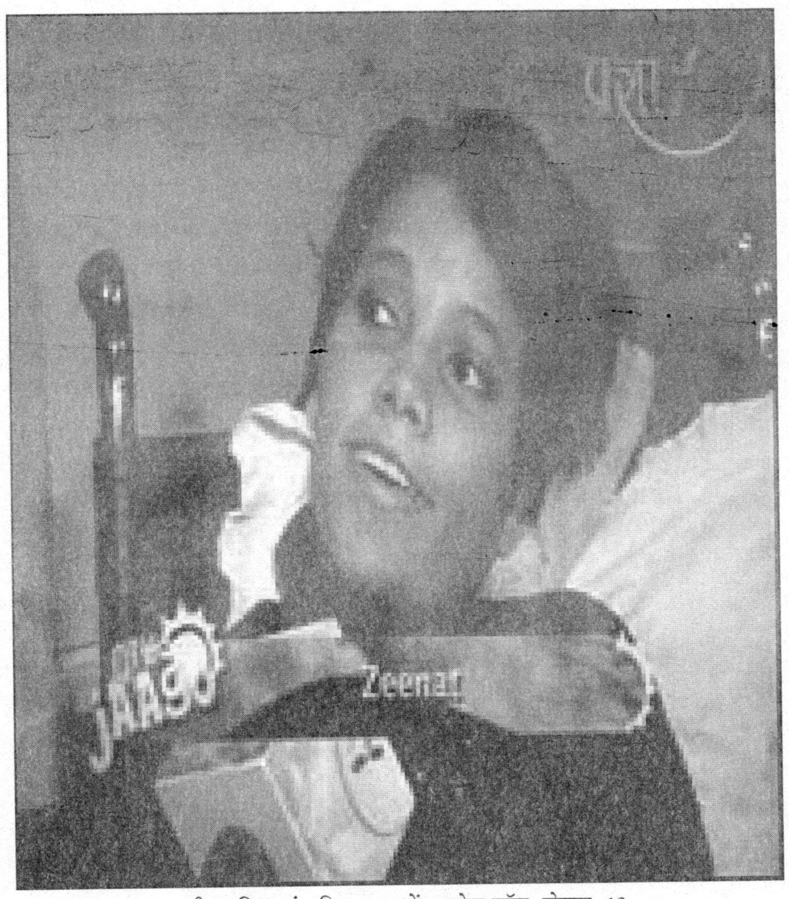

जीनत विकलांग दिवस पर सेंटर स्टेज मॉल, सेक्टर-18 नोएडा मे अपना पहला इंटरव्यू देते हुए।

यह कभी नहीं सोचा था कि तमाम मीडियाकर्मी मेरे चारों ओर ही तितलियों की तरह मँडराएँगे। पत्रकार मुझसे पूछ रहे थे, ''क्या ऐसा होने का आपको खेद है या आप ईश्वर को दोष देती हैं, आपने फैशन डिजाइनिंग को ही अपना एंबीशन क्यों बनाया?'' और मुझे समझ में नहीं आ रहा था कि क्या जवाब दूँ।

शुरू में मैं कैमरों की फ्लैश लाइटें अपनी ओर चमकते देखकर कुछ घबराई और वे लोग भी तो एक साथ इतने सारे सवाल कर रहे थे। यह भी मेरे लिए एक नया अनुभव था। मेरी जिंदगी में यह सब पहली बार हो रहा था। तभी मैंने अचानक अपनी हिम्मत जुटाई और बोलना शुरू किया। मैंने कहा, 'खुदा से मुझे जो कुछ भी मिला है, उसके लिए मुझे कोई रंज नहीं है। इसकी बजाय मुझे इस बात का गर्व है कि जिंदगी के इस सबसे कड़े इम्तिहान के लिए उसने मुझे ही चुना। अगर मैं इस इम्तिहान में पास होती हूँ, तो मुझे सबसे अच्छा इनाम मिलेगा।'

और, जब उन लोगों ने मेरी तमन्ना के बारे में पूछा तो मैंने कहा, 'मैंने फैशन डिजाइनिंग को अपना एंबीशन इसलिए बनाया, क्योंकि जन्म से ही मेरी दुनिया मेरे घर की दीवारों तक सिमटी रही है, जिसके कारण मुझे अपने आप में कोई हुनर पैदा करना था। मैं अपने आसपास जो कुछ भी देखती, मैं उस पर गहराई से गौर करती और उसमें कुछ बदलाव करने की कोशिश करती, मसलन, अगर टी.वी. पर कोई लड़की दिखती, तो मैं उसकी चूड़ियाँ, कपड़े, हेयर स्टाइल आदि पर गौर करती और तब उसमें सुधार करने की कोशिश करती। इस तरह से मैंने अपनी दुनिया को ज्यादा खूबसूरत बनाया और उसे ज्यादा विस्तार दिया।'

□

दसवीं बोर्ड की परीक्षा

मैं बहुत खुश थी, क्योंकि मेरा दिन अच्छा गुजरा था और अब तक बिताए मेरे सारे दिनों से एकदम अलग था। बहुत सारी शाबाशी मेरा इंतजार कर रही थी। मैंने कल्पना तक नहीं की थी कि मुझे प्रोग्राम में मौजूद लोगों से इतना अप्रत्याशित स्वागत मिलेगा। मेरा दिल खुशी से भर गया था, जिसके कारण अब मैं अपनी पढ़ाई पर ध्यान लगा पा रही थी, क्योंकि बोर्ड की परीक्षाओं में अब कुछ ही सप्ताह बचे थे।

मैं अच्छे नंबर लाने के लिए अपनी पूरी कोशिश कर रही थी, जबकि तैयारी के बीच में ही मुझे बार-बार सीने में जकड़न हो रही थी, जिससे मेरा ध्यान भंग हो रहा था। अपनी तैयारी के साथ-साथ मैं इस चिंता में भी थी कि मैं अपने अनजाने राइटर को कैसे समझा पाऊँगी, क्योंकि एक तो वैसे भी किसी के लिए तीन घंटे के निर्धारित समय में सारे उत्तर कॉपी पर लिख पाना मुश्किल होता है और मुझे तो दूसरे को समझाना था, जो फिर लिखने में और भी ज्यादा समय लेगा। इसके अलावा, अगर मुझे परीक्षा के दौरान अपनी करवट बदलनी पड़ेगी तो उसके लिए भी मुझे बोलना पड़ेगा। मेरी जिंदगी बहुत कठिन थी, लेकिन मैंने इस तरह से कभी सोचा नहीं था। इसकी बजाय मैं हमेशा इसे आसान करने की कोशिश करती थी।

परीक्षाओं के केवल 2 सप्ताह पहले, मेरा राइटर बनने की मेरे भाई की अरजी मंजूर हो गई, बस शर्त यही थी कि उसे यह दिखाना पड़ेगा कि वह मुझसे एक साल जूनियर है। चूँकि अल्लाह ने मेरी इच्छा पूरी कर दी थी, इसलिए मैं बहुत खुश थी। अब मैं अपने छोटे भाई मजहर की मौजूदगी में आराम से परीक्षा दे सकती थी। अल्लाह ने मेरे साथ जो भी किया, उसका मुझे कभी कोई गिला नहीं रहा, क्योंकि वह मेरे आँसू बहने से पहले ही हमेशा मेरे दुआ कबूल कर लेता था।

वह दिन आ पहुँचा था, जब मुझे अपना पहला पेपर देना था। मैं अपने भाई

मजहर के साथ गई और अपनी इच्छा के अनुसार सबकुछ अच्छा किया। अल्लाह की मेहरबानी थी कि सारे लोग, खासकर मेरे परिवार के सदस्य हमेशा यह सुनिश्चित करने की कोशिश करते थे कि मुझे कोई दिक्कत न हो।

मेरा भाई अलीगढ़ मुसलिम यूनिवर्सिटी से बी.आर्क. कर चुका था और उस समय अच्छी नौकरी कर रहा था। अपने ऑफिस से दो घंटे पहले आ जाता और फिर मुझे परीक्षा केंद्र ले जाता। पहले वह मेरी व्हील चेयर ले आता और मेरी सुविधा के हिसाब से उसे रखता। वजनी होने के बावजूद वह सबकुछ अकेले ही करता था। इतना प्यारा और देखभाल करनेवाला भाई और माता-पिता पाना मेरी खुशनसीबी थी, जो मुझे खुश रखने के लिए अपनी तरफ से पूरी कोशिश करते थे।

परीक्षा के दौरान वह मुझे किसी भी तरह का दर्द नहीं होने देता था। वह जरूरत के हिसाब से थोड़ी-थोड़ी देर में मुझे खिलाता रहता, मेरी करवट बदलवाता रहता। वह यह सब इसलिए करता था, ताकि मैं थकान महसूस न करूँ और बीमार न पड़ जाऊँ। वह मेरी सेहत को लेकर बहुत सतर्क रहता था। किसी भी हादसे से पहले वह डॉक्टर से बात कर लेता था।

मेरी बहन इरम मुझे नियमित रूप से जाँच के लिए अस्पताल ले जाती, क्योंकि मेरा भाई ऑफिस में होता था। इरम ने भी मेरी बीमारी के दौरान मेरी बहुत अच्छी तरह से देखभाल की थी। वह समय पर दवाइयाँ देती और बीमारी के बीच मुझे कई बार खाँसी आती थी, इसलिए मेरे दोनों भाई-बहन अकसर रात को जागते और मुझे खाँसने में मदद करते और अगर मेरा भाई घर पर होता, तो वह खुद ही मुझे अस्पताल ले जाता।

मेरा आखिरी पेपर विज्ञान का था, जिसका मुझे सबसे ज्यादा इंतजार था। मैंने थ्योरीवाले हिस्से की तैयारी की थी, लेकिन न्यूमेरिकल हिस्सा छोड़ दिया था। ऐसा इसलिए, क्योंकि मेरे पास समय बहुत कम था और न्यूमेरीकल्स की प्रैक्टिस मैं ठीक से नहीं कर पाई थी, वैसे मेरी टीचर मिसेज नीलम ने अपनी पूरी कोशिश की थी और बाकी सारे बच्चों की तुलना में मुझ पर ज्यादा गौर किया था। वे बाकी बच्चों को किसी काम में लगा देतीं और इस तरह से समय निकालकर वे मुझे अतिरिक्त समय दिया करती थीं। इस तरह से उन्होंने मेरा सिलेबस तेजी से कराकर समय पर उसे पूरा करा दिया था। मैं मुझे बनानेवाले की बेहद शुक्रगुजार थी, जिसने आखिरकार नीलम मैम को भेज दिया था और उन्होंने मेरी जरूरत पूरी करने का हर संभव प्रयास किया था। मैं उन्हें बहुत प्यार करती हूँ और उनकी बहुत इज्जत करती हूँ।

जब परीक्षाएँ खत्म हो गईं तो उसी रात मैंने समीर सर के बारे में सोचा। जब वे मुझे पढ़ाते थे, तब उन्होंने मुझसे कहा था, ''तुम साइंस में निश्चित ही 90 प्रतिशत नंबर लाओगी। मैं तुम्हारी ऐसी तैयारी करवाऊँगा।'' अब मुझे एहसास हुआ कि जब वे मुझे पढ़ाते थे, तो मुझे समझने में दिक्कत क्यों आती थी। इसका कारण यह था कि वे मुझे गाइड से पढ़ाते थे, क्योंकि एन.आई.ओ.एस. ने तब तक मुझे दसवीं की किताबें मुहैया नहीं कराई थीं। गाइड में चीजें ज्यादा विस्तार से नहीं समझाई जातीं, जिस कारण कई बार लोगों को गहन जानकारी हासिल करने में कठिनाई होती है।

□

जीनत ने पाए अच्छे अंक

मैं बिस्तर पर लेटी थी और सुबह से ही अपने सेल फोन में इंटरनेट पर अपना रिजल्ट तलाश कर रही थी। मैं रिजल्ट का बहुत बेसब्री से इंतजार कर रही थी, क्योंकि एक माह से मैंने बहुत कड़ी मेहनत की थी। एक बार जब मैंने अपना रोल नंबर सर्च बॉक्स में डाला तो मेरी आँखें अपने आप बंद हो गईं, क्योंकि मैं तो 90 प्रतिशत से ज्यादा की अपेक्षा कर रही थी, जबकि रिजल्ट में मेरे 71 प्रतिशत ही दिख रहे थे। मैं कतई संतुष्ट नहीं थी, क्योंकि मुझे लगता था कि मेरे इससे ज्यादा नंबर आने चाहिए थे। मैं उदास महसूस करने लगी थी, लेकिन मेरे माता-पिता बहुत खुश थे। उन्होंने मुझसे कहा, ''तुम्हारे सबसे अच्छे नंबर आए हैं बेटी। इससे ज्यादा और तुम क्या चाहती हो? सामान्य लोगों को भी इतने नंबर ला पाना मुश्किल होता है और तुम्हें तो अनेक दिक्कतें थीं, फिर भी तुमने बढ़िया कर दिखाया, बेटी।''

बात तो सही थी। अपनी जिंदगी की सबसे बड़ी चुनौतियों में से एक झेलते हुए मैंने बेहतरीन नंबर पाए थे। मुझे हर दूसरे सेकेंड किसी-न-किसी की मदद की जरूरत पड़ती थी। इसके बाद भी मैंने कड़ी मेहनत की और नतीजा भी शानदार ही रहा।

कुछ देर बाद, मुझे लगा कि मेरे नंबर अच्छे आए हैं और मुझे ज्यादा चिंता करने की जरूरत नहीं है। इसकी बजाय मुझे आगे देखना चाहिए और जो लोग दूर हैं, उन सबको यह खबर देनी चाहिए। खुश होकर मैंने सेलफोन उठाया और जिन-जिनको मैं यह खबर देना चाहती थी, सबको फोन लगाया। मैंने सारे रिश्तेदारों के साथ-साथ अपने करीबी शिक्षकों को भी बताया। जिसको भी यह खबर मिली, वे मुझसे भी ज्यादा खुश हुए।

मैंने देखा कि मेरे मोबाइल में समीर सर का भी नंबर है। मुझे लगा कि उन्हें भी अपना रिजल्ट बताना चाहिए। मैंने उनका नंबर लगाया और मेरी खुशनसीबी

कि फोन तुरंत लग गया। उन्होंने फोन उठाया, लेकिन वे बहुत हैरत में थे। उन्होंने कभी सोचा तक नहीं था कि मैं उन्हें दोबारा कभी फोन करूँगी, लेकिन ऐसा लगा कि बहुत लंबे समय बाद मेरी आवाज सुनकर वे बेहद खुश हैं।

मैंने उन्हें बताया कि मैं उनकी उम्मीद के मुताबक नंबर नहीं ला पाई, लेकिन 71 प्रतिशत जरूर लाई हूँ। यह सुनकर वे बेहद खुश हुए और बोले, ''तुमने अपनी तरफ से बहुत बढ़िया किया और आगे जिंदगी में इससे भी बेहतर करोगी।'' वे ट्रेनिंग पर जाने के कारण मेरा ट्यूशन जारी नहीं रख पाए थे, इसके लिए उन्होंने सॉरी बोला। उन्होंने मुझे बताया कि ट्रेनिंग के तुरंत बाद उन्हें ह्युंडई में नौकरी लग गई थी और वे चेन्नई में हैं।

जब मैंने ट्यूशन के दौरान उनसे अपनी बदसलूकी की माफी माँगी तो वे बोले, ''वह सब भूल जाओ। मैंने कभी उसका बुरा नहीं माना और हम दोनों अच्छे दोस्त हैं। मुझे टीचर मानना बंद कर दो। मैं तुम्हारा दोस्त हूँ।'' इस पर, मैं मुसकराने लगी और उनके लिए मेरे दिल में इज्जत और बढ़ गई।

□

आगे की प्लानिंग तय की गई

दसवीं कक्षा पास कर लेने के कारण मैं बहुत खुश थी और फैशन डिजाइनिंग करने की सोच रही थी, क्योंकि मेरी उम्र उस समय ज्यादा हो रही थी। जिस उम्र में मुझे ग्रेजुएट हो जाना चाहिए था, उस उम्र में मैंने दसवीं पास की थी। इस देरी का कारण मेरी सेहत थी। अगर मैं बिना किसी के सहारे, ठीक से बैठने के काबिल होती, तो मैं नियमित स्कूल जाती और समय पर पढ़ाई पूरी कर लेती।

मैं कोई डिप्लोमा कोर्स करना चाहती थी, ताकि मैं जल्द-से-जल्द कमाना शुरू कर सकूँ। मैं खुद तो हिल-डुल नहीं सकती थी, लेकिन मेरे अंदर सामान्य जिंदगी जीने की लगन थी। यही कारण था कि मैं जल्द-से-जल्द कमाना शुरू करना चाहती थी। लोग तो 23 साल की उम्र पार करते-करते अपनी पढ़ाई पूरी कर लेते हैं और कमाना पसंद करते हैं, मेरी भी यही इच्छा थी।

मैंने प्लान किया था कि फैशन डिजाइनिंग का कोर्स करने के बाद मैं एक छोटा सा बुटीक खोल लूँगी, जो धीरे-धीरे बड़ा फैशन हाउस बन जाएगा, जिसमें

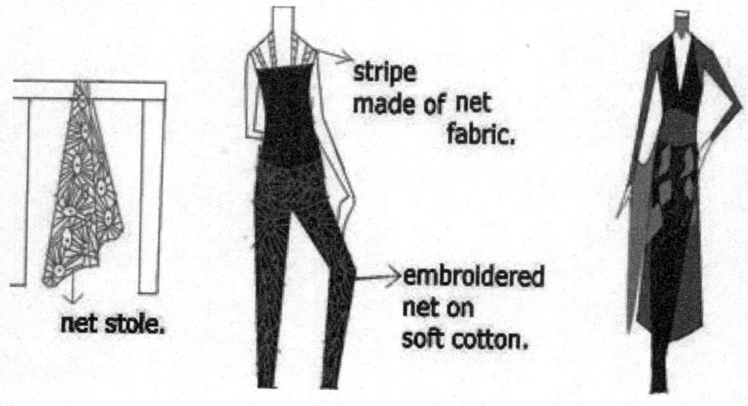

burkha
fabrics used are hard cotton
scarff
bottom made up of dark brown wood
SHERWANI
burkha
extra long scraff, it will be 8 cm below the knee
fabrics used are hard cotton
here it will be a long cut and bottons are made up of clothed used in burkha.
silk sherwani
stole
thick thread embroid ery

जीनत की डिजाइन की हुई पोशाकें।

अलग-अलग एक्टिविटी एरिया होंगे, जो कैमरे के जरिए मेरे कंप्यूटर से जुड़े होंगे और इस तरह के इंतजाम से मैं एक जगह बैठे-बैठे अपने ऑफिस से बाहर हर चीज पर नजर रख सकूँगी।

पहले मैंने डिप्लोमा कोर्स करने के बारे में सोचा, जो कि मेरे घर के पास के एक संस्थान में उपलब्ध था, लेकिन बाद में मेरे भाई और बहन ने सलाह दी कि पहले मैं बारहवीं पास कर लूँ और तब कोई कोर्स करूँ।

मैंने भी अपने भाई-बहन की सलाह को अहमियत दी और छुट्टियों के बाद फिर से एम.बी.सी.एन. स्कूल जाने लगी।

□

बार-बार आती रहीं दिक्कतें

जिंदगी सहज रूप से चल रही थी और मैं बारहवीं कक्षा में पहुँच चुकी थी, हालाँकि इस बार मैंने किश्तों में परीक्षाएँ देने की योजना बनाई थी, मसलन, बारहवीं कक्षा 5 साल में पास करने का मेरे पास विकल्प था और मैं हर साल एक पेपर दे सकती थी, लेकिन अगर मेरी सेहत ने बार-बार दिक्कत न की होती तो मैं इसे एक ही साल में पूरा कर लेती।

मेरी पढ़ाई ठीक चली और फिर से मेरे बोर्ड एक्जाम पास आ गए। इस बार मेरा भाई मजहर मुझे पहले की तरह ही बहुत सावधानी से परीक्षा केंद्र ले जाता। इस बार भी वह परीक्षा शुरू होने से 2 घंटे पहले अपने ऑफिस से आ जाता। मैंने उस साल केवल दो पेपर दिए, अर्थशास्त्र और अंग्रेजी के और बाकी तीन—बिजनेस स्टडीज, एकाउंटेंसी और गृहविज्ञान आगे के साल के लिए छोड़ दिए। ऐसा करके मैंने अपने ऊपर ज्यादा बोझ पड़ने से बचा लिया और अपनी सेहत को सँभाले रही। वास्तव में अगर मैं सारे पेपर एक ही साथ देती, तो मेरी ताकत खर्च हो जाती और मैं बीमार पड़ सकती थी।

□

असुरक्षा की भावना

अब मैं 24 साल की हो चुकी थी और पहले से ज्यादा समझदार थी। मुझे पता लग चुका था कि जिंदगी कोई खेल नहीं है, जो किसी एक की हार और दूसरे की जीत के साथ खत्म हो जाता हो। इसकी बजाय, इसमें रोजमर्रा की दिक्कतें लगी ही रहती हैं और ये जिंदगी खत्म होने के साथ ही खत्म होती हैं।

मुझे एहसास हुआ कि जब मेरे भाई और बहन की शादी हो जाएगी और मेरे माता-पिता बूढ़े हो जाएँगे तो मेरी जिंदगी कितनी मुश्किल हो जाएगी। तब कौन मेरी देख-रेख करेगा? मेरे भाई-बहन की अपनी-अपनी जिंदगी होगी और वे अपने परिवार में, अपनी जरूरतों में, अपनी पसंद और नापसंद में व्यस्त हो जाएँगे।

यह सोच मेरे मन में इस तरह से घूमती रहती कि मैं अकसर खुदा के सामने यही सवाल रख देती, 'अल्लाह तूने मुझे दूसरों की तरह क्यों नहीं बनाया?' और फिर मेरी आँखों में आँसू आ जाते।

□

खुदा ने अनअपेक्षित रूप से दिया जवाब

यह असुरक्षा मुझे बुरी तरह से खाए जा रही थी। मैं शांत और तनावमुक्त नहीं हो पा रही थी। अंदर-ही-अंदर मैं इतनी चिड़चिड़ी होती जा रही थी कि कई बार मैं रात-रात भर सो नहीं पाती थी।

जब मेरे आसपास कोई न होता तो मेरी आँखों से आँसू बहने लगते। आँसू भरी आँखें अल्लाह से चुपचाप पूछा करतीं, आपने ऐसा कोई क्यों नहीं बनाया, जो जिंदगी भर मेरी देख-रेख कर सके?

यह सच्ची भावना थी, जो मेरे अंदर थी कि किसी सामान्य लड़की, जो कि स्वतंत्र हो, खुद कमाती हो, उसे भी किसी-न-किसी के सहारे की जरूरत पड़ती है, जिसके साए में वह सुरक्षित महसूस कर सके।

दिन हवा की तरह तेजी से गुजरते जा रहे थे, मेरे अंदर असुरक्षा की भावना बढ़ती जा रही थी और मेरी जगह कोई और भी होता तो वह भी यही सोचता, क्योंकि जब अपनी इच्छा से एक इंच तक हिल पाना मुश्किल हो तो जिंदगी मुसकराते हुए जीना बहुत कठिन हो जाता है।

रमजान का समय था, तब मैं बीमार पड़ गई। मेरी हालत इतनी बिगड़ गई कि मुझे साँस तक लेने में कठिनाई होने लगी। सौभाग्य से मेरा भाई उस दिन घर पर था और वह मुझे तुरंत पास के अस्पताल ले गया। वह इतना परेशान था कि खुद को ही नहीं सँभाल पा रहा था। इसी कारण, उसने हमारे एक पड़ोसी आदिल को साथ ले लिया था। आदिल केवल नाम का ही पड़ोसी था, वरना वह तो हमारे घर का ही सदस्य था, खासकर मेरे लिए तो वह सगे भाई मजहर से कतई कम नहीं था।

दोनों मुझे सेक्टर-29 के भारद्वाज अस्पताल ले गए, जो कि मेरे घर के पास में ही था। डॉ. भारद्वाज ने तुरंत मेरा इलाज शुरू कर दिया। वे बहुत अच्छे डॉक्टर थे और उन तक पहुँचना बहुत आसान था। जब मैं बच्ची थी, तभी से वे मेरा इलाज

करते आ रहे थे। वे मुझे किसी कमजोर बच्चे की तरह ही बहुत ध्यान से देखा करते थे। मेरे मामले में वे कोई खतरा मोल नहीं लेते थे। वे मुझे दुरुस्त करने के लिए सारे मुमकिन तरीके अपनाते थे। मैं भी उनकी सलाह बहुत अच्छी तरह से मानती थी।

जीनत अपने जन्मदिन पर अपने भाई मजहर हुसैन और आदिल खान के साथ।

उन्होंने मेरी जाँच की, दवाएँ लिखीं और तब मजहर और आदिल, दोनों वापस कार से मुझे घर ले आए। मेरी बहन इरम भी उनके साथ थी। वह मुझे गोद में लिये थी। उसकी हालत भी मुझे देख-देखकर खराब होती जा रही थी। दरअसल, मेरे भाई-बहन मुझे बहुत प्यार करते थे, जितना मैं सोचती, शायद उससे भी ज्यादा।

वे सीधे मुझे घर लेकर आए, जहाँ मेरी माँ मेरा बेसब्री से इंतजार कर रही थीं। जब मैं घर पहुँची तो मेरी माँ भारी दिल से मेरे भाई की ओर दौड़ी और उन्होंने मुझे उससे अपनी गोद में ले लिया। इस बार भी मेरी स्थिति ठीक से नहीं देखी गई। मैं भारी साँसें ले रही थी। मेरी माँ ने तुरंत मुझे दवाएँ दीं। मुझे कुछ राहत मिलनी चाहिए थी, लेकिन बजाय इसके, मेरी हालत और बिगड़ गई। मैं मुश्किल से साँस ले पा रही थी। मेरी आँखों के आगे अँधेरा छाया था। हर कोई मुझे देखकर डर रहा था। घर में मौजूद तीनों लोग बुरी तरह से रो रहे थे। उस समय तक, आदिल अपने घर जा चुका था।

मेरा भाई बहुत परेशान था और अकेले मुझे दोबारा अस्पताल ले जाने की हालत में नहीं था, इसलिए उसने आदिल को फिर से बुलाया और मुझे अस्पताल ले गया। हम समय पर अस्पताल पहुँच गए। मुझे ऑक्सीजन और अन्य राहतकारी उपाय दिए गए। डॉ. भारद्वाज ने मुझे निमोनिया बताया। उन्होंने मजहर से कहा कि वे मुझे असरकारक दवाओं से भरा नेब्यूलाइजर दे रहे हैं, जिससे मेरे फेफड़ों में जमा बलगम मूत्र और मलमार्ग से हटाया जा सके और मैं ठीक से साँस ले सकूँ।

मैं एस.एम.ए. से पीड़ित थी, इसलिए मुझे अपने को हर तरह के संक्रमण से दूर रखना पड़ता था, क्योंकि सारे शरीर की मांसपेशियाँ कमजोर होने के कारण फेफड़ों से इस तरह का संक्रमण हटा पाना कठिन होता था।

अस्पताल में मेरे कमरे में बैठे सब लोगों ने मुझे कुछ राहत पाते देखा, क्योंकि अब नाक से मुझे लगातार ऑक्सीजन दी जा रही थी।

रात में उसी दिन, एक नया डॉक्टर मुझे देखने आया। उसका नाम डॉ. विवेक गोस्वामी था। वास्तव में डॉ. भारद्वाज को कहीं जरूरी काम से जाना था, इसलिए वे डॉ. विवेक को मेरा उपचार जारी रखने को कह गए थे। इसके अलावा, वे किसी पीडियाट्रीशियन की भी राय लेना चाहते थे, क्योंकि मेरा वजन बहुत कम, लगभग 20 किलोग्राम था।

डॉक्टर विवेक कमरे में आए और मेरे ऊपर पड़ा कंबल हटाया, मेरे बिस्तर के पास खड़े सारे लोगों से बोले, ''मैं पहले हिस्टरी जानना चाहता हूँ। मेरा मतलब है, यह कैसे खाती है, बैठती है। मैं इसका पूरा लाइफस्टाइल जानना चाहता हूँ।'' इस पर, सबने अपने सिर झुका लिये, क्योंकि उन्हें मेरे इस जन्मजात रोग के बारे में पता नहीं था और मेरे पिता शहर से बाहर थे, जिन्हें इस बीमारी का नाम पता था। पास में खड़ी मेरी बहन इरम ने एक बार मेरे स्कूल में फिजियोथेरेपिस्ट को मेरी बीमारी के बारे में बोलते सुना था, इसलिए वह बोली, ''डॉक्टर, इसे मस्क्युलर डिस्ट्रॉफी है और हम इसका सिर कुछ ऊँचाई पर, या तकिया लगाकर इसे खिलाते हैं, ताकि इसे चबाने में आसानी हो।'' इसके पहले कि वह कुछ बोल सके, मैं बोल पड़ी, 'नहीं डॉक्टर, मुझे मस्क्यूलर डिस्ट्रॉफी नहीं, एस.एम.ए. है।' जल्द ही डॉ. मेरी तरफ मुड़े। उन्हें इतनी मुश्किल हालत में मेरी हिम्मत देखकर अपनी आँखों पर यकीन नहीं हो रहा था। वे चकित थे, क्योंकि मैं तो साँस तक मुश्किल से ले पा रही थी। इस पर भी मैंने ताकत जुटाई और अपनी तकलीफ की सही जानकारी उन्हें दी।

वे मुसकराए और उन्होंने मेरे चेहरे से नेब्यूलाइजर मास्क हटाया और कुछ देर मेरी तरफ देखते रहने के बाद बोले, ''एस.एम.ए. कौन से टाइप का ?'' मैंने बताया,

'दो।' वे जब तक मेरे कमरे में रहे, उन्होंने मेरी तरफ से नजरें नहीं हटाईं और आखिर में बोले, ''मुझे कहना पड़ेगा कि यह बहुत स्वीट है।'' इसके बाद वे चले गए।

उस समय मेरे पिता शहर से बाहर थे और मेरे भाई-बहन ने उस समय मेरे लिए जो किया, वह शायद माता-पिता से भी बढ़कर था।

मेरी बहन इरम उस समय एमिटी, नोएडा से बीटेक कर रही थी। उसने अपने सारे पेपर, टर्म पेपर छोड़ दिए और दिन-रात मेरे साथ अस्पताल में बनी रही। उस दौरान वह कई रातें सोई नहीं। वह बहुत अच्छी तरह से मेरी देखभाल करती और माँ को घर जाकर, घर का कामकाज सँभालने का मौका मिल जाता; क्योंकि इरम के मेरे साथ होने से वे चिंतामुक्त रहती थीं। दूसरी तरफ, मेरा भाई पूरी कोशिश कर रहा था, ताकि उसकी बहन का अच्छे-से-अच्छा इलाज हो और वह फिर से ठीक हो जाए।

वह ऑफिस से सीधे अस्पताल आ जाता। इसके बाद भाई-बहन मिलकर मेरे इलाज के बारे में डॉक्टर से देर तक बातें करते रहते। जब कभी मेरा मुँह बलगम से भर जाता, दोनों मुझे करवट बदलवाते, ताकि बलगम आसानी से निकल सके।

उस दौरान मेरे भाई-बहन ने मेरे लिए बहुत कुछ किया और मुझे पता चला कि इतने प्यारे और देखभाल करनेवाले भाई-बहन मिलना मेरे ऊपर अल्लाह की मेहरबानी थी। मैं चाहती हूँ कि हर किसी को ऐसे ही भाई-बहन मिलें।

मुझे यकीन नहीं होता था कि अल्लाह मेरे हर सवाल का इतनी अच्छी तरह से जवाब देगा। माता-पिता के वृद्ध हो जाने पर मेरे अंदर असुरक्षा की जो भावना थी, वह खत्म होती लग रही थी। तब तक, मैं जान चुकी थी कि मेरे भाई-बहन शादी हो जाने के बाद भी मेरा पूरा ध्यान रखेंगे।

□

जल्द ठीक हो गई

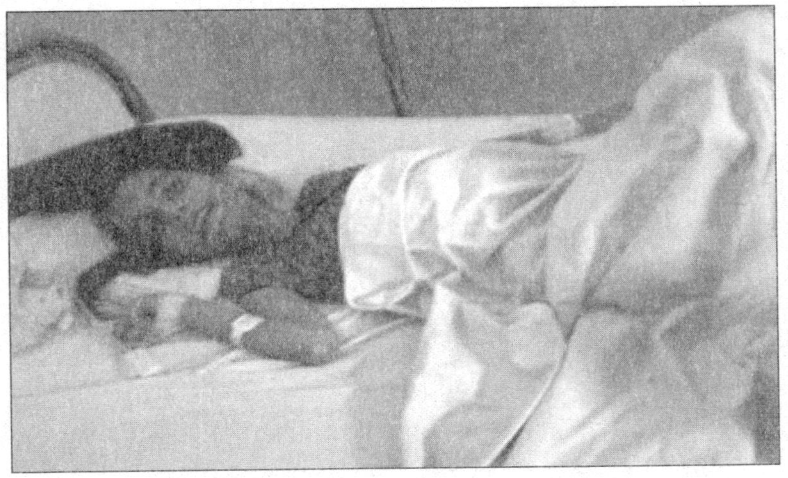

वर्ष 2012। जीनत भारद्वाज अस्पताल में जल्द ठीक हो गई।

मेरा हमेशा यकीन रहा कि अगर अल्लाह कुछ करना चाहे तो उसे इस या उस दुनिया की कोई ताकत नहीं रोक सकती। इसी तरह से, अल्लाह की मरजी के बिना मेरे साथ कुछ भी गलत नहीं हो सकता, मैं हर मुश्किल से साफ बच निकलती।

और यही हुआ, मैं जल्दी से ठीक हो गई। अस्पताल में भरती होने के अगले दिन ही मेरा दाहिना फेफड़ा साफ हो गया।

डॉ. विवेक अगले दिन मेरे कमरे में आए, तब मेरे भाई और बहन भी मौजूद थे। उन्होंने मेरी जाँच की और पाया कि मेरी तबीयत तेजी से सुधर रही है। वे मेरी हालत तेजी से सामान्य होते देखकर बहुत खुश थे। उन्होंने इतनी अपेक्षा नहीं की थी।

दरअसल, मैं बहुत कमजोर थी और ठीक से खाँसने लायक ताकत तक मुझमें नहीं थी, इसलिए बलगम मेरे फेफड़ों में जमा हो गया था, जो आसानी से बाहर नहीं निकल रहा था, जिस कारण डॉ. विवेक ने मुझे वेंटीलेटर पर रखने की सलाह दी थी; लेकिन बाद में उन्हें एहसास हुआ कि मैं अंदर से बहुत मजबूत हूँ।

मुझे देखने आनेवाले सारे डॉक्टर, खासकर डॉ. विवेक मेरे जिंदगी के प्रति रवैए की तारीफ करते। कुछ डॉक्टर तो मेरी खूबसूरती की तारीफ भी करते। वे मेरी मुसकराहट की तारीफ करते। इश्तियाक नाम के एक डॉक्टर ने तो मेरी मुसकान की तुलना संजय लीला भंसाली की फिल्म की हीरोइन तक से की और बाकी डॉक्टर भी कहते कि मैं बहुत खूबसूरत हूँ। कुल मिलाकर, मुझे पूरे अस्पताल में इधर-उधर से तारीफ-पर-तारीफ मिलती रहती। एक और डॉक्टर, सुनील भी बहुत तारीफ करते थे। वे कहते, "तुम इस दुनिया में सबसे अहम इनसान हो, तुम बस मुसकराती रहो।"

इन सारी तारीफों और सकारात्मक रवैए से मेरा मनोबल इतना बढ़ गया, जितना पहले कभी नहीं रहा। अब मैं सोचती कि मैं दुनिया में ऐसे ही नहीं हूँ, बल्कि मैं ही सबकुछ हूँ।

अस्पताल से छुट्टी होने का समय

अस्पताल में भरती हुए मुझे करीब 5 दिन हो गए थे। डॉ. विवेक हर दिन आते और हर बार मेरी हालत में सुधार देखकर वे मन में बहुत खुश होते।

अब मेरी छुट्टी होने का दिन आ गया था। डॉक्टर मेरे कमरे में आए। अब मेरे पास उनसे बात करने लायक कुछ ताकत भी आ चुकी थी। मेरी नेट-बुक मेरे पास रखी थी। देखते ही डॉक्टर बोले, "हम्म...तो जीनत इंटरनेट चला रही है!"

मैंने कहा, 'नहीं डॉक्टर, दरअसल मेरी बहन बोर हो रही थी, इसलिए वह फिल्में देख रही थी।'

इसके बाद डॉक्टर ने मेरी बहन से मेरी पसंद और नापसंद के बारे में पूछा। उसने उन्हें बताया, "डॉक्टर, ये बहुत अच्छी डिजाइनर हैं। ये अपने खुद के डिजाइन किए हुए कपड़े ही पहनती हैं और अपने कपड़े खरीदने खुद ही मॉल जाती हैं। ये बहुत चूजी हैं और काला रंग इनका फेवरेट है और एक बात और, आपको इनके डिजाइनें देखने चाहिए, जो लैपटॉप पर हैं।"

इसके बाद उसने उन्हें मेरे सारे डिजाइन दिखाए। इस दौरान वह लगातार बोलती जा रही थी और उन्हें बता रही थी कि उनकी मरीज जीनत बहुत खास है।

वे हमेशा अपनी बीमारी के बारे में नेट पर सर्च करती रहती हैं और उससे जुड़ी ऐसी सारी नकारात्मक जानकारियाँ जुटाती रहती हैं, जो आगे उन्हें परेशान कर सकती हैं। उसने उनसे अनुरोध किया कि वे मुझसे बात करने की कोशिश करें और मेरे मन से सारी नकारात्मक बातें हटा दें।

दोनों की बातचीत के बीच उनकी आँखें मेरे ऊपर टिकी रहीं। वे गहरी सोच में डूबे लग रहे थे, हालाँकि मैंने इस पर गौर तो किया, लेकिन इसका कारण जानने की कोशिश कभी नहीं की। शायद वे सोच रहे थे कि खुदा ने मुझे बहुत ताकत बख्शी है।

इरम की बात पूरी होने पर डॉक्टर मेरी ओर मुड़े और कुछ झुककर बोले, ''जीनत, तुम फेसबुक पर हो?'' वे जानते थे कि अगर कोई नेट चलाता है तो वह सोशल नेटवर्किंग साइट फेसबुक पर जरूर होता है। इस पर मैंने हाँ में जवाब दिया। उन्होंने मेरी आईडी ली और तत्काल सेलफोन पर मुझे अपनी फ्रेंडलिस्ट में जोड़ लिया और मेरे पास आकर मेरे कान में बोले, ''तुम बहुत सुंदर हो, अपनी प्रोफाइल पिक्चर बदल डालो।'' उनके चेहरे पर लालिमा छा रही थी।

वे लगातार मुसकरा रहे थे और उसके बाद जल्द ही उन्होंने मेरी पूरी जाँच की और मेरी अस्पताल से छुट्टी कर दी।

मुझे नहीं पता कि किसी डॉक्टर के रूप में मुझे इतना बढ़िया इनसान पहले कोई मिला था। मुझे लगा कि वे बिना किसी उम्मीद के मेरा ध्यान रख रहे थे। वे मेरे मामले में निस्स्वार्थ भाव से लगे थे, हालाँकि यह भी सही है कि दुनिया में बिना किसी बदले की उम्मीद के कोई किसी के लिए कुछ नहीं करता। अगर किसी ने 5-6 साल डॉक्टरी में कड़ी मेहनत की है, तो निश्चित ही वह बदले में कुछ तो चाहेगा ही। ये केवल मेरे मन के विचार थे। मैं दिल से बहुत अच्छी थी। इसलिए मैं दूसरों की केवल खूबियाँ देखती थी।

उन्होंने मुझे सामान्य स्थिति में लाने के पूरे प्रयास किए। अल्लाह ने मुझे बिल्कुल सही हाथ में दिया था। मेरा भाग्य था कि जब डॉ. भारद्वाज अपनी गैर-मौजूदगी में मुझे उनके हवाले कर गए थे तो उन्होंने मेरा इलाज शुरू किया था।

मुझे याद है कि अस्पताल से छुट्टी होने के बाद मेरे डॉक्टर ने मुझे पाँच दिन की दवाएँ लिखी थीं, जिसके बाद मुझे फिर से चेकअप कराने जाना था, लेकिन जब मैं अगली बार पहुँची तो वे छुट्टी पर थे।

मेरी बहन ने उन्हें फोन करके बताया कि मैं अस्पताल में हूँ और मुझे बार-बार अस्पताल लाना मुश्किल होता है। उसकी बात पूरी होने से पहले ही वे बोले, ''मैं

पाँच मिनट में पहुँचता हूँ।'' और वे खास मेरे लिए ही आ भी गए।

आमतौर पर यह होता नहीं। अगर कोई डॉक्टर छुट्टी पर हो तो वह कभी नहीं आता। मेरा कई डॉक्टरों के साथ इस तरह का अनुभव रह चुका था, हालाँकि उनके साथ बात अलग थी। वे सचमुच योग्य डॉक्टर थे। अल्लाह ने उन्हें मेरे पास फरिश्ते के रूप में कुछ समय के लिए भेजा था।

मैं बहुत खुश थी, क्योंकि मैं पहले की तरह स्वस्थ जिंदगी जीने जा रही थी। मैंने अल्लाह का बहुत शुक्र अदा किया और अपने मन में ठान लिया कि मैं अपने चेहरे से कभी मुसकान जाने नहीं दूँगी। हर मामले में सबसे बड़ी ताकत के रूप में अल्लाह मेरे साथ है।

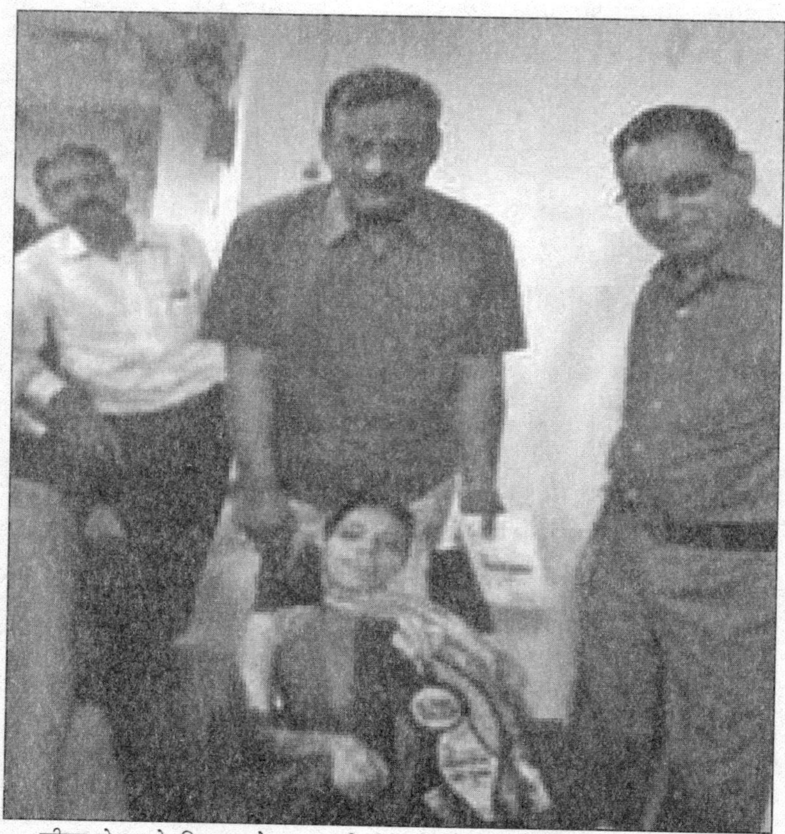

जीनत नोएडा के जिला कलेक्टर एन.पी. सिंह से बहादुर लड़की का पुरस्कार लेते हुए।

और उस सुंदर लड़की की कहानी यहीं खत्म नहीं होती। अभी बहुत सारी चुनौतियाँ बाकी थीं, जिनका उसे सामना करना था। लेकिन मैं, जीनत आपको कुछ देर के लिए उसकी दुनिया से बाहर ले जा रही हूँ। आपके लिए यह कुछ ब्रेक का समय है।

शुक्रिया

अपने ईश्वर में पक्का विश्वास रखकर सकारात्मक सोच रखिए। आप महसूस कर सकते हैं कि किस तरह से आपकी जिंदगी तमाम मुसीबतों के बीच में आसान हो जाती है।

मेरी अगली पुस्तक के तीन पात्र नोएडा के जिला कलेक्टर श्री एन.पी. सिंह, जिन्होंने मेरी जिंदगी को नई दिशा दी; मास्टर पार्थ मल्होत्रा और डॉ. आशीष जायसवाल।

जीनत अपने खरगोश पार्थ मल्होत्रा के साथ।

इंटीरियर डिजाइन का बुनियादी संस्कृति पत्राचार पाठ्यक्रम

इसमें मूल रूप से दो किताबें होती हैं, जिसमें सामान्य दिलचस्पी के पहलुओं के अलावा, व्यावसायिक रूप से इंटीरियर डिजाइनिंग के सारे बुनियादी विषय होते हैं। इस कोर्स की अवधि 12 महीने होती है।

इंटीरियर डिजाइन का एडवांस्ड संस्कृति पत्राचार पाठ्यक्रम

इसमें तीन किताबें होती हैं, जिनमें बेसिक कोर्स में शामिल बुनियादी विषयों के अलावा, तीसरी किताब में नई सामग्री, फर्नीचर के नए प्रकार, नए आवासीय एवं कार्यालयीन चलन, ड्राफ्टिंग गाइडलाइंस, संस्कृति पुनर्स्थापन, अवधारणाओं और संरचनाओं के ब्योरे, व्यावसायिक अभ्यास और रंगों की शैलियाँ शामिल होती हैं। इनके अलावा लाइटिंग और एयरकंडीशनिंग क्षेत्र में उन्नतियाँ शामिल होती हैं। यह कोर्स 15 महीने का होता है।

इन किताबों में 650 से ज्यादा चित्र, तालिकाएँ, स्केच और रंगीन फोटोग्राफ शामिल होते हैं, जिनमें कॅरियर नोलेज देने वाले आकर्षक विषय शामिल होते हैं।

इस कोर्स में इंटीरियर डिजाइन के मूल तत्त्वों पर जोर दिया जाता है, जो कि इच्छुक छात्रों के लिए बहुत लाभदायक होते हैं। अगर मूल तत्त्व अच्छी तरह से समझ में आ गए तो, कार्यानुभव या आगे की पढ़ाई व्यावसायिक जीवन को अच्छी तरह से मजबूत कर सकती है।

संस्कृति पुस्तकें ही प्रौद्योगिकी शिक्षा निदेशालय, महाराष्ट्र द्वारा सभी कॉलेजों के लिए अनुशंसित होती हैं।

मेरे पाठको, मैंने आपको बताया कि एक बार मेरी दुनिया में आने के बाद आपको यहाँ बार-बार आने का मन करेगा। किसी की जिंदगी के बारे में जानना, संघर्ष करते हुए उसके लक्ष्य को हासिल करने के बारे में जानना बहुत दिलचस्प होता है, लेकिन उसके साथ बैठना और उसका दर्द बाँटना बहुत कठिन होता है। आपके दर्द, आपकी मुसीबतों में केवल अल्लाह हाथ बँटा सकता है और कोई नहीं। आपकी खुशियों में लोग अकसर आपके साथ आ जाते हैं, लेकिन तकलीफ के वक्त केवल आपको बनाने वाला अल्लाह ही आपके साथ होता है, कोई और नहीं। यही जीवन की सच्चाई है।

इसलिए, मेरे पाठको, अब जबकि आप मेरी दुनिया में दाखिल हो चुके हैं, तो मैं आपको अपनी जिंदगी के उस अनुभव के बारे में बताना चाहती हूँ, जिसे

मैंने बचपन में महसूस किया था। मैं पहले संस्करण से ही आपको अपनी दुनिया के बारे में बताती आ रही हूँ। मैं जानती हूँ कि आपकी जानने की सोच में होंगे कि जब अल्लाह ने मुझे इसी दुनिया में पैदा किया है तो मेरी दुनिया अलग कैसे हो सकती है।

बचपन में, मेरा भी यही विचार था जो बड़े होने और समय बीतने के साथ-साथ परिपक्व होता गया। जब मैंने आपकी इस दुनिया में आँखें खोलीं तो मैंने अपने आपको बहुत अलग पाया और इस दुनिया के लोग मुझे हमेशा यह समझाने की कोशिश करते कि मैं उनकी तरह नहीं हूँ, और मेरी शारीरिक क्षमता उनकी तरह न होने के कारण मुझे उनके बराबर अधिकार नहीं हैं। मैं जिंदगी की दौड़ में अपनी भावनाओं, अपनी इच्छाओं को लेकर नहीं चल सकती थी। मैं अलग-थलग सोचा करती थी कि अगर मेरी दुनिया और आप लोगों की दुनिया में इतना फर्क है तो मैं निश्चित रूप से अपनी दुनिया को आपकी दुनिया से बेहतर बना लूँगी। किसी इनसान द्वारा यही सबसे खूबसूरत कोशिश हो सकती है।

मैं सोचती थी, शायद यही कारण होगा कि खुदा ने मुझे अन्य लोगों से जिस्मानी तौर पर जुदा बनाया है, ताकि मैं आप लोगों को यह दिखा सकूँ कि सबकुछ उसके ही हाथ में है, आपके हाथ में नहीं। अगर आपने उसकी दुनिया को दो हिस्सों में बाँटा है, एक दुनिया में मुझे अकेला छोड़ दिया है, तो इसका मतलब यह नहीं कि मैं दुनियावी लोगों द्वारा इन दो दुनियाओं में पैदा की गई दूरी को मिटाने

के डर में ही अपनी जिंदगी खत्म कर दूँ, इसके उलट, खुदा ने इसे अधिक खूबसूरत बनाया है, और लोगों में इसे हासिल करने की चाहत पैदा की है।

अल्लाह ने मेरी दुनिया को इतना कठिन बनाया है और मुझे इस काबिल बनाया है कि मैं वह मुकाम हासिल कर सकूँ, जिसे हर कोई हासिल करने का ख्वाब देखता है।

मेरे कहने का मतलब यह नहीं कि मैं दुनिया की सबसे बुद्धिमान इनसान हूँ, जिसके अंदर सपनों की ऐसी दुनिया बनाने की काबिलीयत है, लेकिन मैं यह जरूर कहना चाहती हूँ कि आपकी दुनिया होशियार लोगों से भरी पड़ी है, जिनके सामने मेरी बुद्धिमानी कहीं नहीं ठहरती, लेकिन इसके बावजूद वे अपने ख्वाबों को पूरा करने में कहीं-न-कहीं पीछे रह जाते हैं।

मुझे नहीं पता कि इतने बुद्धिमान होने पर भी वे क्यों आसमानी ताकत को समझ नहीं पाते। उनकी सबसे बड़ी गलती यही है कि उनका यकीन उन्हें बनानेवाले पर ही नहीं है, जिसने सारी दुनिया और इसकी हर शै को बनाया है। लोगों की सबसे बड़ी कमजोरी यही है, जिसके कारण वे कई बार इस दुनिया में या इसके बाद भुगतते हैं। मैंने अपने मित्रों और नातेदारों के दायरे में कई ऐसे लोगों को देखा है, जो बेहद प्रतिभाशाली थे; लेकिन वे ऐसा कुछ हासिल नहीं कर पाए, जो उन्हें अपनी प्रतिभा के हिसाब से हासिल करना चाहिए था। मैं जब भी उन्हें देखती हूँ, हमेशा इस सोच में पड़ जाती हूँ कि ऐसा क्यों हुआ? मेरा मतलब है कि वे अपनी जानकारी के खजाने पर तो यकीन करते हैं, फिर भी पीछे क्यों रह जाते हैं?

बाद में, मैंने महसूस किया कि दुनिया बनानेवाले पर उनके कम यकीन के कारण वे कभी वहाँ नहीं पहुँच पाए, जहाँ उन्हें होना चाहिए था।

यह देखकर मेरा विश्वास और मजबूत हो गया और मैंने यह मानना शुरू कर दिया कि मैं अधिक बुद्धिमान हूँ, क्योंकि मैंने खुदा की असली ताकत को पा लिया है, जो जिंदगी के हर उतार-चढ़ाव में मेरी मदद करता है और मैं हमेशा अपने दिल में इस यकीन को बनाए रखूँगी कि वह निश्चित ही मेरी जिंदगी को बेहतर बनाएगा। इंशा अल्लाह!

और इसलिए मेरे पाठको, मैं आपका ज्यादा वक्त नहीं लूँगी, मैं अब आपको वहाँ से आगे लिये चलती हूँ, जहाँ मैंने अपनी कहानी छोड़ी थी।

जैसा कि मैंने पहले संस्करण में अपनी जिंदगी के तीन नए लोगों से मिलवाया था, उनके बारे में इस किताब में आप संक्षेप में कुछ और जानिए—

नोएडा के जिला कलेक्टर, श्री नागेंद्र प्रताप सिंह। मैं सचमुच उनकी उतनी

ही इज्जत करती हूँ, जितनी कि मैं अपने माता–पिता की करती हूँ। अल्लाह ने उन्हें मेरे दिल की बात पढ़ने की काबिलीयत अदा की है।

डॉ. आशीष (फेफड़ा विशेषज्ञ) मेरे साथ कभी डॉक्टर की हैसियत से पेश नहीं आए। मैंने हमेशा उन्हें अच्छा दोस्त पाया।

पार्थ (मेरा खरगोश) के बारे में मैं आपको क्या बताऊँ! मैं उसे सबसे ज्यादा प्यार करती हूँ।

☐

दो दरवाजों के बीच संबंध

पाँच दिन तक अस्पताल में रहने के बाद मुझे लगा, जैसे मैं किसी नई जिंदगी में दाखिल हुई हूँ। मैं बहुत खुश थी, क्योंकि मैं बहुत तरोताजा महसूस कर रही थी, इतना तरोताजा मैंने कभी महसूस नहीं किया था।

उसी साल नवंबर 2012 में मेरा दिल एक बच्चे की ओर आकर्षित हुआ, जो मेरी बालकनी की बगल में ही रहता था। दरअसल उसका मुख्य दरवाजा मेरी बालकनी के दरवाजे के सामने पड़ता था। मेरे घर में बालकनी से भी सीढ़ियों पर जाने का एक रास्ता था। उसकी रसोई की खिड़की भी मेरी बालकनी की तरफ खुलती थी।

मैंने उसे ठीक से नवंबर के महीने में देखा था। मैं बालकनी में अपनी माँ के साथ बैठी थी। उसका मुख्य दरवाजा खुला था और हमारी बालकनी का दरवाजा भी खुला था। मैंने उसे उसकी माँ की गोद में देखा। मेरी माँ उसके पास गई। इस पर उसकी माँ उसे हमारे पास लाई और उससे बोली कि आंटी को हैलो बोलो। इस बीच, उसे भी हमारे साथ अच्छा लगा। इस पर, उसकी माँ ने उसे फर्श पर खड़ा कर दिया और उसके खिलौने लाकर उसे हमारे साथ खेलने को बोलीं। मुझे वह दिन याद है। ठंड काफी थी। मेरी माँ को धूप खिली दिखी तो वे मुझे बाहर ले आई थीं। बच्चे को हमारे साथ खेलना बहुत अच्छा लगा। मेरी माँ ने उसे बालकनी में लाने की कोशिश की, लेकिन ठंड ज्यादा होने के कारण वह अपने मुख्य दरवाजे और हमारी बालकनी के दरवाजे के बीच की जगह में खड़ा रहा। वह न तो इस तरफ आया और न ही अपने घर की तरफ गया। वह बस हम दोनों को देखता रहा और जब हम दोनों अंदर गए तो वह रोने लगा।

मैं फिर से कहूँगी कि मुझे उससे मिलाने की, यह सब अल्लाह की ही योजना थी। उसके अंदर वे सारी खूबियाँ थीं, जिनकी मुझे लंबे समय से कमी खल रही

थी। हालाँकि मैं घर में कभी किसी से कुछ कहती नहीं थी, लेकिन मेरी आँखें अपने घर, मित्रों और रिश्तेदारों के बच्चों में हमेशा नन्हे सैफ को तलाश करती रहती थीं। मुझे बालकनी की बगल के दरवाजे में रहनेवाले पार्थ में वे सारी खूबियाँ मिलीं।

उस पहली मुलाकात के बाद, हर दिन मैं धूप में बालकनी में बैठने लगी। वह भी दोनों दरवाजों के बीच खड़ा हो जाता और मुझे अलग-अलग आकार दिखाकर कहता रहता कि मम्मी बुआ, स्क्वायर है, यह सर्किल है। दरअसल तब तक वह केवल दो साल का था, जिससे वह तुतलाता था और मेरा घर का नाम मन्नी ठीक से नहीं बोल पाता था।

एक दिन मैं धूप लेने बालकनी में नहीं आई। केवल मम्मी गईं। जब उसने मुझे नहीं पाया तो वह पहली बार सीधे मेरे कमरे में आया और मुझे इधर-उधर देखने लगा। जब मेरी बहन इरम ने इस छोटे से बच्चे को देखा तो उसने उसे मेरा कमरा बता दिया। वह तुरंत अंदर आया और अपना प्यारा सा हाथ मेरे चेहरे पर रखकर बोला, ''मम्मी बुआ, उठो।''

उस दिन के बाद से वह हर दिन मेरे पास आने लगा।

पहले दिन में दो बार, फिर तीन बार और फिर तो कोई गिनती ही नहीं रही। वह कभी भी आ जाता था। उसके लिए समय की कोई पाबंदी नहीं थी। दरअसल वह मेरे परिवार का हिस्सा बन गया। वह केवल मुझसे ही नहीं, मेरे सारे परिवार से जुड़ गया था।

मैं एक घटना आपको बताती हूँ...

एक दिन दोपहर बाद वह आया और मुझे ठीक से याद नहीं कि क्या हुआ था। इरम उस पर चिल्ला पड़ी, जान-बूझकर नहीं, बल्कि उसका रिएक्शन जानने के लिए। वह भी बराबरी से चिल्लाया, लेकिन जब मैंने कहा कि यह गलत है तो वह सहन नहीं कर पाया। वह बुरी तरह से रोने लगा जैसे किसी ने उसे बहुत ठेस पहुँचाई हो, क्योंकि उसने मुझसे कभी ऐसी उम्मीद नहीं की थी, चाहे वह दुनिया का कितना भी बड़ा गुनाह क्यों न कर दे।

वह ढाई साल का ही तो था, लेकिन यकीन कीजिए जब भी वह मुझे या इरम को किसी काम में मेरी मदद करते देखता, मसलन दूध का गिलास पकड़वाने में मदद करते देखता, तो वह मेरे हाथ से गिलास ले लेता और मेरे मुँह में बिल्कुल सटीक मात्रा डालता, शायद बड़ों से भी अधिक सटीक अनुमान था उसका।

वह मुझसे जुड़ी हर बात जानता था। उसे पता था कि मैं कैसे खाना खाती हूँ, कैसे व्हीलचेयर पर बैठती हूँ। मेरी व्हीलचेयर मेरे लिए अलग से बनवाई गई थी,

इसलिए वह उसका अरेंजमेंट भी अच्छी तरह से जानता था।

एक दिन शाम को मैं बालकनी में बैठी थी और वह भी मेरे पास था। मेरे पिता मेरी व्हीलचेयर को सीधा करना चाह रहे थे, लेकिन उनसे हो नहीं पा रही थी। पार्थ बोला, ''अब्बू, एक तरफ हो जाओ।'' मेरे और मेरे भाई-बहनों की तरह वह भी मेरे पिता को अब्बू ही कहता था।

अब्बू एक तरफ हुए तो वह मेरी व्हीलचेयर के पास आया और उसे सीधा कर दिया। वह मेरी व्हीलचेयर की एक-एक बात जानता था।

जब कभी इस दुनिया में मैं अकेला महसूस करने लगती, तो वह मेरे चेहरे पर मुसकान ला देता। यह सही था कि मैंने अपनी जिंदगी को कभी मुश्किल नहीं माना था, लेकिन इसका मतलब यह नहीं कि उसमें तकलीफ नहीं थी। कई बार मैं शांति से बैठती, तो मुझे लगता जैसे मैं अँधेरे से घिरी हूँ और अगर मुझे रोशनी न मिली, तो वह अँधेरा मुझे खाने जा रहा हो। तब मेरा बच्चा पार्थ अपने छोटे-छोटे पैरों से व्हीलचेयर पर चढ़ आता और अपने सुंदर हाथ मेरे चेहरे पर रखकर कहता, ''बुआ, तुम टेंशन मत लो। सब ठीक हो जाएगा।'' वह आशा और रोशनी की किरण बन जाता और मुझे विचारों की तंद्रा से बाहर ले आता।

□

खुदा का बनाया रिश्ता

पार्थ वह इनसान था, जिसे मेरी निगाहें हमेशा खोजती थीं। जब बचपन से ही मेरे पीछे पड़ा अँधेरा मुझे घेर लेता था, तो पार्थ ही मुझे याद आता था। जब अँधेरा मुझे निगलने लगता तो पार्थ की तोतली आवाज ही मुझे वापस रोशनी में ले आती थी।

वह मेरी जिंदगी में कई खुशियों के पल लाया। मैं उसमें सैफ की तसवीर देखने लगी थी और सबसे हैरत की बात यह थी कि वह देखने में भी सैफ की तरह ही लगता। जब वह मेरे पास होता तो मुझे बहुत अच्छा लगता। जब वह कहता, "मन्नी बुआ, तुम क्यों टेंशन लेती हो? मैं तुम्हें अपने घर ले जाऊँगा और हमेशा अपने साथ रखूँगा। मैं तुम्हें खिलाऊँगा और तुम्हारे पास सोऊँगा। तुम्हें जब जरूरत पड़े, मुझे जगा दिया करना," तो मेरा सारा दर्द खत्म हो जाता। एक तीन साल का बच्चा ये बातें किया करता था। वह किसी बड़े इनसान से भी ज्यादा लगन से बात करता था।

2013 में मार्च के महीने में मैं फिर से बीमार पड़ गई। लक्षण कमोबेश पहले जैसे ही थे।

जब मेरा भाई मजहर ऑफिस से घर आया तो उसने देखा कि मुझे खाँसी में दिक्कत हो रही है। उसने मुझसे पूछा कि कोई दिक्कत हो तो बताओ, ताकि तुरंत अस्पताल ले जा सकें। मेरे मामले में वह कोई खतरा नहीं लेता था। वह कभी हालात बिगड़ने का इंतजार नहीं करता था। मेरे भाई और बहन, दोनों मेरी सेहत का बहुत खयाल कर रहे थे। वे मुझे उसी भारद्वाज अस्पताल ले गए, जहाँ मैं जन्म से ही जाती रही थी, जहाँ डॉ. विवेक गोस्वामी ने मेरा इलाज किया था। अब मेरा इलाज वे ही करते थे, क्योंकि जब मैं पहली बार भरती हुई थी, तो उनकी दवाओं ने मुझ पर असर किया था।

उन्होंने मेरी जाँच की और पाया कि कोई खास बात नहीं है, लेकिन मैं घबरा रही थी, इसलिए उन्होंने कम-से-कम दो दिन भरती रखने को कहा। जब वे अगले दिन सुबह चेकअप के लिए मेरे पास आए तो मैंने उन्हें बताया कि मुझे बाएँ फेफड़े में बहुत जकड़न लग रही है। दरअसल मैं कमजोर थी, इसलिए मुझे समझ में नहीं आ रहा था कि मुझे राहत मिली है या नहीं। ऐसी स्थिति में मैं अक्सर डर जाती थी। उन्होंने एंटीबायोटिक की मात्रा बढ़ा दी और जिससे मुझे साइड इफेक्ट झेलने पड़े। मेरे फेफड़ों को तो पर्याप्त राहत मिल गई, लेकिन मुझे लगा कि जैसे मेरा शरीर मेरी जीने की तमन्ना को सहारा नहीं दे रहा है। मैंने डॉ. विवेक समेत मेरे पास आनेवाले सारे डॉक्टरों को यह बात बताई। वे लोग बोले, ''ये सब एंटीबायोटिक्स ज्यादा देने के कारण हो रहा है। जब इनका असर कम हो जाएगा तो धीरे-धीरे तुम्हें आराम मिल जाएगा।''

इस तरह से मैं अस्पताल में छह दिन रुकी। जब पार्थ ने मुझे नहीं देखा तो उसने सबसे पूछा, ''मन्नी बुआ कहाँ हैं, बताओ तो, वे कहाँ हैं ?''

जब मेरी बहन इरम ने बताया कि डॉ. गोस्वामी उसकी बुआ को नहीं आने दे रहे तो जाहिर तौर पर वह गुस्सा हो गया और अपने पास रखी कोई भी चीज उठाकर ऐसे बात करने लगा जैसे वह डॉ. विवेक से फोन पर बात कर रहा हो और कहने लगा, ''हैलो, डॉ. गोस्वीमी, अगर मेरी बुआ को नहीं आने दोगे तो मैं तुम्हारी पिटाई कर दूँगा।''

दरअसल वह उन्हें अच्छी तरह से जानता था, क्योंकि जब वह बीमार पड़ता तो उसकी माँ उसे उन्हीं के पास ले जाती थी। उसे मुझसे इतना लगाव था कि मेरे न होने पर उसने घर पर आना ही कम कर दिया था।

जब मैं अस्पताल से वापस लौटी तो वह मेरे पास आया और मेरे साथ खेलने लगा। वह बोला, ''बुआ, प्लीज कहीं मत जाना।'' मैंने कहा, 'क्यों, बेटा, बुआ की तबीयत ठीक नहीं थी, इसलिए वह इलाज के लिए हॉस्पीटल गई थी। अब तुम्हारी बुआ वापस आ गई है।' इस पर वह कहने लगा, ''नहीं, मुझे तुम्हारी बहुत याद आती है, क्योंकि मैं तुमसे बहुत प्यार करता हूँ।'' उसे लेने आई उसकी माँ बोली, ''मन्नी, तुमने इस पर क्या जादू कर दिया है। वह सुबह से बहुत खुश है। तुमसे मिलकर न जाने इसे कौन सा खजाना मिल गया है।'' इस पर मैं मुसकराने लगी और कुछ नहीं बोली।

वह इतने प्यार से बात करता था कि कई बार लगता ही नहीं था कि कोई तीन साल का बच्चा बोल रहा है। एक दिन वह अपने नाना के घर जा रहा था। जाने से

पहले वह मेरे पास आया। मुझसे कहने लगा, ''मन्नी बुआ, मैं कुछ दिनों के लिए नानू के घर जा रहा हूँ। तुम चिंता मत करना। मैं जल्दी ही आ जाऊँगा। दरअसल, मेरा एक भाई भी मुझे बहुत याद कर रहा है। वह कहता है, ''पार्थ भैया, जल्दी आओ न। इसलिए टेंशन मत लो। मैं जल्दी आ जाऊँगा और अगर सबा बुआ या कोई और तुम्हें परेशान करे तो मुझे बताना। मैं उन्हें छोड़ूँगा नहीं।''

इसके बाद वह मेरी बहन से भी कहने लगा, ''सबा, जब मैं न रहूँ तो मन्नी बुआ का सारा काम कर दिया करो। उन्हें टाइम पर चाय देना और गरदन के नीचे तकिया ठीक से लगा दिया करो। जब वे नमाज पढ़ें तो उनका सिर ठीक से ढक दिया करो और जब वे किसी को आवाज लगाएँ तो सुन लिया करो। अगर मन्नी से मुझे कोई शिकायत मिली तो मैं तुम्हारी पिटाई करूँगा।''

जब मैं छोटे से बच्चे से इतनी बड़ी-बड़ी बातें सुनती, तो मुझे अच्छा लगने लगता और मेरा सारा दर्द उड़न छू हो जाता। वह इतनी सच्चाई से बोलता था कि मुझे एहसास होता था कि दुनिया में मेरी सबसे ज्यादा चिंता उसे ही है। आप यकीन नहीं करेंगे कि वह मेरे बारे में हर चीज जानता था। उसे मेरे कपड़ों का पता था, मेरे जेवरातों का पता था, उसे मेरे हर सामान का पता था। एक दिन, मेरी मोमोज खाने की इच्छा हुई, तो पार्थ अपनी माँ से बोला, ''मम्मी, प्लीज एक मोमोज मन्नी बुआ को दे दो। वे ज्यादा नहीं खातीं, बहुत थोड़ा खाती हैं'', लेकिन उसकी माँ ने उससे कहा, ''बेटा, सब खत्म हो गए। हम अगली बार मन्नी बुआ के लिए ला देंगे।''

अगले दिन शाम को वह मेर घर आया और बोला, ''इरम, प्लीज मुझे मोमोज की दुकान पर ले चलो। मुझे मोमोज खाने हैं।'' जब वह दुकान पर गया तो उसने एक भी मोमोज नहीं खाया। उसने घर के लिए पैक करा लिया। थोड़ी ही देर में वह घर आ गया। वह सीधा भागकर मेरे पास आया और व्हीलचेयर पर चढ़कर बोला, ''मेरी मन्नी बुआ इसे खाना चाहती थी, इसलिए मैं इन्हें खरीदने गया था। मेरा तो आज खाने का मन था नहीं। अब मेरी मन्नी खुश है।''

वह केवल 4 वर्ष का बच्चा था, लेकिन उसके विचार और लोगों से बहुत बेहतर थे। उसके लिए मेरी खुशी हर चीज से बढ़कर थी। भले ही इस दुनिया में लोग स्वार्थी होते हैं और जब आपके लिए वे कुछ करते हैं तो परोक्ष रूप से वे उसमें अपना फायदा भी देखते हैं, लेकिन यह छोटा बच्चा बस मेरी खुशी को अहमियत देता था। उसके विचार इनसानी सोच से परे थे।

उसके साथ बिताया हर पल मैं अपनी जिंदगी में हमेशा बार-बार जीना चाहूँगी। जब कभी मैं नहाती और उस समय वह घर पर होता तो वह मेरे बिस्तर

के पास आ जाता और मेरे बालों को सूँघते हुए कहता, ''वाह! मन्नी बुआ तो बहुत खूबसूरत लग रही हैं। बुआ, तुमने यह ड्रेस क्यों पहनी? यह तुम पर जम नहीं रही है।''

मैं उन छोटे-छोटे पलों को बहुत याद करती हूँ। जब कभी मेरी बहन उसके सामने मुझे झूठ-मूठ में मारने का दिखावा करती तो वह तुरंत उसकी ओर भागता और मुझे उससे दूर खींच लेता और फिर मुझे अपने प्यारे-प्यारे हाथों से ऐसे घेर लेता कि कोई मुझे छू न पाए।

मैं उसके बारे में आपको और क्या बताऊँ? अगर मैं अपनी जिंदगी में उसकी हिस्सेदारी बताने लगूँ और उसके साथ बिताए सारे खुशनुमा पलों को गिनाने लगूँ तो यह किताब उसी में पूरी हो जाएगी। जब मैं उससे नाराज होने का दिखावा कर रही थी तो उसने जो दिल को छू जानेवाले अल्फाज कहे थे, वे मुझे अब तक याद हैं, ''मन्नी, मैं बहुत मुश्किल से तुमसे मिलने आया हूँ। प्लीज मुझसे बात करो।'' जब वह यह बोला तो मेरी आँखों से आँसू बहने लगे। मुझे पता नहीं, वह ऐसा क्यों कहता था।

एक दिन जब मैं बिस्तर पर लेटी थी तो वह मेरे पास आया और बोला, ''तुम्हारे हाथ को क्या हुआ है, मन्नी बुआ, तुम्हारा हाथ किसने खराब कर दिया?'' दरअसल, कुछ दिनों तक डॉक्टर ने जो मुझे इंजेक्शन बताए थे, उनके कारण मेरे हाथ में सुई के निशान थे। जब मैंने उसे बताया, 'बेबी, अंकल ने तुम्हारी बुआ को इंजेक्शन लगाए थे, ताकि बुआ जल्दी से ठीक होकर पार्थ के साथ खेल सके,' इस पर वह बोला, ''मैं उस आदमी को नहीं छोड़ूँगा, जिसने मेरी बुआ का हाथ खराब किया है। मैं उसे बाँधकर पंखे से लटका दूँगा।''

□

इम्तिहान का वक्त

अब बारहवीं पास करने के लिए मेरे केवल तीन पेपर बचे थे—गृहविज्ञान, बिजनेस स्टडीज और एकाउंटेंसी।

बीमारी से उबरने के बाद मैंने इम्तिहानों की तैयारी शुरू कर दी थी, जो अप्रैल में होने थे। मैंने सोचा कि मैं उस साल केवल दो पेपर दूँगी—गृहविज्ञान और बिजनेस स्टडीज, क्योंकि मेरे पास वक्त बहुत कम, केवल दो हफ्ते का बचा था। दरअसल, मैं मार्च के पहले हफ्ते में बीमार पड़ गई थी और मेरा पेपर उसी साल 2013 में अप्रैल में दूसरे हफ्ते में था। इस कारण, इम्तिहानों की तैयारी के लिए वक्त बहुत कम बचा था, और इसी दौरान मुझे वह ताकत फिर से जुटानी थी, जो बीमारी के दौरान मैं खो चुकी थी।

हालाँकि ऐसी लड़की के लिए दोनों काम, ताकत जुटाना और इम्तिहान की तैयारी, एक साथ कर पाना बहुत मुश्किल था, जो अपने आप कुछ भी न कर पाती हो। मैं बस सोच सकती थी कि कोई काम करना कैसे है।

खैर, मैंने तय किया कि मैं ये दोनों पेपर नहीं छोड़ूँगी, क्योंकि दोनों ही पेपर सैद्धांतिक थे और मैं बीमारी से पहले ही अपना कोर्स पूरा निपटा चुकी थी। ऐसे में मैंने अपने पास के लोगों से कहा कि वे मेरे पेट पर तकिया रख दें और उस पर किताब रख दें। इस तरह से मैं सारे चैप्टर पढ़ सकी और जितना हो सकता था, उतना याद कर सकी।

हाथ न चला पाने के कारण मैं पेन से तो एक अक्षर नहीं लिख सकती थी, न ही किसी से नोट्स बनाने के लिए कह सकती थी, जैसा कि मैंने आपको पहले बताया था, आपका दूसरों पर कोई काबू नहीं रहता है और केवल अपने पर ही वश रहता है। ऐसे में, जब किसी से नोट्स बनाने को कहती, तो पता लगता कि वह व्यस्त है और उस पर दबाव नहीं डाल सकती थी। ऐसे में आप लगातार खुदा से

कह सकते हैं और वह जल्दी या देर से सुन लेता है, लेकिन आप इस दुनिया के लोगों से बार-बार नहीं कह सकते, वरना वे नाराज हो जाते हैं। ऐसा खुदा के साथ नहीं है। तो इसी तरह से मुझे पढ़ना और याद करना पड़ा।

जब इम्तिहान का वक्त आया तो मेरी बहन इरम मेरे साथ मेरे पेपर लिखने गई, लेकिन इस बार हमारी तैयारी ठीक से नहीं थी। दरअसल, मुझे हर बार अपनी कॉपी लिखने के लिए राइटर चाहिए होता था, जिसके लिए पहले से आवेदन करना होता था, लेकिन इस बार मैं बीमारी के कारण अपने भाई और बहन से इस बारे में कहना भूल गई थी।

जब हम एक्जाम हॉल में घुसे, तो उन्होंने मेरी बहन से आवेदन के बारे में पूछा। उसने उन्हें सबकुछ साफ-साफ बता दिया। इस पर, उन्होंने कहा कि वे अपना राइटर मुहैया कराएँगे, लेकिन जब उन्हें मेरी दिक्कतों के बारे में पता लगा, मसलन, मेरी बहन ने बताया कि मुझे बार-बार करवट बदलनी पड़ती है, थोड़ी-थोड़ी देर में कुछ खिलाना पड़ता है, तो वे मेरी बहन को कॉपी में लिखने देने के लिए तैयार हो गए।

अब एक समस्या और आ गई। उन्होंने कहा कि अगर अगले पेपर में मेरी बहन राइटर बनने के लिए एन.आई.ओ.एस. बोर्ड का लेटर नहीं लाई तो आगे से वे उसे मेरा राइटर नहीं बनने देंगे।

एक सप्ताह बीत गया, लेकिन किसी को राइटर की मंजूरी लाने का समय नहीं मिल पाया और जब इम्तिहान का केवल एक दिन बचा तो मेरे भाई मजहर ने मुझसे कहा कि मुझे बाकी पेपरों में, यानी बिजनेस स्टडीज और एकाउंटेंसी में अगले साल बैठना चाहिए। इस तरह से बिजनेस स्टडीज की तैयारी अच्छी होने के बावजूद, मैंने पेपर छोड़ दिए और इसे खुदा की मरजी मान लिया।

□

बार-बार अस्पताल में भरती होना

अब मेरी बीमारियों से लड़ने की ताकत कम हो गई थी। मैं पहले की तुलना में ज्यादा बार बीमार पड़ने लगी थी। मौसम में थोड़ा सा भी बदलाव मुझसे सहन नहीं होता था। दरअसल, मेरी मांसपेशियाँ दिनोदिन कमजोर होती जा रही थीं, जिस कारण बीमारी से लड़ने की ताकत मैं खोती जा रही थी।

जैसा कि मैंने पहले ही आपको अपनी जन्मजात बीमारी एस.एम.ए. के बारे में बता चुकी हूँ, जिसमें मरीज की आयु उसके श्वसन तंत्र की देखभाल पर निर्भर करती है, और शायद मेरे साथ यह ठीक से नहीं हो पा रहा था, क्योंकि इसमें बीमारी से जुड़ी उचित शिक्षा शामिल होती है, जिसका मेरे परिवार में शायद अभाव था। जब तक मैंने नेट पर नहीं पढ़ा था, तब तक मुझे भी इसके बारे में पता नहीं था। जब मैंने इस तकलीफ से संबंधित जानकारी जुटाई, तब मैंने अपने परिवार को इस बारे में समझाने की कोशिश की। मुझे थोड़ी–बहुत जानकारी थी, लेकिन जो भी मैंने इंटरनेट से पता किया था, उसे अपनी जीवनशैली में उतारने की कोशिश की थी।

इस किताब के लिखने के पीछे मेरा मकसद लोगों को इस बीमारी से अवगत कराना भी था, क्योंकि लोगों को इस बारे में बहुत कम जानकारी होती है। मैं चाहती हूँ कि सभी माता–पिता अपने बच्चों को स्वस्थ जीवन देने के लिए उनके श्वसन तंत्र को मजबूत बनाने को शीर्ष प्राथमिकता दें।

इन बच्चों को स्थिर तापमान में रखना चाहिए। वे जहाँ भी जाएँ, तापमान कायम रखना चाहिए। उनकी खान–पान की आदतों का भी ध्यान रखना चाहिए, ताकि उनकी मांसपेशियों को सही आकार मिल सके। उनकी खुराक में खंडित रूप में (अमीनो एसिड) ज्यादा प्रोटीन होनी चाहिए, ताकि मांसपेशियाँ उसे पूरी तरह से अवशोषित कर सकें। लंग थेरैपी (फेफड़ों की थैरेपी) बहुत जरूरी है, चाहे वह यांत्रिक रूप में हो या शारीरिक रूप में। बच्चों को समय–समय पर विशेषज्ञ के

हाथों पोषण दिया जाना चाहिए और दूसरी बात, एस.एम.ए. के मरीज को हमेशा लेटी अवस्था में नहीं रखना चाहिए। उनके शरीर को ज्यादातर वक्त यहाँ-वहाँ करते रहना चाहिए, मसलन एक जगह से दूसरी जगह अकसर करते रहना चाहिए। मेरा यही अनुभव रहा और इससे मुझे राहत और आराम मिलता था। इस तरह से, उसके मन को नई चीजें जानने का मौका मिलेगा, जिससे उसकी जीने की चाह बढ़ेगी और जब उसका शरीर गतिशील रहेगा तो बलगम फेफड़ों में जमा नहीं होगा।

तो, अब मुद्दे पर आती हूँ। उसी साल 2013 में नवंबर के महीने में मैं फिर से बीमार पड़ गई। मुझे नवंबर के पहले हफ्ते में अस्पताल में भरती होना पड़ा। उस समय, मेरे माता-पिता शहर से बाहर थे। वे किसी रिश्तेदार से मिलने मुंबई गए हुए थे। उनके जाने के दो दिन बाद ही मौसम बदलने के कारण मैं इनफ्लूएंजा से पीड़ित हो गई। मेरी हालत बहुत खराब हो गई थी, इसलिए मुझे तुरंत डॉक्टरी मदद की जरूरत पड़ गई। मेरा भाई मजहर मुझे उसी अस्पताल ले गया, जहाँ डॉ. विवेक ने मुझे दो दिन तक भरती रखने को कहा, हालाँकि मुझे ठीक होने में ज्यादा वक्त लगा और मुझे दो की बजाय छह दिन तक भरती रहना पड़ा।

हर बार मेरा साधारण संक्रमण निमोनिया में बदल जाता था और फिर उसे ठीक होने में वक्त लग जाता था। मेरा संक्रमण खत्म करने के लिए डॉक्टर के लिए तमाम एंटीबायोटिक्स आजमाना बहुत आसान था, लेकिन उस दवा को फेफड़ों के अंदर के बैक्टीरिया से लड़ने में सहारा देना मेरे लिए ज्यादा कठिन था, क्योंकि जब मैं पूरी तरह से ठीक होकर कुछ ताकत जुटाती थी, तो मैं फिर से बीमार पड़ जाती थी।

मेरा यकीन कीजिए मेरे पाठको, मेरी साँस में तब भी यह यकीन बना हुआ था कि खुदा की ताकत से बड़ी कोई और ताकत नहीं है, इसलिए हर बार मैं बीमारी को हरा डालती थी।

डॉ. विवेक ने मुझे दो एंटीबायोटिक्स का मिश्रण दिया था—मोनोसेफ और वानको मायसिन। मेरा संक्रमण इतना ज्यादा फैल चुका था कि एंटीबायोटिक्स बहुत धीरे काम कर रही थीं और पूरा संक्रमण खत्म होने में पाँच दिन लग गए।

पाँचवें दिन जब डॉक्टर शाम को राउंड पर आए, तो मैंने अस्पताल से छुट्टी लेने के लिए उनसे झूठ बोल दिया।

वास्तव में, मेरी माँ को एक साथ घर और अस्पताल का काम सँभालने में दिक्कत हो रही थी। यह बात मेरे दिमाग में थी, जिस वजह से मैंने झूठ बोला था, लेकिन डॉक्टर एंटीबायोटिक्स की खुराक पूरी हुए बिना मेरी छुट्टी नहीं करना चाहते थे। वे मुझे खाने वाली दवाओं के सहारे नहीं रखना चाहते थे, क्योंकि उन

दिनों ये मुझ पर असर नहीं कर रही थीं।

अस्पताल से छुट्टी के समय वानकोमायसिन का कोर्स पूरा नहीं हुआ था, इसलिए डॉक्टर चाहते थे कि मैं उसे पूरा कर लूँ, लेकिन मैंने घर की हालत के कारण उनकी नहीं सुनी।

□

अस्पताल में सबसे ज्यादा समय तक भरती रहना

जब डॉक्टरों ने मुझे एंटीबायोटिक्स का कोर्स पूरा हुए बिना छुट्टी दे दी और खाने वाली दवाएँ लिख दीं, तो संक्रमण एक हफ्ते के अंदर फिर से हो गया। तब तक, मेरे माता-पिता भी मुंबई से वापस आ चुके थे।

जब मेरी बहन इरम मुझे सेक्टर 30 में डॉक्टर के क्लीनिक ले गई तो उन्होंने कहा, ''मैंने पहले ही कहा था कि एंटीबायोटिक्स का कोर्स पूरा नहीं हुआ है, जिस कारण खाने की दवाएँ इस पर असर नहीं कर रही हैं। इसी वजह से दोबारा संक्रमण हो गया होगा।''

अच्छी बात यह थी कि बीमार पड़ने पर मुझे इलाज तुरंत मिल जाता था। किसी तरह की देरी नहीं होती थी, क्योंकि सेक्टर-37 के मेरे घर से अस्पताल और मेरे डॉक्टर का क्लीनिक दोनों ही पाँच मिनट की दूरी पर थे।

मेरा चेकअप करने के बाद उन्होंने मुझे फिर से वही एंटीबायोटिक्स लिखीं और मेरी बहन से मुझे अस्पताल में भरती कराने तथा जल्द-से-जल्दी IV इंजेक्शन के लिए कहा, लेकिन इस पर मेरी बहन ने पूछा कि क्या यह इंजेक्शन घर पर दिया जा सकता है, क्योंकि उसके इम्तिहान पास आ रहे थे और परिवार के लिए इतनी जल्दी अस्पताल में भरती करवा पाना मुमकिन नहीं था।

डॉक्टर मान गए, लेकिन उन्होंने कहा कि दवा में किसी तरह की देरी नहीं होनी चाहिए।

जब हम घर पहुँचे तो हम लोगों ने कई नर्सों से बात की, जो रात में मेरा खयाल रख सके; क्योंकि एंटीबायोटिक्स दिन में चार से पाँच बार देने की जरूरत थी, लेकिन हमारी जरूरत के हिसाब से कोई भी नर्स समय नहीं दे पा रही थी।

मुझे बाएँ फेफड़े में बहुत जकड़न महसूस हो रही थी, इसलिए मैंने डॉक्टर से पूछा कि क्या मुझे पल्मोनोलॉजिस्ट (फेफड़ा विशेषज्ञ) को दिखाने की जरूरत है। इस पर उन्होंने जवाब दिया, ''तुम्हें इसकी जरूरत नहीं है। तुम्हें केवल एंटीबायोटिक्स की जरूरत है।'' हालाँकि जाने क्यों उन्होंने कुछ देर बाद भारद्वाज अस्पताल के ही एक पल्मोनोलॉजिस्ट को दिखाने की सलाह दे दी।

ये वही पल्मोनोलॉजिस्ट थे, जिनके बारे में मेरी बहन पहले ही इंटरनेट पर सर्च कर चुकी थी। उनका नाम डॉ. आशीष जायसवाल था। वे मरीजों को देखने उनके घर भी जाया करते थे। जब मेरी बहन ने उन्हें फोन करके मेरी तकलीफ के बारे में बताया तो वे मुझे देखने आ गए।

वे मेरे बिस्तर के पास सोफे पर बैठे थे। उन्होंने मेरी एक्स-रे रिपोर्टें देखीं और उनकी आपस में तुलना की। उनके चेहरे पर निराशा का भाव मुझे दिख रहा था। उनके चेहरे से मुझे लगा कि हमने कुछ देरी कर दी है। बाद में उन्होंने डॉ. विवेक को फोन किया और बोले, ''उसका बायाँ फेफड़ा खराब हो चुका है।'' इस पर उन्होंने बताया, ''नहीं, आप स्कोलियोसिस के कारण उसका बायाँ फेफड़ा देख नहीं पा रहे हैं।'' जब उन्होंने यह सुना तो उनके चेहरे पर अलग तरह के भाव दिखे और वे संतुष्ट लग रहे थे।

इसके बाद उन्होंने मुझे सलाह दी कि कोई भी एंटीबायोटिक्स लेने से पहले, मुझे एक टेस्ट कराना चाहिए, जिसे ब्रोंकोस्कोपी कहते हैं। इस टेस्ट से बार-बार संक्रमण होने का कारण पता चल सकता है।

इस टेस्ट में प्लास्टिक की नली का इस्तेमाल होता है, जो नाक के जरिए फेफड़ों में डाली जाती है। मुझे इससे डर लग रहा था, इसलिए मैंने सीधे मना कर दिया। मैंने डॉक्टर से कहा, 'मुमकिन हो तो प्लीज कोई और तरीका अपनाइए।'

उन्होंने मुझे तसल्ली दी और बोले, ''जीनत, चिंता मत करो। हम पहले सीटी स्केन कराएँगे और तब अगर जरूरत पड़ी तो ही ब्रोंकोस्कोपी करेंगे।''

मेरी मम्मी ने उनसे चाय-कॉफी के लिए पूछा। वे मान गए और बोले, ''आंटी, आप लोग कहाँ के रहनेवाले हैं?''

पता नहीं उन्होंने यह क्यों पूछा। शायद उन्हें हमारे बोलचाल के तरीके से कुछ लगा होगा। जब मेरी माँ ने कहा, ''फैजाबाद,'' तो वे मुसकराए और बोले, ''आंटी, मेरा पैतृक स्थान भी वही है।''

उस दिन के बाद से उन्होंने मुझे कभी मरीज नहीं माना। यद्यपि वे खुद बहुत महान् इनसान थे, लेकिन वे अपने पेशे के बीच में मानवता कभी नहीं लाते थे।

अगले दिन, रात में मेरी हालत और बिगड़ने लगी। मैंने अपनी माँ और बहन को रातभर नहीं सोने दिया। मैं बता नहीं सकती कि इतनी जल्दी-जल्दी बीमारी से लड़ना कितना कठिन हो रहा था। हर बार मैं अपने आप से कहती, 'अब और ज्यादा ताकत नहीं बची। अब हार माननी ही पड़ेगी।' लेकिन मेरे दिल ने मुझे कभी ऐसा करने नहीं दिया। वह हमेशा मुझसे कहता था, 'तुम विजेता हो, तुम्हें किसी बुराई को अपने ऊपर हावी नहीं होने देना है, क्योंकि सबसे बड़ी ताकत, खुदा तुम्हारे साथ है।' और मैं फिर से जोश में आ जाती और बीमारी से लड़ने के लिए ताकत फिर से जुटा लेती।

सुबह तक जब मुझे आराम नहीं मिला तो मेरी माँ ने मेरे भाई से मुझे अस्पताल ले जाने को कहा। डॉक्टर ने मुझे तुरंत भरती कर लिया और मेरा चेकअप किया।

डॉ. आशीष भी मेरे इलाज में शामिल हो गए थे। वे जब भी राउंड पर मुझे देखने आते, वे कम-से-कम 20 मिनट मेरे पास बैठते और मजेदार चुटकुले सुनाकर मुझे हँसाने की कोशिश करते। वे सबसे कहा करते थे, ''मैंने सोचा कि ढंग के कपड़े पहन लूँ, क्योंकि मैं अपनी हीरोइन से मिलने जा रहा हूँ।'' मेरे कमरे में घुसते ही वे मुझसे पूछते, ''मैं कैसा लग रहा हूँ, हीरोइन? मैं जानता हूँ कि तुम तो केवल डॉ. विवेक की ही तारीफ करोगी। वे लंबे, सुंदर जो ठहरे और मैं तो उनके सामने कुछ भी नहीं हूँ। वे मुझसे ज्यादा स्मार्ट हैं। वे तुम्हारे सलमान खान भाई हैं।'' दरअसल मैं डॉ. विवेक की तुलना सलमान खान से और डॉ. आशीष की तुलना शाहरुख खान से करती थी। इसी वजह से वे डॉ. विवेक की तुलना में अपने को कमतर दिखाकर, मेरी टाँग खिंचाई करते थे। जब वे ये सब बातें करते तो मैं मुसकराने लगती और अपनी तकलीफ भूल जाती। मुझे लगता है, ये खूबियाँ सभी डॉक्टरों में होनी चाहिए।

अगले दिन जब डॉ. आशीष मुझे देखने आए तो उन्होंने मेरी सीटी स्केन रिपोर्ट देखी और मुझे बताया कि मेरे बाएँ फेफड़े का निचला हिस्सा मर चुका है, जिसके कारण मुझे बार-बार संक्रमण हो रहा है। दोनों डॉक्टरों ने आपस में चर्चा की और मुझे फिर से एंटीबायोटिक्स दिए। मुझे एक साथ चार एंटीबायोटिक्स दिए जा रहे थे, लेकिन कोई खास सुधार नहीं हो रहा था। उन्होंने बार-बार एंटीबायोटिक्स बदले, लेकिन अपेक्षित नतीजा नहीं निकला।

बाद में जब रात में डॉ. विवेक राउंड पर आए और मुझे बताया कि वे एक बहुत तेज एंटीबायोटिक मेरोपीनम देने जा रहे हैं, क्योंकि हल्की एंटीबायोटिक का असर हो नहीं रहा है।

एंटीबायोटिक्स के पाँच दिन का कोर्स पूरा होने के बाद कोई खास सुधार नहीं हुआ। थोड़ा सुधार था, लेकिन वह डॉक्टरों की उम्मीद के मुताबिक नहीं था। मेरा बुखार भी घट नहीं रहा था। ऐसे में 12 तारीख को जब डॉ. आशीष राउंड पर आए तो उन्होंने मुझसे और मेरी बहन से देर तक बात की और मेरी बहन को बताया कि उन्हें मुझे टीबी होने का संदेह है और मुझे ब्रोंकोस्कोपी टेस्ट कराना चाहिए, लेकिन मैं डर गई। मैं उन्हें नया डॉक्टर समझ रही थी और सोच रही थी कि उन्हें अनुभव ही नहीं है तो वे मेरा टेस्ट कैसे करेंगे? हर किसी ने मुझे समझाने की कोशिश की, लेकिन मैंने किसी की नहीं सुनी। आप सोच नहीं सकते कि मैंने किस तरह से अपनी बहन के जरिए इंटरनेट से उनके बारे में जानकारी जुटाई थी। मैंने उनकी सारी पढ़ाई और उनके प्रकाशित आलेखों की जानकारी जुटाई।

मैंने डॉ. विवेक को कोसा कि उन्होंने कैसे एक नए डॉक्टर को मेरा टेस्ट करने को कहा। मैं उनके निर्णय से बिल्कुल सहमत नहीं थी। जब मेरी बहन ने मेरा रुख देखा तो वह समझ गई कि मेरा फैसला कोई नहीं बदल सकता। इसलिए उसने डॉ. विवेक से इस बारे में बात करने का निश्चय किया।

उसने उनका नंबर लगाया और उन्हें सारी बात बताई। उन्होंने उसे बताया कि वे रात में मुझसे बात करेंगे। जब वे आए तो मैंने उनसे सीधे कह दिया, 'मैं वह टेस्ट नहीं कराऊँगी। मैं नोएडा का सबसे अच्छा पल्मोनोलॉजिस्ट चाहती थी। इन्होंने मेरी तरह का कोई केस पहले नहीं देखा है। मेरे फेफड़े की स्थिति सामान्य लोगों की तरह नहीं है।'

इस पर वे मेरे ऊपर चिल्ला पड़े और बोले, ''तुम्हें उनकी उपलब्धियों का पता नहीं है। उन्होंने 11 गोल्ड मैडल जीते हैं। वे छह माह के बच्चे का यह टेस्ट कर चुके हैं। उन्होंने मरने की कगार पर खड़े व्यक्ति को भी खड़ा कर दिया था। उन्होंने दो सौ से ज्यादा लोगों का यह टेस्ट किया है और यह तुमने कैसे सोच लिया कि मैं ऐसे किसी इनसान को तुम्हें हाथ लगाने दूँगा, जिसके पास अनुभव न हो।''

जब उन्होंने यह बात कही तो मैंने आँख बंद करके उनकी बात मान ली।

तब तक मुझे अस्पताल में भरती हुए पंद्रह दिन हो चुके थे। मेरी ब्रोंकोस्कोपी दिन में साढ़े 11 बजे होनी थी। मैं डर रही थी और सबकुछ अल्लाह पर छोड़ चुकी थी। वे लोग मुझे टेस्ट के लिए आईसीयू ले गए।

डॉ. आशीष वहाँ पहले से थे। जब उन्होंने मेरी मम्मी और बहन को परेशान देखा तो उन्होंने उन्हें आईसीयू रूम में अंदर आने दिया। मेरे रिजवान मामू भी वहाँ थे। यह बड़ी बात थी कि डॉ. आशीष ने मेरे साथ के सारे लोगों को आईसीयू में

अंदर आने दिया था। मैंने गौर किया कि उनके अंदर इनसानियत है। मेरी मम्मी और बहन की मुझमें जान बसती थी और मेरी ब्रोंकोस्कोपी अन्य लोगों की तुलना में कुछ खतरेवाली थी, क्योंकि मैं बहुत कमजोर थी। कोई भी चूक मेरी जान ले सकती थी। इसी कारण सबकी संतुष्टि के लिए उन्होंने हर किसी को अंदर आने दिया, जबकि बाकी अभिभावकों को बाहर ही रखा जाता है।

डॉ. आशीष ने नेब्यूलाइजर के जरिए मुझे एनीस्थीसिया देने की कोशिश की, लेकिन चूसने की मेरी अक्षमता के कारण दवाएँ मेरे फेफड़ों में नहीं पहुँच रही थीं। इस पर दोनों ने तय किया कि वे सीधे नली के जरिए मुझे एनस्थीसिया देंगे और इस तरह से दवाएँ मेरे अंदर पहुँचीं और डॉ. आशीष ब्रोंकोस्कोपी शुरू कर पाए।

मैं बहुत डरी हुई थी। इसमें दर्द नहीं होता था, लेकिन बीच-बीच में पाँच-छह सेकेंड के लिए मेरी साँस रुक जाती थी, मेरी आँखों में आँसू आ जाते थे। दोनों डॉक्टर मुझे शांत रखने की कोशिश कर रहे थे। डॉ. आशीष कहे जा रहे थे, ''रो मत बेबी, काम पूरा हो गया है।'' वैसे वे अकेले ही टेस्ट कर रहे थे, लेकिन बीच-बीच में वे मुझे शांत करने की कोशिश भी कर रहे थे।

एक विचित्र बात मैंने देखी। जब मैं रो रही थी तो मैंने देखा कि डॉ. विवेक की आँखों में भी आँसू थे। पता नहीं क्यों, लेकिन मैं पहली मुलाकात से ही उनसे बहुत लगाव महसूस करती थी। मैं उन पर बहुत यकीन करती थी और उनके ही कारण मैं इस टेस्ट के लिए तैयार हुई थी। खुदा ने उनमें मेरा पूरा विश्वास पैदा कर दिया था।

जब सबकुछ निपट गया तो डॉ. विवेक मुझे बताए बिना चले गए। उनकी इस हरकत से मैं बहुत नाराज हुई। जब मेरी साँस सामान्य हुई, तो बलगम मेरे गले में फँस गया, तब डॉ. आशीष ने अपने तरीके से सारा बलगम बाहर निकाला। मेरे सामान्य होने तक वे आईसीयू में बने रहे।

करीब दो बजे दोपहर में मुझे कमरे में शिफ्ट कर दिया गया। दो दिन बाद रिपोर्टें आईं, लेकिन कोई सुधार नहीं दिखा।

डॉ. आशीष ने हमें बताया कि इसका कारण यह हो सकता है कि मुझे पहले ही बहुत तेज एंटीबायोटिक्स दी जा चुकी थीं। मुझे उन दवाओं से पहले यह टेस्ट कराना चाहिए था।

मेरे दोनों फेफड़े पहले की तुलना में काफी राहत में थे, लेकिन मेरे शरीर का तापमान कम नहीं हो रहा था। यह बड़ी समस्या हो गई थी।

अगले दिन जब डॉ. आशीष सुबह राउंड पर आए तो मुझसे सीधे बोले कि

वे मेरा टीबी का इलाज शुरू करने जा रहे हैं। इस पर मैंने उनसे बहस करते हुए कहा, 'केवल अंदाज के आधार पर मैं कोई दवा नहीं लूँगी।'

उन्होंने कहा, "तुम अपना इलाज अपने पास रखो और हमें तुम्हारा इलाज करने दो।" वे मुझसे नाराज हो गए थे। यही बात डॉ. विवेक ने कही, जब वे राउंड पर आए।

वास्तव में, मैं केवल शक की बिना पर कोई दवा नहीं लेना चाहती थी और उनके पास मुझे टीबी होने का कोई सबूत नहीं था। वे टीबी की दवाई केवल इसलिए दे रहे थे, क्योंकि मेरा बुखार नहीं उतर रहा था और दूसरी चीज, मेरा सी.आर.पी. रेट बहुत ज्यादा था।

बाद में डॉ. आशीष ने मेरी एंटीबायोटिक बदल दी। इस बार उन्होंने मुझे लिनॉक्स दी, जिसका मुझ पर असर हो गया और मेरा सी.आर.पी. रेट कम हो गया। मेरा सी.आर.पी. रेट अस्पताल से छुट्टी के वक्त 32 था। अब डॉ. विवेक मुझे खानेवाली दवाएँ दे सकते थे। पहली बार मैं अस्पताल में इतने ज्यादा दिनों तक भरती रही थी। कुल 22 दिन मैंने अस्पताल में काटे थे।

□

एकाउंटेंसी का ट्यूशन

जब मैं अस्पताल से वापस आई, तो मुझे इम्तिहान की टेंशन हो गई। यह मेरा दूसरा साल था और मुझे बारहवीं पास करने के लिए अपने सारे पेपर देने थे। मैं रोजाना स्कूल जाने की हालत में थी नहीं, क्योंकि बार-बार की बीमारी के कारण मैं बहुत कमजोर हो गई थी, लेकिन मैंने तय किया कि जैसे भी हो, मैं सारे पेपर दूँगी।

स्कूल में एकाउंटेंसी पढ़ानेवाले प्रफुल्ल सर बहुत अच्छे शिक्षक थे, लेकिन वे मेरे साथ कभी कोपरेट नहीं करते थे। मैंने उनसे कई बार ट्यूशन पढ़ाने को कहा, जिससे मेरा सिलेबस समय पर पूरा हो जाए। वे हर बार यही कहते, ''जीनत, अगले सप्ताह से मैं तुम्हें पढ़ाने आऊँगा।'' लेकिन वे कभी नहीं आए और मेरा समय बरबाद हो गया। ऐसे में जब मैं अस्पताल से वापस आई, तो मैंने उनसे कहा ही नहीं और एक दूसरे शिक्षक से ट्यूशन लिया, जिनका नाम नवीन सोनी मित्रा था।

मैं एक आंटी के जरिए उन्हें जानती थी। मैंने दिसंबर 2013 के शुरू में उनसे ट्यूशन लेना शुरू कर दिया था।

उनका विषय पर पूरा कमांड था। उन्होंने मुझे बहुत अच्छी तरह से पढ़ाया। मेरे सारे सवालों के जवाब उनके पास होते थे। एकाउंट्स पढ़ाने की उनकी तकनीक ने इस विषय में मेरी दिलचस्पी बढ़ा दी। उनका पढ़ाने का तरीका समीर सर से भी अच्छा था, जिसका कारण शायद उनका पिछला अनुभव रहा होगा। वे कई सालों से टीचिंग के प्रोफेशन में थे। मैं उनकी पढ़ाई से बहुत संतुष्ट थी।

मेरे ट्यूशन के दौरान पार्थ आता था। वह मेरे बिस्तर की बगल में खड़ा रहता था और मैं सवालों पर ध्यान लगाती थी। उसका दिमाग बहुत तेज था और टीचर जो मुझे बोलकर पढ़ाते, वह सब वह रट लेता था। एक दिन वह आया। मुझे पता नहीं था कि उसके साथ क्या हुआ है। उसने मेरे सर और मेरी बहन से कहना शुरू

किया, ''मन्नी बुआ जीरो हैं और सबा बुआ हंड्रेड परसेंट, क्योंकि सबा बुआ चल सकती हैं और मन्नी बुआ नहीं चल सकतीं।'' और इसके बाद उसने फिर से वही लाइन बोली। उसका चेहरा देखकर ऐसा लग रहा था जैसे वह मुझे चलता-फिरता देखने के लिए बहुत बेसब्र हो। उसकी आँखों में उसकी इच्छा आँसुओं के रूप में दिख रही थी। उसने मुझसे कहा, ''मन्नी बुआ, अब तब तक कोई तुम्हारी मदद नहीं करेगा, जब तक तुम खुद चलने नहीं लगती।'' मेरे अपनी जिंदगी में आत्मनिर्भर होने की इच्छा मैंने अपने माता-पिता के चेहरों पर भी नहीं देखी थी, शायद वे इस हालत के आदी हो चुके थे, लेकिन एक छोटे से बच्चे के चेहरे से यह साफ झलक रहा था कि वह मुझे चलता-फिरता देखने की कितनी चाह रखता है।

इस दुनिया में इतनी व्यावहारिक बात मुझसे किसी ने नहीं कही थी, जितनी इस छोटे से बच्चे ने मुझे समझाई थी। उसने सच्चाई कही थी, भले ही वह कुछ कड़वी थी, लेकिन इससे उसका मेरे प्रति प्यार ही झलकता था। उसने गलत क्या कहा था, वह दूसरों की तरह मुझे चलता-फिरता ही देखना चाहता था। उसने मुझे एक चीज और समझाई, जिससे मैं बचपन से जूझ रही थी। मैं हमेशा अपनी जिंदगी और सामान्य लोगों की जिंदगी के अंतर को साधने की कोशिश करती हूँ।

नवीन सर ने तीन माह में मेरा सिलेबस निपटा दिया। अब केवल दोहराना बाकी था और उनकी योजना इसे परीक्षा से एक माह पहले मतलब मार्च में कराने की थी, क्योंकि परीक्षा अप्रैल में होनी थी। दुर्भाग्य से मार्च के पहले सप्ताह मैं फिर से बीमार हो गई। डॉक्टर ने मेरे लक्षण देखते हुए फिर से मुझे भरती कर लिया।

□

फिर से अस्पताल में भरती

मेरे मामले में मेरा भाई मजहर कभी कोई खतरा नहीं लेता था। अगर मैं बोल दूँ कि साँस में तकलीफ है तो वह तुरंत मुझे अस्पताल ले जाता था। वह मेरा बहुत ज्यादा खयाल रखता था और मैं हमेशा अल्लाह से प्रार्थना करती कि उसका स्वभाव भविष्य में भी ऐसा ही देखभाल करनेवाला बना रहे। उसका स्वभाव कभी न बदले।

जल्द ही मैं अस्पताल में भरती हो गई। अगले दिन डॉ. आशीष आए और बोले, ''जीनत तुम भरती क्यों हो गईं, तुमने मुझे क्यों नहीं बताया?'' इस पर मेरे भाई ने कहा, ''दरअसल डॉक्टर, सबकुछ इतना अचानक हुआ कि हम आपको खबर नहीं कर पाए।''

डॉ. आशीष बोले, ''जीनत, तुम्हें मेरे नंबर पर मैसेज कर देना चाहिए था।''

मैंने कहा, 'डॉक्टर, मैं मोबाइल तक नहीं चला पा रही थी।'

डॉ. आशीष ने कहा, ''मैं समझ सकता हूँ, बेबी, कल डॉ. विवेक ने मुझे फोन किया था और बताया था कि तुम्हारी तबीयत ठीक नहीं है, इसीलिए मैं तुम्हें देखने आया हूँ।''

इसके बाद मेरा पूरा चेकअप करने के बाद वे बोले, ''तुमने इसे भरती कराके सही किया। इसे तुरंत इलाज की जरूरत है और फिर वे चले गए।''

मेरे परिवार के लिए मेरे इलाज पर हर साल दो लाख रुपए खर्च कर पाना बहुत मुश्किल हो रहा था, इसलिए मुझे बहुत खराब लग रहा था। मैं नहीं चाहती थी कि मेरी बीमारी के कारण मेरे परिवार पर आर्थिक बोझ पड़े, लेकिन मैं क्या कर सकती थी? सेहत के मामले में मेरा कोई वश नहीं चलता था। मैं हमेशा दवाइयों से ठीक होने की कोशिश करती थी, लेकिन जब साँस में दिक्कत होने लगती तो मैं बेबस हो जाती थी। ऐसे में मुझे दवा खून में जल्दी मिलाने की जरूरत पड़ती

थी और यह केवल IV के जरिए और डॉक्टर की निगरानी में ही हो सकता था।

डॉ. आशीष हर दिन मुझे अस्पताल में देखने आते और जब भी आते तो मजेदार लतीफों से मुझे हँसा देते।

शुरू में मुझे दो एंटीबायोटिक्स दिए गए, जिन्होंने असर नहीं किया, तो डॉ. विवेक ने मेरोपीनम देना शुरू किया और जल्द ही मेरे दोनों फेफड़े दो दिन में ही साफ हो गए।

मेरी हालत खतरे से बाहर थी, इसलिए डॉ. विवेक ने मेरे पिता को मुझे घर ले जाने की सलाह दी और घर पर ही मेरोपीनम देते रहने को कहा। मेरा सी.आर.पी. रेट कम होकर 42 हो चुका था। सी.आर.पी. टेस्ट शरीर में संक्रमण के स्तर को मापने के लिए होता है।

डॉ. विवेक ने ऐसा इसलिए कहा, क्योंकि उन्हें लगा कि अनावश्यक भरती रखना ठीक नहीं और दूसरा, मुझे कोई दूसरे संक्रमण भी हो सकते थे। इसलिए उन्होंने मेरे पिता से कहा, ''इसे घर ले जाइए। क्यों फालतू में अस्पताल का खर्चा दे रहे हैं? आप घर पर भी IV दे सकते हैं और अब उसे डॉक्टर की देख-रेख की खास जरूरत है नहीं।''

अस्पताल से छुट्टी के समय जब मेरी बहन ने बिल देखा तो उसने पाया कि डॉ. आशीष का उसमें कोई खर्चा नहीं जोड़ा गया था, जबकि वे जब भी राउंड पर आते तो मुझे देखने जरूर आते थे।

बाद में, मुझे पता चला कि वे बहुत उदार इनसान हैं। वे अकसर मेरे घर आते रहते और मेरे पास बैठकर अपनी खट्टी-मीठी बातें बताते रहते। दरअसल सभी लोग, चाहे वे मेरे परिवार के हों या स्कूल के, अपनी दिक्कतें लेकर मेरे ही पास आते थे और मुझसे सुझाव माँगते थे, यहाँ तक कि मेरी प्रिंसिपल वंदना मैम भी अपनी बातें मुझे बताया करती थीं। कई बार तो मुझे लगता कि मैं प्रिंसिपल के साथ नहीं अपने किसी दोस्त के साथ बैठी हूँ!

□

दोस्त के रूप में मिला मुझे राइटर

मार्च के मध्य में मुझे अस्पताल से छुट्टी मिली। अब एकाउंटेंसी के पेपर के लिए केवल दो सप्ताह बचे थे। तारीख मुझे अब तक याद है। 2014 के मार्च महीने की 29 तारीख थी। मुझे चिंता हो रही थी, क्योंकि रिवीजन बचा हुआ था और सर एक चैप्टर कराना भी भूल गए थे। मेरे हाथ में सुई लगी थी, जिससे IV दवाई मुझे दी जा रही थी।

मुझे समझ में नहीं आ रहा था कि मैं सुई हाथ में रहते कैसे पन्ने पलटूँ और पेट पर रखी किताब कैसे सँभालूँ, लेकिन किसी तरह मैंने काम चलाया, क्योंकि मुझे पेपर तो देना ही था। नवीन सर ने इसमें मेरी मदद की। उन्होंने कहा, ''मैं किताब पकड़े हूँ। तुम बस देखती रहो और रिवीजन की चिंता न करो। मैं वह बहुत कम समय में करवा दूँगा।''

मेरे घर आने के दो-तीन दिन बाद घर में काम करनेवाली लड़की तबस्सुम ने मुझे बताया, ''आपी, आपके बिना आपका बिस्तर अच्छा नहीं लगता था। पार्थ हर दिन आता था और आपकी तकिया पकड़कर कहता था, मेरी मन्नी बुआ, जल्दी आ जाओ।''

मुझे चौबीसों घंटे किसी-न-किसी की जरूरत पड़ती थी, इसलिए मम्मी ने तबस्सुम नाम की इस लड़की को लगा लिया था। वह खाना बनाना छोड़कर, घर के सारे काम करती थी और मेरे भी काम करती थी। दरअसल, मेरी माँ के लिए सबकुछ सँभाल पाना बहुत मुश्किल हो रहा था, इसलिए एक मेड रखना जरूरी हो गया था।

मुझे पूरे समय एक इनसान की जरूरत पड़ती थी, जो मेरा सिर घुमा दे, मेरे हाथ हिला दे, करवट बदल दे; हर काम के लिए मुझे किसी की जरूरत पड़ती थी। मेरी जिंदगी अपनी थी ही नहीं। मैं तो किसी और की जिंदगी जी रही थी। मेरा

अपने बदन पर ही वश नहीं था। वश था तो केवल मन पर, सोच पर।

मैं जो मन करता, वह सोचती थी और मेरी सोच पर किसी और का काबू नहीं था।

कई बार मुझे लगता कि यह जिंदगी भी क्या है, जिसमें आप अपनी तरह से जी भी नहीं सकते। आपको हर कदम दूसरों के हिसाब से लेना है। आप अपनी मरजी से जी भी नहीं सकते। इसके अलावा, कई बार मैं रात में अल्लाह से प्रार्थना करती और मुझे हर बार एक ही समाधान मिलता, जो था, 'सब्र करो'। सचमुच अल्लाह उनके साथ होता है, जो सब्र करते हैं। जब भी मैं गहराई से प्रार्थना करती, मुझे शांति मिलती और मैं राहत महसूस करती। खुदा से मिलनेवाली मेरी ऊर्जा और आशा पहले से ज्यादा बढ़ जाती।

अब इम्तिहान के लिए एक हफ्ता ही बचा था और इस बार मैं अपने भाई या बहन को राइटर के रूप में नहीं ले जा सकती थी, क्योंकि वे साइंस बैकग्राउंड के थे और एकाउंटेंसी के लिए मुझे सही राइटर चाहिए था, जिसे विषय की कुछ जानकारी हो। एकाउंट्स में बैलेंस शीट, कैश बुक, जर्नल, खाता आदि के लिए कई तालिकाएँ बनानी होती हैं। किसी और सबजेक्ट के इनसान को ये सब कैसे समझाए जा सकते थे, दूसरा, यह भी ध्यान रखना था कि राइटर परीक्षा के दौरान मेरा खयाल भी रख सके, मसलन पानी पिला सके, करवट बदलवा सके। किसी नए अजनबी राइटर से तो इसकी उम्मीद नहीं की जा सकती थी।

मेरे ट्यूटर नवीन सर ने इसका बढ़िया हल तलाशने में मदद की। उन्होंने अपनी एक साथी श्वेता से मेरे बारे में बात की। वह कॉमर्स की छात्रा थी। उन्हें पूरा विश्वास था कि वह मेरी कॉपी लिख सकेगी और पेपर के दौरान मेरी मदद भी कर सकेगी।

एक दिन वे उसे मेरे घर पर मुझसे मिलाने आए, ताकि हम दोनों एक-दूसरे से बात कर सकें और अपनी शंकाएँ दूर कर सकें।

हम दोनों मिले। मुझे वह बहुत अच्छी और मददगार लड़की लगी। उसके अंदर परीक्षाओं के दौरान मुझे सँभालने की काबिलीयत थी। सॉरी, काबिलीयत की जगह मुझे दया शब्द इस्तेमाल करना चाहिए था। वह बहुत दयालु लड़की थी और मेरे प्रति उसके भाव बहुत अच्छे थे। मेरा काम तो कोई ऐसा इनसान ही कर सकता था, जो मुझसे भावनात्मक रूप से जुड़ाव रखता हो या कम-से-कम सहानुभूति तो रखता हो। इसके बिना तो मेरे जैसे लोगों के साथ काम करने का सौ साल का अनुभव रखनेवाला व्यक्ति भी मेरा काम नहीं कर सकता था।

29 मार्च का दिन आ गया। पेपर से एक हफ्ता पहले मेरे हाथ की सुई हटा दी गई। मैं बहुत राहत महसूस कर रही थी और अब मेरी बहन इरम भी परीक्षा के समय मेरे साथ गई। उसने सोचा था कि परीक्षा भवन में बैठाकर वह निकल आएगी, लेकिन सौभाग्य रहा कि मेरी हालत को देखते हुए परीक्षक ने उसे भी हॉल में रहने की अनुमति दे दी।

मैंने आराम से पेपर दिया और श्वेता को उसके घर छोड़ते हुए अपने घर आ गई। पेपर देने में मुझे सचमुच मजा आया था। मेरे सोचे हुए सारे न्यूमेरीकल्स आए थे। मेरा पेपर बहुत अच्छ गया था। अब मेरा अगला पेपर बिजनेस स्टडीज का था, जो 19 अप्रैल को था। काफी समय था। जब तारीख आई तो मैं उसी राइटर श्वेता के साथ सेंटर पहुँची। वहाँ पता चला कि तारीख आगे बढ़ा दी गई है। अब यह पेपर 4 मई को था। मेरी सारी कोशिश बेकार गई थी। सामान्य इनसान के लिए उसकी कोशिश बेकार जाना बहुत बड़ी बात न होती, लेकिन मेरे जैसे को तो बहुत सारी तैयारियाँ करनी पड़ती हैं। अब अगली तारीख को मैं फिर से परीक्षा देने गई। पेपर आसानी से दिया और इस बार भी मेरे अनुमान वाले सारे सवाल आए। मैं बहुत खुश थी, क्योंकि मेरे दोनों पेपर बहुत अच्छे गए थे।

मेरी परीक्षा के बाद जब मैंने नवीन सर से पूछा कि क्या अपनी राइटर को कुछ पैसे दूँ, तो उन्होंने कहा, ''जीनत, उससे पैसों के बारे में पूछना भी नहीं, वरना वह फिर कभी तुम्हारी राइटर नहीं बनेगी। इस दुनिया में सारे लोग एक से नहीं होते। वे बहुत अच्छे लोग हैं। वे पैसों के लिए ही मदद नहीं करते।''

जब लोगों ने राइटर के बारे में सुना तो लोग मुझसे पूछने लगे, ''राइटर ने पेपर में लिखने के लिए कितने पैसे लिये?'' जब मैं उन्हें बताती कि उसने कुछ भी नहीं लिया तो वे हैरत में पड़ जाते, क्योंकि लोग मानते थे कि कुछ राइटर तो एक पेपर लिखने के लिए 20–30 हजार रुपए तक माँगते हैं।

लेकिन वह बहुत अच्छी लड़की थी। दरअसल, उसका पूरा परिवार बहुत मददगार था, क्योंकि कोई भी अपनी जवान लड़की को अजनबी लोगों के बीच नहीं छोड़ना चाहता और उसके माता–पिता का मेरे माता–पिता से कोई परिचय भी नहीं था, फिर भी उन्होंने अपनी बेटी को मेरी मदद के लिए भेज दिया था। कुछ ही दिनों में हम अच्छी सहेलियाँ बन गए। वह मुझे कॉल करती और कभी मैं उसे कॉल करती। कई बार हम वॉट्सएप पर भी चैटिंग करते।

□

रिजल्ट की घड़ी

नेशनल इंस्टीट्यूट ऑफ ओपन लर्निंग का रिजल्ट जून के पहले हफ्ते में आता था। मैं अपने कमरे में ही थी। दोपहर 12 बजे रिजल्ट आना था। मेरी आँखें घड़ी पर टिकी थीं, क्योंकि मैं रिजल्ट देखने के लिए बहुत बेताब थी। मेरे पेपर बहुत अच्छे गए थे। दुर्भाग्य से, जब मैं रिजल्ट देखनेवाली थी तो पता चला कि इंटरनेट काम नहीं कर रहा है। उसमें सुबह से ही कोई प्रॉब्लम आ रही थी।

आखिरकार, शाम को इंटरनेट चालू हुआ और मुझे रिजल्ट चेक करने का मौका मिला। जब मैंने अपना रोल नंबर डाला तो पता चला कि उसमें विदहेल्ड लिखा था। मेरा सारा उत्साह आँसुओं में बदल गया। मैं जानती थी कि अब बहुत लंबा समय लगेगा और मुझे बार-बार एन.आई.ओ.एस. जाने की तकलीफ उठानी पड़ेगी। दुनिया में सब अपने काम में इस कदर मसरूफ हैं कि किसी से बहुत ज्यादा उम्मीद करना सही नहीं है, क्योंकि अगर वह उम्मीद पर खरा नहीं उतरा तो बहुत ठेस लगती है। उम्मीद केवल खुदा से करनी चाहिए, क्योंकि वही आपको उम्मीद से ज्यादा दे सकता है।

बहुत मेहनत के बाद जब मेरी बहन एन.आई.ओ.एस. गई तो उन्होंने बताया कि मेरे नंबर बिजनेस स्टडीज में अप्रत्याशित आए हैं, जिस वजह से उन्होंने मेरा रिजल्ट घोषित नहीं किया है और वे मुझसे मिलना चाहते हैं। अगले सप्ताह जब मैं अपनी बहन और मामू के साथ एन.आई.ओ.एस. गई तो एन.आई.ओ.एस. के डायरेक्टर समेत शिक्षकों की एक टीम मेरी कार के पास आई। पहले तो वे चाहते थे कि मैं पेपर दोबारा दूँ, लेकिन जब मेरी बहन ने मेरी शारीरिक तकलीफ के बारे में बताया और उन्होंने अपनी आँखों से मेरी हालत देखी तो उन्होंने मुझसे कुछ प्रश्न पूछे और मेरी बहन से बोले कि वे दो सप्ताह में मेरा रिजल्ट घोषित कर देंगे। इसके बाद वे लोग मुझे 'बेस्ट ऑफ लक' बोलकर चले गए।

मेरा रिजल्ट 16 अगस्त को आया। उन्होंने बिजनेस स्टडीज का मेरा रिजल्ट घोषित किया और उसमें मुझे 82 नंबर मिले थे, लेकिन एक समस्या फिर आ गई। एकाउंटेंसी में मुझे गैर-हाजिर बताया गया था, जबकि मैंने पेपर दिया था। मैं बहुत परेशान हो गई थी। एक समस्या हल होती तो दूसरी सामने आ जाती। खैर, मैं भी आसानी से हार माननेवाली नहीं थी।

□

मेरा साल बरबाद गया

एकाउंटेंसी में मुझे गैर–हाजिर दिखाया गया था, इसलिए मैं बहुत तनाव में थी। मेरी बहन और चचेरे भाई कई बार एन.आई.ओ.एस. गए, लेकिन ये सरकारी दफ्तर दुनिया में सबसे बुरे होते हैं। वे एक जगह से दूसरी जगह दौड़ाते रहे, लेकिन नतीजा कुछ नहीं निकला। उन्हें सरकार से धन मिलता है, लेकिन उसका एक तिहाई भी वे काम नहीं करते।

जब मेरे परिवारवालों ने कहा कि वे और कुछ नहीं कर सकते, क्योंकि एन.आई.ओ.एस.वाले सुन ही नहीं रहे हैं, तो मैंने अपनी समस्या प्रिंसिपल वंदना मैम को बताई। उन्होंने मेरी मदद करने का यकीन दिलाया। पहले उन्होंने एच.ओ. डी. और कुछ टीचरों को एन.आई.ओ.एस. भेजा, लेकिन जब समस्या हल नहीं हुई तो वे खुद गईं। तब भी कुछ नहीं हुआ, तो मैंने 2014 के आखिर में दोबारा परीक्षा फॉर्म भरने का निश्चय किया। मैं नहीं चाहती थी कि मेरा एक और साल बरबाद हो। मेरी प्रिंसिपल को दुःख था कि मुझे पेपर दोबारा देना पड़ रहा है, लेकिन उन्हें गर्व भी था कि मैंने उम्मीद नहीं छोड़ी थी और दोबारा पेपर देने को तैयार थी।

2014 का मेरा साल इंतजार में ही बरबाद हो गया, लेकिन उन्होंने रिजल्ट नहीं दिया। अब 2015 में मैंने फिर से पेपर देने का निश्चय किया था।

□

अपनी जीवनी के लिए मुझे प्रकाशक मिला

मेरी जिंदगी की एक बहुत दिलचस्प बात थी, जिसके बारे में मैंने अब तक आपको नहीं बताया। अब मैं आपको उसके बारे में बताती हूँ। वर्ष 2011 में मैंने अपनी जीवनी लिखने का निश्चय किया था, जिसका पहला हिस्सा आप अभी पढ़ रहे हैं। मैं अपनी जिंदगी के तजुर्बे, जिंदगी में सुधार के लिए अपने संघर्ष, अपनी उपलब्धियाँ और जन्म से लेकर अब तक की जिंदगी के बारे में दुनिया को बताना चाहती थी।

इसके लिए मेरी प्रिंसिपल ने सही सलाह दी। पहले मैंने खुद की कहानी को एक असली इनसान की कहानी के रूप में लिखने का फैसला किया, लेकिन जब मैंने प्रिंसिपल को यह बताया तो उन्होंने जीवनी के रूप में ही लिखने को कहा। इसके जरिए लोग असली तजुर्बे का एहसास कर सकेंगे।

मैंने यही किया। मैंने इस दुनिया के लिए 'द रियल फाइटर' लिखी, ताकि लोग जिंदगी की छोटी-छोटी बातों से डरें नहीं, बल्कि उनका मुकाबला करें। यह किताब मेरा सपना था और मैं नहीं चाहती थी कि मेरा सपना केवल कुछ लोगों तक, मेरे अपने परिवार, शिक्षक और मित्रों तक ही सीमित रहे, बल्कि पूरी दुनिया को इसके बारे में पता चले।

एक बार जीवनी पूरी हो गई तो मैं उसे छपवाना चाहती थी। इसके लिए मुझे प्रकाशक की तलाश करनी थी, जो कि मेरे मामले में संभव नहीं था। मेरे लिए तो किताब लिख पाना भी आसान नहीं था, लेकिन मेरा दिल मुझे बार-बार लिखने के लिए मजबूर करता रहा।

मेरे लिए तो पेन पकड़ना तक पहाड़ चढ़ने जैसा था, लेकिन मैंने फिर भी कोशिश की। बाद में जब मेरी उँगलियों ने साथ नहीं दिया तो मैंने कंप्यूटर पर लिखना शुरू किया। कंप्यूटर पर भी उँगलियाँ चलाना आसान नहीं था, लेकिन मैंने

किसी तरह से काम चलाया। किताब लिखने में किसी ने मेरी मदद नहीं की। यह केवल मेरी कड़ी मेहनत से हो सका। मेरे परिवार में हर कोई व्यस्त था। दरअसल, मेरी बहन सोचती थी कि किताब छप नहीं पाएगी, क्योंकि जीवनियाँ तो चर्चित लोग लिखते हैं।

इसके बावजूद, मैंने उम्मीद नहीं छोड़ी और बिस्तर पर लेटे-लेटे ही वह सबकुछ किया, जो किताब छपवाने के लिए किया जा सकता था। मुझे लगा कि शायद मेरे स्कूल की मैनेजिंग ट्रस्टी मिसेज शनम चड्ढा मेरी मदद कर सकती हैं और इसके लिए मैंने उनसे मिलने का मन बनाया।

और इसी के साथ ही मैंने सबकुछ दुनिया बनानेवाले अल्लाह पर छोड़ना शुरू किया, क्योंकि बिना उसकी मदद के कोई और मेरी मदद नहीं कर सकता था। अगर वह नहीं चाहता कि मेरी किताब का काम आगे बढ़े तो दुनिया की कोई ताकत उसे नहीं छपवा सकती थी, लेकिन दूसरी ओर उसने उम्मीद बनाए रखने को कहा था। मेरे पास जिंदगी की आखिरी साँस तक अपने सपनों को साकार करने की काबिलीयत थी।

इसी बात पर यकीन करते हुए मैंने कभी उम्मीद नहीं छोड़ी। मैंने हर एक-दो दिन में प्रिंसिपल को मेल करना शुरू कर दिया और उनसे शनम मैम से एपॉइंटमेंट दिलाने का अनुरोध करने लगी।

आखिरकार, काफी कोशिश के बाद, वह दिन आ गया। नवंबर के महीने में मुझे एपॉइंटमेंट मिल गया। मैं उनसे मिली। उन्होंने मुझे यकीन दिलाया कि वे मेरी किताब छपवाएँगी। उन्होंने पूरी जिम्मेदारी मेरी प्रिंसिपल पर छोड़ दी और उनसे कहा कि मेरी किताब किसी अच्छे प्रकाशक से छपनी चाहिए, लेकिन उन्हें जो प्रकाशक मिला, वह संघर्षशील था। मैं उनसे और ज्यादा की उम्मीद नहीं कर सकती थी, क्योंकि जैसा कि मैंने आपको पहले बताया, दुनिया में इनसानों से उम्मीद करना सबसे बड़ी मूर्खता होती है, क्योंकि लोग कभी आपकी उम्मीदों पर खरे नहीं उतरते। अगर आपको सचमुच किसी से उम्मीद पालनी ही है तो केवल दुनिया की सबसे बड़ी ताकत से पालिए। अगर आप उससे बार-बार बिना चूके कहते रहेंगे तो मुझे यकीन है कि वह एक-न-एक दिन आपकी जरूर सुनेगा, यहाँ तक कि वह चीज आपकी भलाई के लिए न हो, तब भी वह उसे आपकी बेहतरी के लिए बनाने की काबिलीयत रखता है।

□

जो बात मुझे सबसे ज्यादा चुभी

फरवरी 2015 का महीना था। मौसम में बदलाव का वक्त था। इसमें मैं अकसर बीमार पड़ जाती हूँ। इस माह के पहले सप्ताह में मुझे फ्लू हो गया था और इस तरह मैंने पहले दवाएँ खाईं और जब कुछ नहीं हुआ तो मुझे अस्पताल में भरती होना पड़ा।

अब बीमारी से लड़ने की मेरी ताकत बहुत कमजोर हो गई थी। इस कारण मुझे बार-बार अस्पताल में भरती होना पड़ता था और मेरे परिवारवालों को हर साल 2 लाख रुपए जैसी बड़ी रकम का इंतजाम कर पाना आसान नहीं था। मुझे इस बात की चिंता भी बढ़ रही थी कि इस तरह से मैं भविष्य में आगे कैसे जी पाऊँगी।

जैसा कि मैं शुरू से ही आपको बताती आ रही हूँ कि जीवन के किसी खास दौर में आप एकदम अकेले हो जाते हैं, कोई आपके साथ खड़ा नहीं रहता और क्यों रहे, सबकी अपनी जिंदगी, अपनी पसंद और नापसंद होती है। मैं अपने परिवार की खुशियों की राह में बाधा नहीं बनना देना चाहती थी।

मैं हमेशा से चाहती थी कि मेरे भाई-बहन की शादी हो और वे अपनी जिंदगी का आनंद उठाएँ। उन्हें मेरी देख-रेख में वक्त बरबाद नहीं करना चाहिए। मैं उनसे किसी तरह की उम्मीद नहीं करना चाहती थी, बल्कि जिंदगी में खुदमुख्तार होना चाहती थी और इसी के लिए मैं जद्दोजहद कर रही थी।

मैं अपने मामू इरफान केरखी के साथ भारद्वाज अस्पताल गई, जो सौभाग्य से हम लोगों से मिलने आए थे और मेरा भाई ऑफिस गया हुआ था। इसलिए वे और मेरी बहन मुझे अस्पताल ले गए। डॉ. आशीष वहाँ थे। उन्होंने मेरा चेकअप किया और मेरी नब्ज बहुत तेज पाई। उन्होंने इसका नाम टेकीकार्डिया बताया और मेरी बहन से मुझे भरती करा देने को कहा। उस समय तक डॉ. विवेक नहीं आए थे।

जब वे रात के बारह बजे के आसपास आए, तो दोनों डॉक्टरों ने आपस में

चर्चा की और मुझे दिन में तीन एंटीबायोटिक्स देने लगे।

डॉ. विवेक जाने से पहले मेरे पास आए और बोले, ''जीनत, मैं विदेश जा रहा हूँ। मेरे लौटने तक तुम पूरी तरह से डॉ. आशीष के हवाले रहोगी। मैं तीन दिन में लौट आऊँगा। कल सुबह मेरी फ्लाइट है।'' इसके तुरंत बाद इमरजेंसी रूम में मौजूद डॉ. अजीत ने बताया, ''डॉक्टर, आप जैसे ही इस कमरे में घुसे थे, यह पहले से ज्यादा मुसकराने लगी थी। इसके पहले इसकी मुसकान फीकी थी, लेकिन अब यह मुसकान असली दिख रही है।''

इस पर डॉ. विवेक मुसकराते हुए बोले, ''तुम्हें पता है जीनत, सारी माताएँ मुझे मोगैंबो बोलती हैं। वे अपने बच्चों से कहती हैं कि दवाएँ खा लो, वरना डॉ. विवेक आ जाएगा।'' इतना कहकर वे चले गए।

डॉ. आशीष तो मेरे दोस्त की तरह थे। उनके साथ कोई औपचारिकता नहीं थी। मैं उनसे कुछ भी कह सकती थी, लेकिन वे कभी बुरा नहीं मानते थे। शुरू में जब मुझे ब्रोंकोस्कोपी करानी थी, तब मैंने उनकी पढ़ाई-लिखाई के बारे में अपनी बहन की मदद से बहुत तहकीकात की थी और जब मेरी बहन ने उन्हें यह बात बताई तो वे इतना ही बोले, ''जीनत, तुमने मुझे छोटा-मोटा समझ रखा था, यार मैंने दस गोल्ड मैडल जीते हैं।'' मुझे बहुत शर्मिंदगी हुई। वैसे डॉ. विवेक को जब मेरी तहकीकात के बारे में पता चला था तो उन्होंने मुझे डाँटा था और मुझे यकीन दिलाया था कि वे बहुत जीनियस डॉक्टर हैं और डॉ. विवेक तो मुझे हमेशा जल्दी में लगते थे, लेकिन मैं उनसे जुड़ाव भी महसूस करती थी। वे मुझे हमेशा कम समय देते थे, लेकिन मैं कभी बुरा नहीं मानती थी, क्योंकि इस दुनिया में सब लोगों का जिंदगी जीने का अपना-अपना तरीका होता है। जब मुझे कमरे में शिफ्ट किया गया तो डॉ. आशीष फिर से राउंड पर आए। वे मुझसे बोले, ''मजे करो डार्लिंग, टी.वी. देखो, कुछ नहीं हुआ है। तुम जल्द ही एकदम ठीक हो जाओगी।'' मुझे उनकी एक बात पसंद थी। जब वे किसी रोगी के संपर्क में आते तो अपने चेहरे के भाव बनाए रखते थे और उसे यह कहकर सांत्वना देते रहते कि सबकुछ ठीक है, भले ही रोगी ठीक न हो। कई बार मुझे यह बात अच्छी लगती और कई बार नहीं, क्योंकि मैं सोचती थी कि अगर मैं ठीक नहीं हूँ, तो सबकुछ ठीक कैसे हो जाएगा? और डॉ. विवेक के मामले में, वे तो जब तक मेरे बाएँ फेफड़े में पर्याप्त हवा जाने की बात न सुन लेते, तब तक उनके चेहरे के भाव हमेशा एक समान रहते थे। रात में डॉ. विवेक विदेश रवाना होने से पहले मुझसे मिलने आए। जब वे दरवाजे के एकदम पास पहुँचे और मेरे चेकअप के बाद जाने ही वाले थे कि

अचानक मुझे बुरा लगा। मैं उन्हें जाने नहीं देना चाहती थी, लेकिन मैं उनसे कुछ कह नहीं पाई। मैंने इतना ही कहा, 'डॉक्टर, मुझे जरूरत पड़ी तो मैं आपसे कैसे कॉन्टेक्ट करूँगी?' उन्होंने कमरे से निकलते हुए कहा, ''जब भी तुम्हें जरूरत पड़े, मुझे वॉट्सएप पर मैसेज कर देना और मैं डॉ. आशीष से बात कर लूँगा। चिंता न करो।'' वे मुसकराकर चले गए।

मेरी दवाइयाँ चल रही थीं, जो कि वही थीं, जो दोनों डॉक्टर बता गए थे, लेकिन तब भी मेरी तबीयत ठीक नहीं लग रही थी। मेरी हालत अगले दिन और बिगड़ गई। डॉ. विवेक जा चुके थे। डॉ. आशीष भी उस समय तक घर जा चुके थे। मैंने अपनी माँ से पता करने को कहा कि अस्पताल का कोई अधिकारी मौजूद है क्या, लेकिन कोई नहीं था। ऐसा लग रहा था जैसे किसी ने मेरे दोनों फेफड़े दबा रखे हों और मैं विरोध नहीं कर पा रही थी। मैं साँस लेने में असमर्थ थी। मैं रोने लगी और अपने को सँभाल नहीं पाई। ड्यूटी डॉक्टर आया। मैंने उससे डॉ. विवेक को फोन करने को कहा। मैं उन्हें कोसने लगी, ''या खुदा, प्लीज उनकी फ्लाइट कैंसिल करा दे।'' मैं बहुत तकलीफ में थी और अगर वे मेरे पास होते तो मुझे आराम महसूस होता। मुझे पहले से ही उन पर इतना यकीन था।

मेरी माँ मुझे इधर-उधर हिला रही थीं, लेकिन मुझे राहत नहीं मिल रही थी। मुझे डर था कि मेरा डॉक्टर देश के बाहर है और अगर मेरी हालत ज्यादा बिगड़ी तो मुझे कौन सँभालेगा? उन्हें ही मेरे बारे में सबकुछ पता था। मैं इतना रोई कि मेरी दोनों आँखें सूज गईं। मुझे डॉ. विवेक की बहुत याद आई।

जब डॉ. इश्तियाक ने मुझे रोते देखा तो उन्होंने मेरी माँ से मुझे एक तरफ झुकाकर रखने को कहा। ऐसी हालत में मुझे कुछ आराम मिला। मेरी मेड रूबीना ने मेरे आँसू पोंछे। जब डॉक्टर ने मुझे कुछ शांत देखा तो वे बोले, ''मैं डॉ. विवेक को वापस नहीं ला सकता, लेकिन चिंता मत करो। बाकी सारे डॉक्टर यहाँ हैं। अगर जरूरत पड़ी तो डॉ. भारद्वाज भी आ जाएँगे।''

लेकिन समस्या यह नहीं थी, यहाँ तक कि डॉ. आशीष अपनी तरफ से पूरी कोशिश कर रहे थे। वे दिन में तीन बार मुझ देखने आते और देर तक मेरे पास बैठे रहते। वे हमेशा मुझे हँसाने की कोशिश करते। कई बार वे घर से ही मुझे फोन करके मेरी हालत के बारे में पूछते। किसी डॉक्टर से और क्या चाहिए? अल्लाह ने मेरा यकीन डॉ. विवेक में पैदा किया था, इसलिए मैं मुसीबत के वक्त रोने लगती। उस समय तक मैं अपनी ऊर्जा का इस्तेमाल बीमारी से लड़ने में नहीं कर पा रही थी। उनकी मौजूदगी मुझे यकीन दिलाती थी कि मैं जल्द ही बिल्कुल ठीक

हो जाऊँगी। हो सकता है, उन्हें यह सब पता न हो, लेकिन यह सच था। कई बार मुझे भी हैरत होती कि ऐसा क्यों है, लेकिन बाद में मैंने इसे अल्लाह की मरजी मानकर स्वीकार कर लिया।

हालाँकि बाद की जिंदगी में मुझे वे पहले जैसे नहीं लगे। वे बहुत बदल गए थे, लेकिन उनकी दवाइयाँ फिर भी असर करती थीं। कई बार वे मुझे बहुत ठेस पहुँचाते थे, जिसका कारण पता करने में मैं नाकाम थी।

अब मुद्दे पर आते हैं। अगले दिन डॉ. आशीष राउंड पर आए। जब मेरे रोने के बारे में मेरी बहन से उन्हें सबकुछ पता चला तो वे मुसकराते हुए कहने लगे, ''अरे यार, टेंशन मत लो, तुम कल तक ठीक हो जाओगी और डॉ. विवेक के आने से पहले ही तुम्हारी छुट्टी हो जाएगी।'' इसपर मेरे चेहरे पर बड़ी सी मुसकान आ गई।

मैंने उनसे कहा, 'ओके डॉक्टर और आप मुझे विदुषी मैम से कब मिलवा रहे हैं?' वे बोले, ''बहुत जल्द।''

डॉ. विदुषी उनकी पत्नी थीं। वे डरमेटोलॉजिस्ट थीं। उन्होंने मेरा चेकअप किया और चले गए।

अगले दिन, उनकी छुट्टी थी, लेकिन वे आ गए, तो मैं हैरान रह गई। उनके बहुत सारे मरीज भरती थे, लेकिन वे किसी के पास नहीं गए। वे जल्दी में थे। वे अंदर आए और बोले, ''देखो जीनत, मैं तुमसे मिलाने किसे लाया हूँ?'' उनकी पत्नी विदुषी आई थीं। उन्होंने कुछ देर मुझसे बात की और फिर वे चले गए।

अगले दिन, सुबह जब डॉ. आशीष मेरे पास आए तो मैंने उनसे कहा, 'डॉक्टर, आप बहुत लकी हो। आपकी पत्नी बहुत खूबसूरत हैं।'

डॉ. आशीष बोले, ''अरे, तुम्हारे पास मेरे जैसा खूबसूरत मुंडा खड़ा था और तुम उसकी तरफ देख रही थी।''

मैं जोर से हँस पड़ी और बोली, 'यस, यस, डॉक्टर।'

इसके बाद उन्होंने मेरा चेकअप किया और थोड़ा सुधार पाया। मेरे दोनों फेफड़ों में बहुत थोड़ी-थोड़ी हवा जा रही थी। जब फिजियोथेरेपिस्ट आई तो उसने अपने तरीके से थपथपाया। इस तरह से मैं कुछ कफ निकाल सकी, लेकिन मेरे फेफड़े दोबारा टाइट हो चुके थे। अब मैं डॉ. आशीष के चेहरे पर तनाव देख पा रही थी, लेकिन वे मेरे सामने ऊपर से शांत दिखने की कोशिश करते थे, लेकिन उस समय उनके चेहरे पर तनाव था। मेरी माँ ने उनसे कहा, ''डॉक्टर, प्लीज एंटीबायोटिक्स बदल दो। उसकी तबीयत ठीक नहीं लग रही है।'' इस पर वे

बोले, ''आंटी, हम इतनी जल्दी एंटीबायोटिक्स नहीं बदल सकते। अभी केवल तीन दिन हुए हैं। उनका असर होगा। चिंता न करो।'' उन्होंने कहा और एक और दवाई लिख दी।

मैं बता नहीं सकती कि मेरे लिए बलगम निकाल पाना कितना कठिन हो रहा था। हर बार मैं अपनी बची-खुची ताकत गले में लगाती और बलगम बाहर फेंकती। कुछ ही मिनटों में, मेरे फेफड़े फिर से उसी हालत में आ जाते।

चौथे दिन वे मेरा चेकअप करने आए, तो मैंने कहा, 'डॉक्टर, पता नहीं क्यों, मेरी तबीयत ठीक नहीं लग रही है। वही हालत बनी हुई है। जब मैं खाँसती हूँ तो मुझे थोड़ी राहत मिलती है, लेकिन कुछ ही देर में फिर से वही हालत हो जाती है। क्या आपने डॉ. विवेक से बात की? उन्होंने बताया था कि वे आपके कॉन्टेक्ट में हैं।' उन्होंने जवाब दिया, ''नहीं डार्लिंग, ओके वेट करो। मैं अभी बात करता हूँ।'' जब उन्होंने उनका नंबर लगाया तो उनका फोन स्विच ऑफ जा रहा था।

वे बोले, ''डियर, डोंट वरी, तुम कल तक बिल्कुल ठीक हो जाओगी और डॉ. विवेक के आने से पहले मैं तुम्हें डिस्चार्ज कर दूँगा।''

वे हमेशा मुझे हँसाने की कोशिश करते थे और मेरा चेकअप करने के बाद उन्होंने एक और चुटकुला सुनाया। उन्होंने कहा, ''जीनत, अगर तुम बिल्कुल ठीक होती, तो तुम्हीं मेरी इकलौती गर्लफ्रेंड होती।'' मैं इस बात पर हँस पड़ी, लेकिन दिल में कहीं-न-कहीं मुझे यह बात बहुत चुभी। इससे मुझे यह एहसास हुआ कि मेरी पूरी जिंदगी कहीं-न-कहीं दूसरों से कमतर ही है। मैं रोना चाहती थी, लेकिन नहीं रो पाई; क्योंकि मैं दुनिया के लोगों को अपना दर्द दिखाना नहीं चाहती थी, क्योंकि वे मेरी तकलीफ दूर नहीं कर पाएँगे। मैं हमेशा अपने बनानेवाले के सामने ही रोना पसंद करती हूँ।

□

एकाउंटेंसी का पेपर दोबारा देना पड़ा

पुस्तक विमोचन के बाद मुझे रोज बुखार रहने लगा। मेरा IV कोर्स पूरा हो चुका था, लेकिन बुखार नहीं घटा था। मैं फिर से चेकअप के लिए गई। दोनों डॉक्टरों ने मेरी जाँच की और पाया कि मेरे फेफड़े तो साफ हैं। मैंने डॉ. विवेक से पूछा कि क्या कफ साफ करने के लिए मुझे रोजाना किसी मशीन की जरूरत है। उन्होंने बताया कि उन्हें इस बारे में पता नहीं है और वे डॉ. आशीष से बात करके पक्का बताएँगे। उन्होंने उसी समय डॉ. आशीष को फोन लगाया और इसके बारे में पूछा। डॉ. आशीष ने उन्हें बताया कि मुझे किसी मशीन की जरूरत नहीं है और जिस्मानी कोशिश ही कफ निकालने के लिए काफी है। उन्होंने मेरी माँ और बहन को इसके तरीके भी समझाए।

इसके बाद समस्या मेरे बुखार की थी, जो पूरी तरह से खत्म नहीं हो रहा था। डॉ. विवेक ने यूरिन टेस्ट की सलाह दी। जब मैंने अपनी बहन और चचेरे भाई फरहान के साथ रिपोर्ट देखी तो पता लगा कि मेरा यू.टी.आई. सामान्य से काफी ज्यादा है। उन्होंने मुझे और सात दिनों तक IV के जरिए एक दवाई एमिकेसाइन लिखी। वही फार्मासिस्ट दिन में दो बार मेरे पास आने लगा।

मैं बता नहीं सकती कि मैं रोज-रोज के इन एंटीबायोटिक्स से कितनी तंग आ चुकी थी, लेकिन डॉक्टर इसमें कुछ नहीं कर पा रहे थे। बीमारी से लड़ने के लिए उन्हें एंटीबायोटिक्स देने ही थे, क्योंकि मेरी रोग प्रतिरोधक क्षमता बहुत कम थी और मामूली फ्लू भी बड़ा संक्रमण बन जाता था।

एक दिन डॉ. आशीष मुझसे मिलने आए। तब तक मेरा IV कोर्स पूरा हो चुका था। वे बहुत अच्छे इनसान थे। डॉक्टर होने के नाते उनका शेड्यूल बहुत टाइट रहता था, लेकिन फिर भी वे मेरे पास आने का वक्त निकाल लेते थे। वे आते और मेरे पास बैठ जाते और हम दोनों बातें करते रहते। वे अपने कॉलेज के दिनों

की बातें मुझे बताते, अपनी उपलब्धियों और सभी कुछ के बारे में बताते। कई बार मैं हँसती और कई बार चुपचाप सुनती रहती।

लंच के बाद उन्होंने फिर एक चुटकुला सुनाया। वे बोले, ''जीनत, मैं अपनी पत्नी को हमेशा डराने की कोशिश करता हूँ और कहता हूँ कि मेरी मरीज जीनत बहुत सुंदर है, इसलिए तुम मुझसे पंगा मत लेना।'' मैं उनके मजाकों पर हमेशा हँसती थी।

उनके अंदर अच्छी बात यह थी कि वे हँसाने का कोई-न-कोई तरीका निकाल ही लेते। उनके साथ कोई मायूस नहीं रह पाता था।

अब मेरी परीक्षा को केवल एक माह बचा था। 17 अप्रैल को मेरा पेपर था। इस बार मैंने ज्यादा तैयारी नहीं की थी। मैंने सोचा था कि केवल उतना ही पढ़ना है कि बस 12वीं पास हो जाऊँ। मेरी सेहत भी इस बात की इजाजत नहीं दे रही थी कि मैं पढ़ाई पर ज्यादा ध्यान लगा पाऊँ।

मैंने अपने एकाउंटेंसी के शिक्षक नवीन सर को फोन किया और कहा, 'सर, जब भी आपके पास वक्त हो, कुछ वक्त मुझे भी दे दीजिए। मुझे बस रिवीजन करना है, ताकि चैप्टर मेरे दिमाग में फिर से ताजा हो जाएँ।' वे बहुत मदद किया करते थे। उन्होंने मुझे कभी मना नहीं किया। जब भी मुझे उनकी जरूरत होती, वे हमेशा मेरे साथ होते।

उन्होंने फिर से उसी राइटर श्वेता के बारे में कहा, क्योंकि वह मेरे बारे में सबकुछ जानती थी और उन्हें भरोसा था कि वह परीक्षा के दौरान मेरी देखभाल कर लेगी। जब उन्होंने उससे पूछा तो पता चला कि वह उस दौरान व्यस्त थी, लेकिन हैरानी की बात यह रही कि फिर भी वह मेरे पेपर लिखने के लिए तैयार हो गई। उसने मेरे काम के लिए बाकी कामों को भी छोड़ दिया।

मुझे डर था कि वे लोग उसे मेरे राइटर के तौर पर स्वीकार करेंगे या नहीं, क्योंकि मैंने तब तक राइटर के लिए आवेदन नहीं किया था।

दरअसल, उस साल से राइटर के लिए नया नियम लगा दिया गया था। एन.आई.ओ.एस. को राइटर के स्कूल से यह लिखित प्रमाण चाहिए था कि वह राइटर उसके स्कूल में अब भी पढ़ रहा है और इस कारण स्कूल इस तरह का प्रमाण देने को तैयार नहीं था। मैंने अपने स्कूल से भी पूछा, क्योंकि मुझे लगा कि ये लोग तो जरूर मदद कर देंगे, लेकिन उन्होंने भी मना कर दिया। मेरी प्रिंसिपल ने मेरे पिता से कहा कि वे इसमें मदद नहीं कर पाएँगी। मेरी आखिरी उम्मीद मेरा स्कूल ही था, लेकिन जैसा कि मैंने बताया कि सबकी अपनी-अपनी सोच होती है,

हालाँकि कोई बहुत बड़ी बात नहीं थी। एन.आई.ओ.एस. को बस एक औपचारिकता पूरी करनी थी, लेकिन कोई भी मेरी मदद करने को तैयार नहीं था और मुझे उसका कोई खेद भी नहीं। मैंने सोचा, 'अगर अल्लाह नहीं चाहता कि मैं इस साल पेपर दूँ तो कोई बात नहीं। मैं अगले साल दूँगी।'

आखिरी पल में, इम्तिहान से केवल एक दिन पहले, नवीन सर ने मेरी मम्मी को फोन किया और बताया कि जीनत पेपर देगी। वे अपने कोचिंग सेंटर से लेटर दे देंगे कि राइटर उनसे कोचिंग ले रही है और प्राइवेट परीक्षा दे रही है। लेटर पर सेंटर की मुहर रहेगी।

वे बहुत अच्छे थे। उन्होंने मेरी मदद की और लेटर दे दिया।

मेरी राइटर श्वेता ने भी बहुत मदद की। उसने मुझसे कहा, ''जीनत, मेरी चिंता मत करो। मैं हर हाल में तुम्हारा पेपर लिखूँगी।'' उसने अपना पेपर छोड़ दिया और मेरा पेपर लिखने चली आई।

17 अप्रैल का दिन आ गया। श्वेता और मेरी बहन मेरे साथ आईं। इस बार मेरा सेंटर केंद्रीय विद्यालय, गाजियाबाद था। मैं अपनी कार में लेटी थी। मेरी बहन ने अंदर जाकर इंतजाम जमाया। उसने स्कूल के अधिकारियों को मेरी हालत बताई, लेकिन जब तक उन्होंने मेरी हालत देख नहीं ली, तब तक वे स्ट्रिक्ट ही बने रहे। वे सब कह रहे थे कि वे अपना राइटर देंगे, लेकिन जब उन्होंने मुझे देखा तो पलक झपकते ही उनके विचार बदल गए। उनका रवैया पूरी तरह से अलग हो गया था। उन्होंने मेरा खास खयाल रखा। हम यह सब देखकर हैरान थे। यह खुदा की ही मेहरबानी थी कि मेरी दिक्कत हर बार हल हो जाती थी।

मैं अंदर गई और खुशी-खुशी अपना पेपर दिया। अब कोई बाधा नहीं थी। श्वेता को ही मेरा राइटर बना दिया गया था। हम उसे उसके घर छोड़ते हुए रात साढ़े नौ बजे अपने घर पहुँचे।

श्वेता और नवीन सर, दोनों ने इस बार बहुत मदद की। मेरी मम्मी ने उनकी ट्यूशन फीस दी, लेकिन उन्होंने लेने से इनकार कर दिया और कहा कि अगर दोबारा फीस देने की कोशिश की तो वे आना भी बंद कर देंगे। श्वेता ने भी अपना हिस्सा नहीं लिया।

मैं तो कहती हूँ कि ये दुनिया कायम ही इसलिए है, क्योंकि इस पर ऐसे लोग रह रहे हैं।

मेरा रिजल्ट जून के पहले सप्ताह में आया था। मेरे 100 में से 49 अंक आए थे। पेपर के समय मैं सारे प्रश्नों के जवाब नहीं लिखवा पाई थी और 18 अंकों के

प्रश्न छूट गए थे। मुझे लगा कि मेरे अंक कम आने का कारण यही रहा होगा। सर ने मुझसे कॉपी फिर से जँचवाने के लिए बोला, क्योंकि 18 अंकों के प्रश्न छूट जाने के बाद भी वे मेरे 60 अंक की उम्मीद कर रहे थे, लेकिन मैंने सर से कहा कि मेरे लिए इतना ही काफी है कि मैं पास हो गई और मैं और कुछ नहीं करना चाहती। सब लोग जब व्यस्त हैं तो फिर इतनी तकलीफ कौन झेले ?

□

बड़ा भारी परिवर्तन

आप सोच रहे होंगे कि अब मेरी जिंदगी में ऐसा कौन सा परिवर्तन हुआ होगा। आपके हिसाब से केवल एक चीज होगी, जो कि अच्छा है। मैं कहना चाहती हूँ कि आप इसे दोनों तरह से देख सकते हैं, अच्छा या बुरा।

अब मैं यह सस्पेंस खत्म करती हूँ। क्या आपको याद है, मैंने पहले संस्करण में आपसे एक बात के बारे में बताया था, जो मैंने अपनी मम्मी से कही थी कि मैं अपने घर में रहूँगी। मेरे कहे शब्द खुदा ने पूरी तरह से सच साबित कर दिए थे। नोएडा अथॉरिटी के सेक्टर-122 के ड्रॉ में मेरे नाम से 112 मीटर का प्लॉट निकला था। इसका कंस्ट्रक्शन 2012 तक पूरा हो गया और उसे मेरे पिता ने किराए पर दे दिया था।

16 जून, 2015 को हमने सेक्टर-37 छोड़ दिया और सात किलोमीटर दूर सेक्टर-122 के अपने खुद के मकान में शिफ्ट हो गए। 2008 में जिस मकान के बारे में मैंने कहा था, वह 2015 में सच हो चुका था और हम उसमें रहने लगे थे।

बाद में मैंने महसूस किया कि मैं यही चाहती थी। अल्लाह ने उसे सच कर दिखाया था। जीनत आरा की नेमप्लेटवाला मकान सच हो चुका था। मैं अल्लाह का शुक्रिया अदा करना चाहती थी, लेकिन कुछ कहने की बजाय मैं रोने लगी थी। मेरे होंठों पर केवल ये शब्द आए थे, 'या अल्लाह, तू सबसे महान् है। इनसानों पर तेरी मेहरबानियों की कोई सीमा नहीं है, फिर भी लोग तेरे शुक्रगुजार नहीं होते।' मेरी आँखों से लगातार आँसू बहते रहे।

चूँकि नोएडा अथॉरिटी का ड्रॉ मेरे नाम से निकला था, इसलिए मेरे पिता ने मेरे भविष्य के इस्तेमाल के लिए, मेरे ही नाम से रजिस्टर्ड करा दिया।

अब आप जरूर यह सोच रहे होंगे कि सबकुछ मेरी इच्छा के हिसाब से हो रहा था तो इसमें बुरा पहलू क्या हो सकता है। अब यही सबसे ज्यादा चिंता की बात थी।

सबसे पहले, मैं आप लोगों को बताना चाहती हूँ कि मैंने कभी नहीं सोचा था कि सेक्टर-37 छोड़ना पड़ेगा और मैं हमेशा अपने पिता से सेक्टर-37 या आसपास ही मकान लेने को कहती थी, लेकिन उन्होंने नहीं लिया। जब मेरे बड़े भाई अजहर बीमार पड़े, तब उन्होंने सेक्टर-82 में एक फ्लैट खरीदा था। यह उनकी आखिरी इच्छा थी कि नोएडा में एक मकान हो। वे चाहते थे कि हम लोग स्थायी रूप से नोएडा में रहने लगें, और मेरे पिता कानपुर में पहले ही प्लॉट ले चुके थे। वह उनकी पसंदीदा जगह थी। यही कारण है कि उन्होंने बच्चों की पढ़ाई पूरी हो जाने के बाद अंत में कानपुर में सेटल होने का मन बनाया था, लेकिन उन्होंने वह प्लॉट बेचकर नोएडा में फ्लैट ले लिया था।

अब आप जानना चाहेंगे कि मैं सेक्टर-37 या आसपास क्यों रहना चाहती थी। जैसा कि मैंने आपको बताया है, मैं एस.एम.ए. (स्पाइनल मस्क्युलर एट्रॉफी) से पीड़ित थी, जिसका असर शरीर की स्वैच्छिक मांसपेशियों पर पड़ता है और ये मांसपेशियाँ समय के साथ-साथ विकृत होती जाती हैं, जिससे रोगी की बीमारियों से लड़ने की ताकत कमजोर होती जाती है और इसलिए रोगी को बार-बार फ्लू हो जाता है और यह फ्लू संक्रमण में बदल जाता है और सामान्य संक्रमण खतरनाक निमोनिया में बदल जाता है।

निमोनिया हो जाने पर ऐसे रोगियों को बीमारी से लड़ पाना बहुत मुश्किल हो जाता है। ऐसा लगता है जैसे किसी को पहाड़ पर चढ़ने को मजबूर किया जा रहा हो, और डॉक्टरों के बहुत प्रयासों के बावजूद वे कई बार नहीं बच पाते।

तो मेरे पाठको, यही वजह थी कि मैं सेक्टर-37 नहीं छोड़ना चाहती थी। मेरे डॉक्टर, मेरा अस्पताल सबकुछ मेरे घर से केवल 5 मिनट की दूरी पर था। किसी भी इमरजेंसी में मुझे कुछ ही मिनट में इलाज मिल जाता था और संक्रमण निमोनिया में नहीं बदल पाता था और दूसरी बात, हम इस सेक्टर में 25 सालों से रहते आ रहे थे। हमारे कई बहुत अच्छे पड़ोसी थे, जो आधी रात को भी जरूरत पड़ने पर आ जाते थे। इस तरह के संबंध सेक्टर-122 में बन पाने में समय लगता।

तो मेरे पाठको, डॉक्टरी सुविधा बहुत बड़ा मुद्दा था, जिसके कारण मैं वह इलाका नहीं छोड़ना चाहती थी। मैं तो अपनी सीमाएँ जानती थी, इसलिए मैंने अपने को पहले से तैयार करने की कोशिश की थी।

मेरा उन सभी को यही सुझाव है कि जो इस समस्या से पीड़ित हैं या जिनके बच्चे इससे पीड़ित हैं, उन्हें मरीज की आयु बढ़ाने के लिए इस बात को भी ध्यान में रखना चाहिए।

मेरे मामले में ऐसा नहीं हो पाया, लेकिन मैंने कोशिश पूरी की थी; क्योंकि अल्लाह की नजर में, वही इनसान सबसे अच्छा है, जो कोशिश करता है और आखिरी साँस तक उम्मीद बनाए रखता है। मैंने भी यही किया था और मैं जब तक जीत नहीं जाऊँगी, मैं यही करती रहूँगी। खुदा ने मुझे जो कुछ दिया, उसके लिए मैं कभी उसका नाशुक्र नहीं हुई, लेकिन कई बार इससे जुड़े कुछ अन्य मुद्दे होते हैं, जिनके बारे में उसने कुरान में कभी नहीं कहा कि अपनी हालत सुधारने के लिए कोशिश न करो। दरअसल, वह कहता है, ''मैं उनकी मदद करूँगा, जो अपनी हालत सुधारने के लिए अपनी मदद करते हैं।''

□

मुसकराती आँखें, जो कभी दुःखी हृदय का दर्द जाहिर नहीं होने देतीं

हम 16 जून को दोपहर में शिफ्ट हो गए। मुझे मेरा चचेरा भाई असद करीब 3 बजे नए घर में अंदर ले गया। सेक्टर-37 से सेक्टर-122 तक की कार से पूरी यात्रा के दौरान मेरी आँखों से आँसू लगातार बहते रहे। जब तक हम सेक्टर-122 नहीं पहुँच गए, तब तक आँसू बहते ही रहे। मुझे लग रहा था जैसे मैंने कुछ ऐसा खो दिया है, जो जिंदगी में दोबारा नहीं मिलेगा।

दरअसल, मैं नहीं जानती कि मेरे अंदर ऐसा क्या है कि मैं चीजों और लोगों से बहुत जल्द जुड़ाव बना लेती हूँ और जब वे मुझे ठेस पहुँचाते हैं या मुझसे दूर जाते हैं तो मेरे लिए बेहद तकलीफदेह होता है। यह मेरा सेक्टर-37 के लोगों और चीजों के प्रति प्यार ही मेरी आँखों से आँसुओं के रूप में बह रहा था। कुछ लोग इतने अच्छे थे कि वे मेरे पास आने और मुझसे मिलने के लिए बिजी शेड्यूल में भी अकसर वक्त निकाल लेते थे, जैसे दया दादी, जिनके बारे में मैंने पहले संस्करण में बताया है, मुश्ताक अंकल का परिवार और अनेक अन्य लोग और हाँ, नेगी मैम समेत खासकर उस सेक्टर के पास रहनेवाले मेरे टीचर भी। उस सेक्टर में यह आशा रहती थी कि अगर कभी जरूरत पड़े तो नेगी मैम मेरे पास आ सकती हैं। वे पैदल चलकर भी मेरे पास आ सकती थीं, जो कि सेक्टर-122 में मुमकिन नहीं हो सकता था। मेरे डी.एम. सर भी सेक्टर-27 में रहते थे, जो कि उस सेक्टर से लगा हुआ ही है। मेरी उनसे मुलाकात कैसे हुई, यह आप बाद में जानेंगे, क्योंकि उस समय तक मैं उनसे नहीं मिली थी।

और एक और खास इनसान, जिसे देखे बिना मेरी सुबह होती ही नहीं थी। वह मेरा खरगोश पार्थ था। मुझे उसकी बहुत याद आती थी, क्योंकि इसके बिना हर

दिन मेरी सुबह चौपट हो जाती थी। दरअसल, वह हर सुबह स्कूल जाने से पहले मेरे पास आता था। वह मेरा कंबल हटाता और कहता, ''बुआ, देखो कौन आया है, ये रहा आपका गुड्डा, अब मैं जा रहा हूँ, क्योंकि मुझे देर हो रही है।'' इतना कहकर, वह चला जाता और मेरी आँखें सुंदर सुबह में खुल जातीं। दरअसल मेरा खरगोश मेरी सुबह को सुंदर बना देता था और यहाँ ऐसा कोई नहीं था, जो मेरी उदास सुबह को रोशन कर सके। कई बार मेरे मन में आता जैसे मैं वहाँ से भाग जाऊँ और उस जगह पहुँच जाऊँ, जो मेरे चेहरे पर दिल से सीधे निकली मुसकराहट ला दे, लेकिन हाथ-पैर चला पाने में असमर्थता के कारण मैं कहीं नहीं जा सकती थी।

मैं अपनी जिंदगी का एक तजुर्बा बताना चाहती हूँ, जिसमें मैंने अपने हाथ-पैरों की अहमियत सबसे ज्यादा महसूस की थी। उसके पहले मैं सबकुछ बिना इनकी मदद के, पूरे शरीर के मालिक, यानी अपने दिमाग के इस्तेमाल से सँभाल लेती थी, लेकिन जब मैं यहाँ शिफ्ट हो गई, तो हर चीज आसानी से मेरी पहुँच में आ गई; क्योंकि मेरा नया मकान ग्राउंड फ्लोर पर था। मैं ज्यादा मजा ले सकती थी और आप को पता ही है कि मेरी बहुत लंबे समय से, बचपन से ही बड़ी इच्छा थी कि मैं ग्राउंड फ्लोर पर रहूँ। यह इच्छा नए मकान में पूरी हुई थी। यहाँ मेरे लिए चीजें बहुत आसान थीं, मसलन मैं घर के आसपास कहीं भी जा सकती थी और पहले की तरह मुझे बहुत सावधानी से उठाकर नीचे लाने और फिर मेरी भारी व्हीलचेयर लाने की जरूरत नहीं पड़ती थी। यहाँ ऐसा कुछ नहीं था। ऐसी कोई दिक्कत यहाँ नहीं थी, लेकिन यह सच है कि आपको चीजें तब मिलती हैं, जब आप उनका पूरा आनंद लेने की अवस्था में नहीं होते। मुझे यह खुशी मिली, लेकिन मैं इसका पूरी तरह से आनंद नहीं ले पा रही थी। ऐसा लगता था जैसे आपकी कोई पसंदीदा चीज आपकी पहुँच में रखी हो, लेकिन जब आप उसे खाने को तैयार हों, तो आपको वह स्वाद न मिले, जिसके लिए आप बरसों तरसते रहे हों। उसका स्वाद अलग हो। मेरे साथ भी यही हुआ। मैंने जो बहुत समय पहले चाहा था, वह मुझे मिल तो गया था, लेकिन जब मैंने सच में इसे खोलने की कोशिश की और उसके अंदर कदम रखा तो मुझे वह चीज नहीं मिली।

यहाँ मेरे लिए कहीं आने-जाने की सुविधा थी, लेकिन दुर्भाग्य से मेरे पास कहीं जाने के विकल्प बहुत सीमित थे, जैसा कि मैं आपको बता चुकी हूँ, यहाँ तो मैं उन सारे लोगों से ही जुदा कर दी गई थी, जिनको मैं जानती थी, जो जरूरत पड़ने पर मेरे साथ खड़े हो सकते थे। मेरा आस-पड़ोस तो था, लेकिन उसमें मेरी पसंद के ऐसे लोग नहीं थे, जहाँ मैं अपनी व्हीलचेयर से जा सकूँ। यहाँ के लोग

बड़े रूखे थे। वे किसी से बात करना ही पसंद नहीं करते थे और सबसे हैरानी तथा ध्यान देने की बात यह थी कि चाहे उनके पड़ोस में रहनेवाला कोई मर भी जाए, तो भी वे तनिक भी परवाह नहीं करते थे। वे कभी मदद के लिए नहीं आते थे।

हालाँकि आमतौर पर या सामान्य लोगों को कहीं भी अभ्यस्त होने में ज्यादा दिक्कत नहीं आती है, लेकिन मेरा मामला तो खास था और मुझे खास ध्यान और खास इंतजाम की जरूरत पड़ती थी; क्योंकि मुझे तो कभी भी इमरजेंसी पड़ सकती थी और मुझे यहाँ पहले की तरह कोई सुविधा नहीं थी। मुझे उसके लिए सात किलोमीटर दूर जाना पड़ता। मैं आपको बता नहीं सकती कि उन दिनों मैंने कैसे दिन गुजारे और मुझे दिल में कितना बुरा लगता था। मुझे दिन भर रोना आता रहता था। मैं बाहर जाती थी, लेकिन मुझे कहीं चैन नहीं मिलता था। अगर मेरे हाथ-पैर होते तो मैं जहाँ दिल चाहता, वहाँ जा सकती थी। मैं बैरियर तोड़कर सेक्टर-37 पहुँच सकती थी। केवल मैं ही नहीं, बल्कि मेरी माँ, बहन और भाई सभी की यही सोच थी। वे जानते थे कि मेरे लिए यह सुविधाजनक नहीं है।

मैंने कई बार अपने पिता से यह बात कहने की कोशिश की, लेकिन जब मुझे उनसे उम्मीद के मुताबिक जवाब नहीं मिला तो मैंने उनसे कहना छोड़ दिया और मान लिया कि यह अल्लाह की ही मरजी थी। मैं सोचती थी कि अब पिताजी बूढ़े हो चुके हैं और मुझे अब एक जगह से दूसरी जगह शिफ्ट कराकर उन्हें ज्यादा परेशान नहीं करना चाहिए। अगर मैं उनके लिए कुछ कर नहीं सकती तो कम-से-कम उन्हें परेशान तो न करूँ। हो सकता है, उन्हें कुछ निजी दिक्कत हो, लेकिन मैं एक बात कभी नहीं भूली, और मुझे बनानेवाले से मैंने हमेशा उम्मीद बनाए रखी। हो सकता है किसी दिन अल्लाह मुझे ऐसी हालत में लाए कि मैं सेक्टर-37 के आसपास ही अपना खुद का मकान खरीद सकूँ। तब तक मैंने इसे अल्लाह की मरजी समझकर स्वीकार कर लिया था।

□

अल्लाह ने मुझे बुआ के लिए कुछ करने का सबसे अच्छा मौका दिया

अब मेरे पाठको, चीजें मेरी आसान पहुँच में हो चुकी थीं; लेकिन इसमें मेरी सीमाएँ भी बन गई थीं। जिस इलाके से मैं शिफ्ट हुई थी, वहाँ की तुलना में मेरे जैसी मरीजवाले परिवारों के लिए जरूरी समझे जानेवाली चीज काफी दूरी पर थी।

किसी सामान्य परिवार के लिए यह कोई बात नहीं होती, लेकिन मेरे लिए यह बहुत बड़ी बात थी। धीरे-धीरे मैंने अपनी सीमाओं का एहसास करना शुरू कर दिया। मेरी माँ मुझे मेड के पास अकेला छोड़कर कहीं नहीं जा सकती थीं, क्योंकि सभी बाजार और बाकी सबकुछ मेरे घर से बहुत दूर था। पूरी खरीदारी करके लौटने में उन्हें 4 घंटे तक लग जाते थे और किसी ऐसी जगह, जहाँ जरूरत के समय कोई नहीं आता हो, मुझे केवल मेड के सहारे 4 घंटे के लिए छोड़कर जाना कोई समझदारी नहीं होती। ऐसे में मेरी माँ भी घर में ही फँसकर रह गई थीं। जब तक मेरे पास कोई जिम्मेदार व्यक्ति न होता, तब तक वे कहीं नहीं जाती थीं, इस वजह से उन पर भी बंदिश लग गई थी। दरअसल, उस दौरान मेरी बहन जामिया यूनिवर्सिटी से माइक्रोबायोलॉजी में एम.एससी. कर रही थी। उसे सप्ताह में छह दिन ओखला में रुकना पड़ता था और वह केवल शुक्रवार को ही घर पर आती थी और मेरे भाई को पूरे दिन ऑफिस में रहना पड़ता था। उसे रात को 9 बजे के बाद ही वक्त मिलता था। मेरे पिता तो ज्यादातर वक्त अपने काम के सिलसिले में बाहर ही रहते थे, जैसा कि मैं पहले ही बता चुकी हूँ।

ऐसे में, जब इनमें से कोई सदस्य घर पर होता, तो ही वे हमारी जरूरतों को पूरा करने के लिए बाहर जाती थीं।

कई बार मुझे बहुत बुरा लगता, क्योंकि मेरे कारण मेरी माँ पर भी बंदिशें लग गई थीं। उनकी उम्र हो चुकी थी और बुढ़ापे में अपने लोगों का पास होना जरूरी होता है, चाहे वे रिश्तेदार हों या पुराने पड़ोसी, जिनके साथ आपका अच्छा जुड़ाव हो। आपसे कम-से-कम एक दिन उनके साथ गुजारने की अपेक्षा की जाती है, लेकिन मेरी माँ को इस तरह की कोई छूट हासिल नहीं थी। मुझे घंटों तक मेड के सहारे छोड़कर वे न तो सेक्टर-37 जा सकती थीं और न ही किसी अन्य जगह जाकर कुछ बदलाव महसूस कर सकती थीं।

मैं हमेशा चाहती थी कि अपने माता-पिता की बुढ़ापे में अच्छी तरह से देखभाल करूँ। आपको आयशा बुआ की याद तो होगी ही। वे मेरे लिए उस ऑक्सीजन की तरह थीं, जिनके बिना इनसान की जिंदगी मुमकिन नहीं होती। अब मैं जानती हूँ, आप मेरी इस मूर्खतापूर्ण बात के बारे में जरूर सोच रहे होंगे कि अगर वे मेरे लिए इतनी जरूरी थी, जितनी इनसान के लिए ऑक्सीजन जरूरी होती है, तो मैं उनके बिना जिंदा कैसे थी। इस बात के जरिए मैं यह कहना चाहती हूँ या कहने की कोशिश कर रही हूँ कि आपको इस आसान कहावत पर हमेशा यकीन करना होता है कि सबकुछ अल्लाह की मरजी से होता है और सबकुछ उसके काबू में है। इसलिए, जब मैंने अपनी ऑक्सीजन खो दी, तो उसने मेरे शरीर में बदलाव कर दिया था। उसने मेरी जिंदगी कुछ इस तरह से बना दी कि मुझे अब बाकी जिंदगी जिंदा रहने के लिए उस ऑक्सीजन की जरूरत नहीं रही। वह सब तरीके बदल सकता है और इनसानी वजूद के लिए नया तंत्र बना सकता है, क्योंकि वही तो इस दुनिया को बनानेवाला है।

तो, मुद्दे पर आते हैं। मैं आपको अपनी बुआ के बारे में कुछ बताना चाहती थी, जिन्होंने मेरे पालन-पोषण में अपनी पूरी जिंदगी खपा दी थी, लेकिन अल्लाह ने मुझे यह मौका नहीं दिया।

उनकी मौत के बाद मैंने एहसास किया कि अल्लाह ने मुझे उनके लिए कुछ करने का सबसे अच्छा मौका दिया है। अब मैं आपको अपनी जिंदगी के बारे में एक और अहम बात बताना चाहती हूँ, जिसके जरिए मैं इसे ज्यादा अच्छी तरह से बयान कर सकती हूँ। यह दुनिया फानी है, स्थायी नहीं है। खुदा ने हमें यहाँ हमारी काबिलीयत का इम्तिहान लेने के लिए भेजा है, जिसके बाद हमें सबसे बड़ा इनाम (स्थायी दुनिया) मिलता है। उसने हमें यहाँ दुनिया की मुश्किलों के बीच यथासंभव अधिक-से-अधिक अच्छे काम करने के लिए भेजा है। दुनिया की मुश्किलों से मेरा मतलब है कि यह दुनिया हमेशा आपको सही रास्ते से गुमराह करने की कोशिश

करती है, क्योंकि यह इच्छाओं से भरा है और इच्छाएँ आपको दोनों दिशाओं में ले जा सकती हैं—सही या गलत। कई बार हम दुनिया बनानेवाले के बताए तरीके को छोड़कर, नकली दुनियावी दिखावे के जरिए ये इच्छाएँ पूरी करना पसंद करते हैं। वह हमसे अच्छे कामों के लिए कहता है, उसकी ताकत में यकीन रखनेवाला नेक इनसान बनने को कहता है और अगर हम उसका हुक्म मानते हैं तो वह हमें इस फानी दुनिया का इम्तिहान पास करने के लिए ज्यादा मजबूत बना देता है, जिसे पास करने के बाद स्थायी दुनिया इनाम में मिलती है।

तो, अल्लाह ने मेरी बुआ के लिए कुछ करने का सबसे अच्छा मौका दिया था, जिससे मैं उनके लिए स्थायी दुनिया, यानी जन्नत में दाखिल होने के लिए दुआ कर सकती थी।

वे बहुत अजीम महिला थीं, इस दुनिया में उनके नेक काम इतने ज्यादा थे कि उन्हें सबसे अच्छा इनाम मिलना चाहिए था, लेकिन इस दुनिया के लोग दुआ के रूप में, जो प्यार और स्नेह भेजते हैं, उससे उनका सबाब बढ़ता है। इसलिए, मैंने उनके लिए दुआ की और उनके लिए इससे बेहतर और कुछ नहीं हो सकता था।

और इस तरह से मैं अपने माता-पिता को भी खुश रखने के लिए कुछ करना चाहती थी। यह सभी इनसानों का फर्ज है कि उन्हें अपने माता-पिता के लिए जो भी हो सके, वह करना चाहिए; क्योंकि अल्लाह ने उनके रूप में सबसे बेशकीमती चीज हमें दी है। इस दुनिया में आपको सबकुछ दोबारा मिल सकता है, सिवाय इस खुशी के, खासकर माँ। मेरी माँ ने अपनी सारी आजादी मेरे लिए कुरबान कर दी और सारे दिन और सारी रातें ऐसी जगह बिताईं, जहाँ उन्हें कोई ज्यादा नहीं जानता था। वे भी मुझे छोड़ सकती थीं या मुझे हमारे पैतृक स्थान ले जा सकती थीं, जहाँ हमारे ज्यादातर रिश्तेदार रहते थे, लेकिन उन्होंने ऐसा कुछ करना पसंद नहीं किया; क्योंकि वे जानती थीं कि कम-से-कम इस सेक्टर में मैं ऐसे लोगों से जुड़ सकती थी, जो मेरी मदद के लिए तैयार रहते हैं या मैं कुछ हासिल कर सकती थी, भले ही इसमें कुछ वक्त लगे, लेकिन कम-से-कम संभावनाएँ तो थीं।

यह कुरबानी किसी और ने नहीं, बल्कि मेरी माँ ने ही मेरे लिए दी थी। अब मैं जब कभी अल्लाह से प्रार्थना करती हूँ, उससे मुझे स्वावलंबी बनाने को कहती हूँ, ताकि मैं अपने माता-पिता को खुश रखने के लिए कुछ कर सकूँ।

□

डी.एम. सर से मिला मुझे मेरा लकी इनाम

ईद के बाद का वक्त था, जब मुझे हिंदुस्तान अखबार से फोन आया कि मुझे नोएडा के जिला कलेक्टर नागेंद्र प्रताप सिंहजी के हाथों नोएडा (गौतम बुद्धनगर) जिले में बहादुरी के लिए सम्मानित होनेवाली 11 महिलाओं में चुना गया है।

मैंने आपको बताया था कि मैं बहुत परेशान थी, क्योंकि मेरे सारे मित्र, शिक्षक और बाकी सब लोग सेक्टर-37 में छूट गए थे। इस खबर ने मेरे उदास चेहरे पर हल्की सी मुसकान ला दी। कुछ देर के लिए मैं सबकुछ भूल गई। मैं केवल मिलनेवाले इनाम के बारे में सोचने लगी थी।

वह दिन आ पहुँचा था। मुझे अब भी वह तारीख याद है। 25 जुलाई, 2015 की तारीख थी। मैं पूरी जिंदगी में यह तारीख कभी नहीं भूल सकती हूँ, क्योंकि इस दिन मैं ऐसे इनसान से मिली थी, जिसने मेरी जिंदगी को नई दिशा दी थी।

मैं अपनी मम्मी, बहन और बिलकीस आंटी के साथ सेक्टर-6 गई, जहाँ इनाम दिया जाना था। जब मैं वहाँ पहुँची तो एंकर सारे पुरस्कृत किए जानेवाले लोगों को एक-एक करके बुला रहा था। मेरी बहन को लगा कि मेरी उपलब्धि उन सम्मानित होनेवाली बाकी महिलाओं के सामने कुछ नहीं थी। वह सोच रही थी कि उन्होंने मुझे क्यों बुलाया है, केवल तकलीफ देने के लिए; क्योंकि बाकी लोगों की तुलना में मेरी जिस्मानी हालत सिफर थी। वे सब जिस्मानी तौर पर चुस्त-दुरुस्त थे।

उनकी तुलना में मेरी बहुत सारी सीमाएँ थीं। मुझे बार-बार अपनी गरदन की अवस्था बदलने की जरूरत पड़ती थी। जिस सहारे पर मेरी गरदन टिकी रहती थी, वह ज्यादा देर तक टिकाए रहने पर गरदन पर दबाव डालने लगता था और दूसरी

बात, मेरी पीठ टेढ़ी थी, जो देर तक बैठे रहने पर दर्द करने लगती थी।

इसी कारण से मेरी बहन ऐसा सोचने लगी थी। वह नहीं चाहती थी कि मैं अनावश्यक दर्द झेलूँ।

आपको यकीन नहीं होगा कि जब एंकर ने मेरा नाम पुकारा तो हर कोई मेरे सम्मान में खड़ा हो गया और देर तक इतने जोर से तालियाँ बजती रहीं, जो मुझे साफ सुनाई दे रही थीं। दरअसल, बाद में मेरे एक कान से सुनने की ताकत खत्म हो गई थी।

मेरी बहन के साथ-साथ दर्शकों और पुरस्कार लेने आए अन्य लोगों के लिए यह यकीन से परे था। एंकर ने सभी पुरस्कृत लोगों को वही सम्मान देने का अनुरोध किया। उस समय मेरी आँखों में आँसू थे। अल्लाह ने फिर से मुझे ऐसे और लोगों पर जीत दिला दी थी, जो जिस्मानी तौर पर मुझसे ज्यादा ताकतवर थे। मेरी बहन दूसरों की मदद से मुझे मंच पर ले गई। अब मैं ऐसे इनसान के हाथों पुरस्कार पानेवाली थी, जिसके अंदर मेरे दिल को पढ़ने की काबिलीयत थी। वे थे मेरे डी.एम. सर, श्री नागेंद्र प्रताप सिंहजी। मैं उनके बारे में बहुत ज्यादा नहीं बोलना चाहती, क्योंकि इससे मुझे आपको मेरे जीवन में उनकी अहमियत समझने में ज्यादा समय लगेगा, इसलिए मैं केवल इतना बता रही हूँ कि वे मेरे लिए फरिश्ता थे, जिन्हें अल्लाह ने यह कहकर भेजा था, ‘‘जाओ, जीनत को तुम्हारी जरूरत है।’’ अल्लाह जिसके जरिए कुछ करता है, उससे ज्यादा ताकत किसी के पास नहीं होती।

अल्लाह ने मेरी जिंदगी में अलग-अलग इनसानों के रूप में कई फरिश्ते भेजे थे, जिनकी मुझे अलग-अलग कामों के लिए जरूरत पड़ती थी और सबसे हैरानी की बात यह थी कि मैं देखा करती थी कि अपने काम करने के बाद उनके अंदर की यह खूबी खत्म हो जाती थी। फरिश्ते कुछ समय के लिए इनसानों के अंदर भेजे जाते हैं। एक बार उनका काम हो जाए, तो वे वापस चले जाते हैं।

मेरे हाथ पुरस्कार थामने लायक तो नहीं थे, लेकिन जब डी.एम. सर ने उन्हीं हाथों में पुरस्कार दिया, तो मेरे दिल में अजीब सी फीलिंग थी, मैं उनसे दूर नहीं जाना चाहती थी। मुझे अपने दिल की आवाज सुनाई दी, जिसमें उनसे एक भी शब्द बात न कर पाने का मलाल था। शायद यह अल्लाह का ही काम था, जिससे मेरे अंदर उनसे मिलने की इच्छा पैदा हुई, क्योंकि अल्लाह ने पहले से ही उन्हें मेरी मदद के लिए उनके अंदर फरिश्ता भेजने की योजना बना रखी थी। पुरस्कार वितरण के बाद डी.एम. सर ने अपना भाषण दिया। अपने भाषण में उन्होंने महिला सशक्तीकरण की बात की और कहा, ‘‘मैं फूल तोड़ने के खिलाफ हूँ, लेकिन जब

मैंने जीनत को फूल दिए, तो मुझे लगा कि ये फूल अब सही हाथों में जा रहे हैं।''

समारोह के बाद मैंने एंकर से कहा कि वह डी.एम. सर को मेरा संदेश दें कि मैं उनसे मिलना चाहती हूँ, लेकिन वह भूल गई और मैंने देखा कि डी.एम. सर जानेवाले हैं। मुझे दिल में बहुत मलाल हुआ कि मैं उनसे मिल नहीं सकी, लेकिन जब मैंने उन्हें अपनी ओर मुड़ते देखा, तो मैं बहुत खुश हुई। वे खुद मुझसे मिलने आ रहे थे।

जब सर मेरे पास आए तो बोले, ''तुम्हारी किताब बहुत सुंदर लिखी गई है। मैं निश्चित ही पूरी किताब पढ़ूँगा और तब तुम्हें बताऊँगा।'' उसके बाद मैंने उनके साथ फोटो खिंचवाई। वे जल्दी में थे, इसलिए तुरंत बाद वे वहाँ से चले गए।

सारे दर्शकों, एंकर और पुरस्कृत लोगों ने जाते समय मुझे ऐसे घेर लिया जैसे मैं कोई सेलिब्रिटी हूँ और सब मेरे साथ फोटो खिंचवाने लगे।

□

नोएडा के डी.एम. के साथ चार घंटे बैठना (मेरे लिए गर्व के पल)

डी. एम. सर से पुरस्कार मिलने के बाद मैं बहुत खुश थी, लेकिन अंदर से मेरी आँखें आँसुओं से भरी हुई थीं, जिन्हें मैं रोकने की कोशिश कर रही थी कि कहीं ये फटकर बाहर न निकल पड़ें।

जैसा कि मेरे पाठको, मैंने आपको शुरू में ही बताया था कि इस दुनिया में आपके आँसुओं की कोई कीमत नहीं है, क्योंकि कोई भी आपकी उदासी का कारण जानने की कोशिश नहीं करता, लेकिन अगर आपके चेहरे पर मुसकान है, तो उनके अंदर उसका कारण जानने की इच्छा जरूर होती है। मेरा आपको भी सुझाव है कि अपना दर्द छोटे दिलवालों को कभी न दिखाएँ। उन्हें अपना मुसकराता चेहरा दिखाएँ।

कहने का मतलब यह नहीं कि मैं हर तरह के लोगों को इस किस्म में शामिल करना चाहती हूँ। ऐसे लोग भी होते हैं, जो अपने दिल में लाखों लोगों के दिलों को समा सकते हैं।

एक तरफ, मैं पुरस्कार मिलने की खुशी में थी और दूसरी तरफ, मुझे अपनी किताब (द रियल फाइटर) की मार्केटिंग न कर पाने का मलाल था, क्योंकि हर कोई व्यस्त था, मेरी प्रिंसिपल वंदना शर्मा भी।

मेरी किताब मेरा ख्वाब थी (इस दुनिया को मेरा पैगाम थी, जिसे मैं फैलाना चाहती थी), लेकिन बिस्तर पर लेटे रहने के कारण यह मुमकिन नहीं था।

मुझे मदद की जरूरत थी, जो मुझे नहीं मिल पा रही थी और साथ में, मैं जिस इलाके में शिफ्ट हुई थी, वहाँ भी मुझे अच्छा नहीं लग रहा था। वह जगह बहुत अलग-थलग थी। मुझे वहाँ बहुत अकेलापन लगता था।

मेरे पास दो रास्ते थे—या तो अपने दु:ख पर रोती रहूँ या अल्लाह पर यकीन बनाए रखूँ। मैंने दूसरा रास्ता चुना।

मैं हर हाल में सकारात्मकता ही चुनती थी और नकारात्मकता को कभी पसंद नहीं करती थी। विश्वास और सब्र के साथ मैं आगे बढ़ चली।

एक सप्ताह बाद मैं अपने स्कूल गई। मैं वंदना मैम और बाकी लोगों को अपना पुरस्कार दिखाना चाहती थी। जब मैं उनके ऑफिस पहुँची तो वे मुझे देखकर बहुत खुश हुईं। मैंने उन्हें पूरे समारोह के बारे में बताया, लेकिन जब मैंने उनसे कहा कि डी.एम. सर ने मुझसे कहा है कि वे मेरी किताब पढ़ने के बाद मुझसे दोबारा मिलेंगे, तो वे बोलीं, ''बेटा, यह आसान नहीं है। वे जिला कलेक्टर हैं, इसलिए उन्होंने ऐसा कह दिया होगा; लेकिन यह बहुत-बहुत मुश्किल है।'' इस पर मैं उनसे बोली, 'मैम, मैं उन्हें नहीं जानती, लेकिन मैं तो उनसे जरूर मिलूँगी।'

जब मैं वापस घर आई, तो मैंने हिंदुस्तान अखबार को मैसेज किया कि वे मुझे डी.एम. सर के ऑफिस का फोन नंबर मुहैया कराएँ। जैसे ही मुझे उनका नंबर मिला, मैंने तुरंत उस पर कॉल कर दिया। उस तरफ से एक व्यक्ति ने फोन उठाया। मैंने उसे डी.एम. सर से अपनी मुलाकात के बारे में बताया और उससे कहा कि मैं उनसे दोबारा मिलना चाहती हूँ। मैंने उसे इस बारे में कई बार फोन किया, लेकिन कभी भी तसल्लीबख्श जवाब नहीं मिला। हर बार वह मुझे कोई-न-कोई बहाना बना देता। जब मैं उससे तंग आ गई तो मैं उस पर चिल्ला पड़ी। मैंने उससे कहा, 'ऐसी लड़की से तुम क्या चाहते हो, जो खुद अपने हाथ से फोन तक नहीं पकड़ सकती, वह तुम्हें फालतू में कितनी बार फोन करे? प्लीज उनसे बोलो कि मैं उनसे मिलना चाहती हूँ।'

अगले दिन उसने मुझे फोन किया और बताया कि डी.एम. सर मुझसे बात करना चाहते हैं। जब डी.एम. सर लाइन पर आए तो मैंने उनसे कहा, 'सर, मैं आपसे मिलना चाहती हूँ।' वे बोले, 'ठीक है, तुम कल साढ़े ग्यारह बजे मेरे ऑफिस आ जाओ।' इस पर मैंने पूछा, 'सर, आपको मेरी किताब कैसी लगी?' वे बोले, ''बढ़िया, लेकिन तुम पहले आओ तो, फिर मैं डिटेल में तुम्हें बताता हूँ।''

मैं बहुत खुश हुई। मैंने वंदना मैम का नंबर लगाया और उन्हें बताया कि डी.एम. सर के साथ मेरी मुलाकात तय हो गई है। मैंने उनसे पूछा कि मुझे उनसे क्या बात करनी चाहिए। वे हैरान थीं कि जो मैंने कहा था, वह कर दिखाया था।

उन्हें यकीन नहीं हो रहा था कि डी.एम. सर मेरे साथ लाइन पर थे। वे खुद भी बेहद खुश थीं कि मेरी उनसे बात इतनी आसानी से हो गई।

उन्होंने कहा, ''बेटा, उनसे अपनी किताब की मार्केटिंग के बारे में कहना।''

वह दिन आ गया और मैं अपने पिता और बहन के साथ डी.एम. सर के ऑफिस जाने को तैयार हो गई।

आपको यकीन नहीं होगा, मेरा उनके आवास पर कितनी गरमजोशी से इस्तकबाल किया गया। मुझे ऐसा लग रहा था जैसे किसी रानी की तरह मेरा स्वागत हो रहा हो। हर कोई मेरे पहुँचने से पहले ही मेरा इंतजार कर रहा था। उन्होंने मुझसे पहले आए लोगों से बाहर इंतजार करने को कहा और बताया कि डी.एम. सर सबसे पहले जीनत से मिलना चाहते हैं।

जब मैं उनके ऑफिस में घुसी तो उन्होंने मेरी बहन से कहा, ''उसे वहाँ मत रोको। उसकी चेयर मेरी बगल में लाओ।'' उन्होंने बताया, ''मैंने तुम्हारी किताब पढ़ी है। तुमने बहुत अच्छी तरह से सबकुछ बताया है। मैं इस बात के लिए तुम्हारी खास तारीफ करना चाहता हूँ कि तुमने अपने इस तरह से पैदा होने के लिए अल्लाह से कोई शिकवा नहीं किया। तुम बहुत बहादुर लड़की हो।''

इसके बाद वे अपने सेक्रेटरी से बोले, ''आज जीनत मेरे लिए वी.वी.आई. पी. है। बाहर बैठे लोगों को एक-एक करके भेजो। मैं उन लोगों से भी साथ में मुलाकात करता रहूँगा।''

उस पल मुझे इतना गर्व हुआ कि मैं डी.एम. सर की बगल में बैठी हूँ। जिले के मालिक से वी.आई.पी. ट्रीटमेंट पाकर मैं बहुत खुश महसूस कर रही थी। यह एक सपने की तरह था। वे सच्चे इनसान थे। मैंने उनके अंदर इनसानियत पाई। यही खूबी तो खुदा अपने बंदों में चाहता है, ताकि उन्हें दोनों जहान (यह अस्थायी दुनिया और इसके बाद की स्थायी दुनिया) का राजा बना सके। डी.एम. सर में यह खूबी थी। इसी कारण से खुदा ने उन्हें राजा (डी.एम.) बनाया था। अल्लाह इस दुनिया में सबसे अच्छी चीज उन लोगों को देता है, जो उसका सबसे अच्छी तरह से इस्तेमाल कर सकें। वह उन लोगों को सत्ता और खुशी कभी नहीं देता, जिनका रवैया अपनी तुलना में दूसरों को कम अहमियत देने का होता है। दरअसल, वे नहीं जानते कि इस दुनिया में घमंड जैसा कोई लफ्ज है ही नहीं। जो लोग कहते हैं कि उनके अंदर घमंड है, वे दरअसल एहसासे-कमतरी के शिकार हैं। ऐसा कोई लफ्ज दुनिया में बन ही कैसे सकता है, जिसका इस दुनिया

को बनानेवाला ही कभी अपने बंदों पर घमंड नहीं दिखाता हो। उसके पास तो अपने बंदों पर घमंड दिखाने का सबसे बड़ा हक है, क्योंकि वे सिफर हैं और वही उन्हें 100 बनाता है। अगर अल्लाह किसी से सबसे ज्यादा नफरत करता है तो वह घमंड ही है और किसी लफ्ज से सबसे ज्यादा मोहब्बत करता है तो वह इनसानियत है और वह यही अपने बंदों से चाहता है।

तो, अब मूल मुद्दे पर आते हैं। मेरे पाठको, इसके बाद लोगों ने एक-एक करके अपनी समस्याओं के साथ अंदर आना शुरू किया। वे डी.एम. की बगल में मुझे बैठा देखकर हैरान होते थे। सर उनसे मेरा अपने दोस्त के रूप में परिचय कराते थे और साथ ही यह भी बताते थे कि उनकी दोस्त ने अपनी जीवनी (द रियल फाइटर) लिखी है। यह एक मोटीवेशनल बुक है, हर किसी को यह जरूर पढ़नी चाहिए।

उन्होंने मुझसे पूछा, "तुम मुझसे क्या चाहती हो, जीनत?" मैंने उनसे सीधे कह दिया, 'सर, मैं जिंदगी में खुदमुख्तार होना चाहती हूँ। अपना सारा खर्चा खुद उठाना चाहती हूँ, क्योंकि जिंदगी में कभी-न-कभी आप बिल्कुल तनहा हो जाते हैं। कोई आपके लिए खड़ा नहीं होता, माता-पिता तक नहीं। मुझे अपने इलाज के लिए हर साल कम-से-कम डेढ़ लाख रुपए की जरूरत होती है, क्योंकि तबीयत ज्यादा बिगड़ने पर मुझे अस्पताल में भरती होना पड़ता है। तो, अगर मुमकिन हो, तो मेरी किताब को प्रमोट करने में मदद कीजिए।' इस पर मेरे पिता बोल पड़े, "पता नहीं यह क्यों इतना टेंशन लेती है? हम लोग तो हमेशा इसके साथ हैं।" डी.एम. सर ने जवाब दिया, "मुझे नहीं लगता कि इसने कुछ गलत कहा है। जिंदगी केवल जज्बात से नहीं चलती।"

जब उन्होंने यह कहा तो मैं अपनी आँखों में जमे आँसू पिघलने से रोकने के लिए पूरी कोशिश करने लगी। उन्होंने मेरे दिल की बात कह दी थी।

बीच-बीच में वे दूसरों के साथ व्यस्त हो जाते और जब वे मुझे देखते, तो वे कहते, "यह मत सोचना कि मैं तुम्हारी बात सुन नहीं रहा हूँ। तुम बोलती रहो। मैं तुम्हारी बात सुन रहा हूँ और अगर तुम्हारे पिता और बहन को देर हो रही है तो उन्हें जाने दो। मैं तुम्हें छोड़ूँगा नहीं। तुमने अभी तक कुछ खाया भी नहीं।" इसके बाद उन्होंने मेरी बहन से पूछा कि वे क्या मँगाएँ। यह कौन सी चीज आसानी से खा सकती है? इसके बाद उन्होंने मेरी सुविधा के लिए फलों का रस मँगवाया। हम सबने रस पिया। मेरे पिता घड़ी देख रहे थे। उन्हें ऑफिस

के लिए देर हो रही थी। इस पर मैंने डी.एम. सर से जाने की इजाजत माँगी। मैंने उनके साथ फोटो खिंचवाई और इस दौरान उन्होंने खुद मेरी व्हीलचेयर खिसकाकर लगाई। मैंने उनसे कहा, 'सर, यह काम मेरी बहन को करने दीजिए, प्लीज।' इस पर उन्होंने जवाब दिया, ''क्या मैं इनसान नहीं हूँ, क्या मैं यह नहीं कर सकता?'' यह मेरे लिए गर्व का बहुत बड़ा पल था।

□

डी.एम. सर की किताब 'तेजस्विनी' के विमोचन पर मुझे मुख्य अतिथि बनाया गया

मैं बहुत खुश थी। मुझसे डी.एम. सर ने कहा था कि जरूरत पड़ने पर मैं उन्हें कभी भी फोन कर सकती हूँ। मैं उनसे फोन पर और वॉट्सएप पर बात करती थी। उन्होंने मुलाकात के दौरान मुझसे कहा था, ''मैं तुम्हारी पढ़ाई का खर्चा उठाऊँगा। तुम बस एक अच्छा कॉलेज और अपने लिए कोर्स की तलाश करो।''

उनके इन शब्दों ने पढ़ाई के लिए मेरी उम्मीद बढ़ा दी थी। अब मैं फैशन डिजाइनिंग कोर्स करने का सपना देखने लगी थी। मैंने अपनी कजिन रुखसाना बाजी से भी इस बारे में चर्चा की, जिन्हें मैं बहुत अच्छा गाइड मानती थी। उनके अंदर यह काबिलीयत थी कि वे लोगों को सही दिशा दिखा सकती थीं, ताकि वे अच्छे-से-अच्छा काम कर सकें। इसके पहले, उन्होंने मुझे इंग्लिश ऑनर्स करने की सलाह दी थी। उन्होंने दिल्ली विश्वविद्यालय से डिस्टेंस लर्निंग के जरिए उस कोर्स में दाखिला दिलाने की कोशिश भी की थी, लेकिन उस समय अस्पताल में भरती होने के कारण मेरा गृहविज्ञान का प्रैक्टिकल नहीं हो पाया था, इसलिए वे यह नहीं करा पाई थीं। उन्होंने मुझसे कहा था, ''तुम्हारे अंदर लेखन कौशल है। तुम इससे अपनी वॉकेबुलरी बढ़ा सकती हो और किताब लिखने को अपना कॅरियर बना सकती हो।'' मैंने कहा था, 'ओके बाजी, मैं यह करूँगी।' हालाँकि दिल में मेरे फैशन डिजाइनिंग करने की बात थी। मैं कंप्यूटर पर ड्रेस स्केच करने की कोशिश करती थी, जो कि मैं आपको बता ही चुकी हूँ। बाद की जिंदगी में मेरी उँगलियों की हरकत कम हो गई, जिसके कारण मैं कागज पर ड्रॉ नहीं कर पाती थी।

इस पर उन्होंने कहा था, ''जब तक तुम अपना प्रैक्टिकल पास नहीं कर लेती, तब तक तुम इस साल कोई कोर्स नहीं कर सकती। पहले डी.एम. सर से बात करके ऐसा इंतजाम करने को कहो कि वे तुम्हें यह पेपर दोबारा दिला सकें। उसके बाद तुम कोई कोर्स कर पाओगी।''

मैंने उन्हें मैसेज करके कहा कि मैं अपनी प्रैक्टिकल परीक्षा के बारे में उनसे मिलना चाहती हूँ। उनका जवाब आया, ''बेटा, अपनी बात बताने के लिए किसी को भेज दो, क्योंकि मैं मीटिंग में बिजी हूँ।'' मैं समझ गई कि वे मुझे ऑफिस के बाहर अनावश्यक इंतजार नहीं कराना चाहते। इसलिए, मेरा भाई उनसे मिलने गया। मीटिंग के बाद उन्होंने मेरे भाई को बुलाया और मिठाई खाने को दी। उन्होंने मेरे भाई के साथ अपने दोस्त के भाई की तरह ही बरताव किया।

उन्होंने मेरे भाई से एक नोट लिखने और बाहर बैठे एक व्यक्ति को देने को कहा, साथ ही सिटी मजिस्ट्रेट को बुलाकर मेरे बारे में उससे बात की। इस पर उसने कहा कि उसके पास यही मामला है, जिस पर वह काम कर रही है। उन्होंने कहा, ''जीनत के काम को सबसे पहले कीजिए। वह मेरी बहुत करीबी है।''

और पाठको, आप यकीन नहीं करेंगे कि सबकुछ एक माह में हो गया। मेरा पेपर भी हो गया और रिजल्ट भी आ गया।

मेरा रिजल्ट आ गया तो मैंने अपनी बहन से एमिटी जाने और डिजाइनिंग कोर्स के बारे में पता करने को कहा, साथ ही यह भी जानने को कहा कि वे मुझे क्या-क्या सुविधाएँ दे सकेंगे?

सारी जानकारी लेने के बाद उसने मुझे केवल एक विकल्प बताया, जो कि डिस्टेंस एजूकेशन से इंग्लिश ऑनर्स करने का था। उसके लिए लेक्चर्स की सीडी मुहैया करा सकते थे। विकलांगों के लिए उनके पास कोई सुविधा नहीं थी। इस पर मैंने उससे ज्यादा खोजबीन करने को नहीं कहा, क्योंकि वह अपनी पढ़ाई में लगी थी और मैं उससे इससे ज्यादा उम्मीद नहीं कर सकती थी। मुझे अंदर से बहुत बेबसी का एहसास हो रहा था। मैं सोचती थी कि मैं अपने शरीर के अंग ही हिला सकती, ताकि उसके लिए तो किसी की जरूरत न पड़ती। बाकी मैं खुद सब कर सकती थी।

मेरे दिल में अंदर से दर्द बढ़ता जा रहा था, लेकिन मैंने उसे अपने पर इतना हावी कभी नहीं होने दिया कि वह मेरे चेहरे की मुसकान हटा सके। मैंने सब्र रखने का निश्चय किया। अगर और कोई मेरी मुसकान के पीछे का दर्द नहीं देख सकता

तो अल्लाह तो एक दिन जरूर देखेगा।

अब मेरी बहन अपनी पढ़ाई में व्यस्त हो गई और मैं उस साल इंग्लिश ऑनर्स में दाखिला नहीं ले पाई। मैं बहुत मायूस थी और कई बार सुबकती रहती थी, लेकिन बाद में मैंने इसे अल्लाह की मरजी मानकर स्वीकार कर लिया।

कुछ दिनों बाद, मेरे पास डी.एम. सर का फोन आया। उन्होंने पूछा, ''जीनत, क्या तुम कल सुबह साढ़े नौ बजे आ सकती हो?'' उन्होंने उसका कारण भी बताया, लेकिन मैं सुनने की दिक्कत के कारण ठीक से समझ नहीं पाई।

मैं अपने भाई और बहन के साथ दस मिनट की देरी से पहुँची। उन्होंने मुझसे कहा, ''आज तुम दस मिनट लेट हो, जीनत।'' दरअसल, सर को मेरी वक्त की पाबंदी पसंद थी। जब मैं उनके ऑफिस में उनसे दूसरी बार मिली थी, तो उन्होंने इसकी बहुत तारीफ की थी। उन्होंने सबको बताया कि उन्होंने मुझे साढ़े 11 बजे बुलाया था और मैं ठीक साढ़े 11 बजे वहाँ पहुँच गई थी।

तो, अब मूल मुद्दे पर आते हैं। मैंने देखा कि उनकी टेबल पर किताबों का एक बंडल रखा था। उसमें डी.एम. सर की लिखी किताब 'तेजस्विनी' थी। वे उसका विमोचन मुझसे कराना चाहते थे। उन्होंने विमोचन के लिए मुझे मुख्य अतिथि बनाने के लिए बुलाया था। यह फिर से मेरे लिए गर्व की बात थी। मैं डी.एम. सर की बगल में बैठी थी और उनकी दूसरी तरफ एस.एस.पी. डॉ. जितेंदर सिंह थे। मेरे लिए यह बहुत बड़ा अवसर था। जिंदगी में पहली बार मुझे मुख्य अतिथि बनाया गया था और वह भी जिला कलेक्टर की किताब के विमोचन के मौके पर। उन्होंने यह किताब महिला सशक्तीकरण और उनकी सुरक्षा के बारे में लिखी थी। यह बहुत अच्छी किताब थी।

पुस्तक विमोचन के बाद पत्रकारों ने उन्हें घेर लिया और उनसे सवाल करने लगे। अपने पूरे इंटरव्यू में उन्होंने केवल मेरी किताब 'द रियल फाइटर' के बारे में बात की। इस मौके पर वैसे तो उन्हें अपनी किताब के बारे में बोलना चाहिए था, लेकिन उन्होंने मेरी किताब को तरजीह दी।

उन्होंने अपने इंटरव्यू में कहा, ''यह किताब जरूर पढ़नी चाहिए, जो सभी पीढ़ियों को हर मुमकिन तरीके से प्रेरित करती है।'' मैंने उनमें एक खूबी गौर की कि वे हर सवाल का अपने तरीके से बहुत अच्छे ढंग से जवाब देते थे। वे तर्कसंगत बात करते थे। अपनी सारी बात में उन्होंने जो कुछ कहा, वह हर इनसान को और समाज के लिए फायदेमंद था। दूसरों से बात करते समय मैंने उनमें यह खूबी देखी

थी। उनकी इसी खूबी ने उन्हें आई.ए.एस. की परीक्षा पास कराने में मदद की होगी, जो कि सबसे बड़ी और कठिन परीक्षा होती है।

इतने बुद्धिमान व्यक्ति डी.एम. सर की बगल में बैठना मेरे लिए गर्व की बात थी। मेरा गर्व तब दुगुना हो गया, जब पूरे समय उनकी बगल में बैठे हुए मुझे कुछ जरूरत पड़ने पर उन्होंने मेरी मदद भी की।

□

मेरी कोशिश ने मुझे खुश रखा

जब डी.एम. सर ने मुझे अपनी किताब के विमोचन के लिए बुलाया तो मुझसे जुड़े सारे लोगों ने अखबारों में इसकी खबर पढ़ी। सभी ने मुझे अपने-अपने तरीके से बधाई दी और मेरी प्रतिभा की तारीफ की, जिससे डी.एम. सर प्रभावित हुए। सब तो नहीं, लेकिन उनमें से कई यह मानते थे कि मैं जिंदगी में बहुत आगे नहीं जा पाऊँगी, लेकिन जब उन्होंने मेरी ओर उनका झुकाव देखा, तो वे यह मानने पर मजबूर हो गए कि मुझ में कुछ तो है, जिस वजह से वे मेरे करीब आए और आखिरकार मेरे दोस्त बन गए।

यह खुशी मुझे चौबीसों घंटे खुश रखने के लिए काफी नहीं थी, मैं अपनी किताब की बिक्री बढ़ने के रूप में नतीजा चाहती थी? लेकिन दिक्कत यह थी कि मेरी किताब बाजार में थी ही नहीं, तो उसकी बिक्री बढ़ती कैसे। किताब को बाजार में लाने का वक्त किसी के पास नहीं था। मेरे स्कूल ने कम-से-कम इतनी मदद तो की थी कि मेरे लिखे को पुस्तक के रूप में छपवा दिया। मैं अब उन पर ज्यादा दबाव नहीं डाल सकती थी। यह उनका खुद का दायित्व था कि वे मेरे, यानी अपनी होशियार छात्रा के लिए प्राथमिकता के आधार पर भरसक कोशिश करें। वे अच्छी तरह से जानते थे कि मैं जिंदगी में हर हाल में खुदमुख्तार होना चाहती थी। ऐसे में उन्हें मेरे इरादों की इज्जत करनी चाहिए थी और मुझे जिंदगी में आगे बढ़ने में मदद करनी चाहिए थी। मेरा मतलब उनकी आलोचना करना नहीं है। उन्हें जो अच्छा लगा, वह तो उन्होंने किया ही था। हर किसी के सोचने का अपना तरीका होता है, अपनी व्यस्तताएँ होती हैं और मैं इसे नकारात्मक नहीं मानती। मेरी ये भावनाएँ सीधे मेरे दिल से निकली हैं, जिस पर मेरा कोई काबू नहीं है। मैं हमेशा उनसे मिले सहयोग की तारीफ करती हूँ, लेकिन मैं यहाँ अपनी भावनाएँ लिखित रूप में व्यक्त करने से खुद को नहीं रोक पाती हूँ। हम अपनी भावनाओं

को होंठों से जाहिर होने से रोक सकते हैं, लेकिन जब हम लिखना शुरू करते हैं तो आपका दिमाग अपने आप आपकी उँगलियों को सहारा देने लगता है। हमारा दिमाग हमारे सारे स्वैच्छिक कार्यों—हाथ-पैरों को आदेश देता है, जबकि अपनी भावनाओं को होंठों पर आने से आप रोक सकते हैं। आपका दिमाग आपके होंठों को मजबूर नहीं कर सकता है।

तो, मैं अपनी समस्याओं से घिरी थी। मैं अपने चौबीसों घंटों का इस्तेमाल इस तरह से करना चाहती थी कि मुझे उससे कुछ फायदा हो। चूँकि उस साल मैं किसी भी संस्थान में दाखिला नहीं ले पाई थी, इसलिए मुझे अपने खाली समय का इस्तेमाल किसी-न-किसी तरह से करना ही था, लेकिन मैं इसका इस्तेमाल सही दिशा में करना चाहती थी, किसी ऐसे इनसान की तलाश करना चाहती थी, जो मेरी किताब को बाजार में ला सके और घर बैठे यह मुमकिन था नहीं। मेरा स्कूल ही यह कर सकता था। वे मेरी किताबें स्कूल में रखे थे और दूसरी सबसे अहम बात, मैं जिस सेक्टर में शिफ्ट हुई थी, वहाँ मुझे अच्छा नहीं लगता था। इसलिए मैंने सोचा कि सप्ताह में दो बार स्कूल जाने से मेरा मन थोड़ा बदलेगा।

मैं जहाँ भी और जैसी भी थी, स्कूल जाना पूरी तरह से नहीं छोड़ती थी। मैं हमेशा अपने को किसी-न-किसी तरह से जोड़कर रखती थी।

इस तरह से मैंने आखिरकार, प्रिंसिपल वंदना मैम से इस बारे में बात करने का फैसला किया। सितंबर 2015 में मैं एक दिन स्कूल गई। मैंने बेहतर तरीके से उनसे इस मसले पर बात की और कहा, 'मैम, मेरी जिंदगी घर पर बैठे-बैठे खाली हो गई है। अगर मुमकिन हो तो मुझे स्कूल में कुछ ऐसा प्रशासनिक काम करने दीजिए, जो मेरी जिस्मानी काबिलीयत के मुताबिक हो। इस तरह से मैं सप्ताह में कम-से-कम दो बार स्कूल आ सकूँगी और मेरा लोगों से मिलना-जुलना कम नहीं होगा।' इस पर उन्होंने कहा, ''बेटा, मुझे इस बारे में सोचने का वक्त दो और अब तो तुम ग्राउंड फ्लोर पर हो, इसलिए जाओ और एंजॉय करो।'' मैंने इस पर कहा, 'जब तक आपके आसपास मनपसंद माहौल न हो, तब तक आप कहीं नहीं जा सकते।'

इसके बाद मैं अपनी बहन के साथ घर लौट आई। अब उसे अपनी पढ़ाई के लिए जामिया जाना था। वह सात में से छह दिन वहीं रहती थी और मेरा भाई ऑफिस जाता था, पिता सप्ताह में तीन दिन ही घर पर रुकते थे—रविवार, सोमवार और मंगलवार। उन्हें कानपुर जाना होता था, जहाँ वे किसी लेदर कंपनी में काम करते थे।

अब आप समझ सकते हैं कि केवल मेरी माँ और मैं ही घर पर रह जाते थे,

जहाँ दूसरों से हमारी ज्यादा बातचीत नहीं थी। अगर हमें दोपहर में भी किसी की मदद की जरूरत पड़ती तो भी कोई अपने घर से नहीं निकलता था। वे दिन इसी तरह से निकले और हम एक भी पल का मजा नहीं ले पाए।

जब कई दिनों तक मुझे वंदना मैम से कोई जवाब नहीं मिला, तो मैंने उन्हें मैसेज किया, 'मैम, मैं कंट्रोल रूम में बैठ सकती हूँ और सारी कक्षाओं में लगे कैमरों पर नजर रख सकती हूँ।' उनका जवाब आया, ''जीनत, तुम इस दिन आ जाओ।'' मैं बहुत खुश थी। अब मुझे ज्यादा लोगों से बात करने का मौका मिलेगा, लेकिन दूसरी तरफ मुझे माँ की चिंता हो रही थी। वे घर पर अकेली रह जातीं।

लेकिन पाठको, माँ का रिश्ता ही ऐसा होता है, जो अपने बच्चों की खुशी के लिए अपनी जिंदगी भी दाँव पर लगा देती हैं। मेरी माँ ने मुझसे कहा, ''मेरे बारे में मत सोचो। मैं रह लूँगी। अगर तुम्हें खुशी है तो तुम स्कूल जाने लगो।''

एक शुक्रवार को मेरी बहन घर आई। उस दिन उसके कॉलेज की छुट्टी होती थी। मैं उसे लेकर स्कूल गई और प्रिंसिपल मैम से मिली। वे बहुत खुश थीं। उन्होंने मुझे उन लोगों से मिलवाया, जिन्होंने मुझे वहाँ काम करने के बारे में समझाया। उन्होंने एक बात और कही। उन्होंने कहा, ''तुम यहाँ वॉलेंटियर के तौर पर काम करने जा रही हो। ड्यूटी करने की कोई मजबूरी नहीं रहेगी। तुम अपनी इच्छा के मुताबिक, कंट्रोल रूम में बैठना। जब तुम्हें थकान लगे, तुम मेडिकल रूम में जाकर आराम कर सकती हो। हमने यह इंतजाम इसलिए किया है कि तुम्हारा लोगों से मिलना-जुलना होता रहे।''

मैं खुशी-खुशी वापस आ गई। कम-से-कम कुछ तो मुझे मिल ही गया था। दरअसल मैं स्कूल में कोई काम करना चाहती थी। इससे मेरी शारीरिक सीमा को सहारा मिलता और मेरा स्कूल ही मेरी हालत को देखते हुए कोई काम मुझे दे सकता था, क्योंकि वे खुद भी शारीरिक रूप से अक्षम बच्चों के लिए स्कूल चलाते थे। खैर, मैंने इसमें अच्छाई ही देखी और नकारात्मक बातों को खारिज कर दिया।

मैंने अपने अब्बू से इस बारे में बात की। उन्होंने मुझसे कहा, ''तुम दो बार जाओगी कैसे? यह नहीं सँभल पाएगा।'' मैंने उन्हें बताया, 'मेरी स्कूल बस मुझे ले जाया करेगी। वे केवल एक अटेंडेंट चाहते हैं, जो बस में अपनी गोद में मेरा सिर सँभाल सके।' वे इस पर मान गए।

ऐसी महिला तलाश करना बेहद कठिन था, जो सप्ताह में दो बार मेरे साथ स्कूल जा सके। मेरी मम्मी ने कई महिलाओं से बात की, लेकिन वे बहुत ज्यादा पैसा माँग रही थीं। दरअसल, मेरी मम्मी को यहाँ काम करनेवाली महिलाओं के बारे में

कोई जानकारी नहीं थी, जिस वजह से वे ज्यादा भाव खा रही थीं। आखिरकार उन्हें एक महिला मिली, जो उचित दामों पर मेरे साथ स्कूल जाने को तैयार हो गई। मैं दो माह में पाँच बार स्कूल गई। उसके बाद ठंड शुरू हो गई, क्योंकि दो सप्ताह बाद ही दिसंबर का महीना आनेवाला था। अपने को खुश रखने का यह मेरा तरीका था।

□

उत्कृष्ट रचनाशीलता का पुरस्कार मिला

जैसा कि मैंने आपको बताया है कि मैं दो माह में पाँच बार स्कूल गई। मुझे और ज्यादा जाना चाहिए था, लेकिन मैं बहुत ज्यादा थक जाती थी। मेरे सेक्टर के रूट पर चलनेवाली बस मेरे सेक्टर-122 तक पहुँचने में एक घंटा तक ले लेती थी। स्कूल ज्वॉइन करने से पहले मैंने सोचा था कि यह उतना ही वक्त लेगी, जितना सेक्टर-37 के लिए लेती थी, लेकिन बाद में जब मैं स्कूल जाने लगी तो मुझे यह समझ में आया। इन सारी बाधाओं के बावजूद, मैंने अपनी जिंदगी को घर की सीमा तक सीमित नहीं रखा, क्योंकि मेरे पास दो ही रास्ते थे—या तो लंबे सफर की तकलीफ झेलूँ या घर पर बैठूँ, क्योंकि मैं सेक्टर-37 तो वापस जा नहीं सकती थी।

मैं आपको बता नहीं सकती थी कि खासकर मेरे जैसी लड़की के लिए बस में घंटों बैठना कितना तकलीफदेह होता था, भले ही मेरी मेड मुझे सीट पर लिटाकर मेरा सिर अपनी गोद में रख लेती थी। वह मुझे जोर से पकड़े रहती थी, लेकिन फिर भी जब बस गड्ढोंवाली सड़क पर चलती थी, तो जोर के झटके लगते ही थे। इससे मेरी पीठ सीट से उछल जाती थी और मुझे जोर का दर्द होता था। आप सोच सकते हैं कि घंटे भर के सफर में मेरी पीठ को कितने झटके लगते होंगे। इससे मेरी पीठ में तेज दर्द होने लगता था, लेकिन अपनी उदासी से राहत पाने और उससे मिलनेवाली खुशी के लिए मैं दर्द सहने को तैयार थी।

अब नवंबर का आधा महीना बीत चुका था और ठंड बढ़ने लगी थी। मौसम बदलने के कारण मैं फ्लू से पीड़ित हो गई। मैंने तुरंत डॉ. विवेक को फोन किया और अपने लक्षण बताए। उन्होंने कुछ दवाइयाँ बताईं, जिनसे मैं पाँच दिन में ही ठीक हो गई। इस बार मेरी बीमारी ज्यादा गंभीर नहीं थी, इसलिए अस्पताल में भरती होने की जरूरत नहीं पड़ी।

इस मकान में एक अच्छी बात थी कि मेरी सेहत अच्छी रह रही थी। अल्लाह ने मेरी मुश्किलें आसान कर दी थीं। पहले की तुलना में अब मैं कम बीमार पड़ती थी। उसे पता था कि यहाँ से बार-बार डॉक्टर के पास जाना मेरे लिए आसान नहीं होगा। इसलिए, उसने मेरा इंतजाम कुछ ऐसा कर दिया था कि मुझे डॉक्टरों के पास जाने की कम जरूरत पड़ती थी। अल्लाह मुझसे प्यार करता है, वह सारी इनसानियत से प्यार करता है। लोग मेरी खुशियों का खयाल रखें या नहीं, लेकिन वह जरूर मेरा खयाल रखता है।

वैसे तो मुझे इस सेक्टर में एक सेकेंड भी रुकना अच्छा नहीं लगता था, लेकिन मैं इस सच्चाई से इनकार नहीं कर सकती कि खुदा ने इस मकान को मेरी सेहत के लिए बहुत भाग्यशाली बना दिया था। दरअसल, यह मकान मेरे पूरे परिवार के लिए भाग्यशाली रहा। जैसा कि मैंने आपको पहले ही बताया था, हमें यह मकान नोएडा अथॉरिटी के ड्रॉ में मेरे—जीनत आरा नाम से मिला था।

जब मैं ठीक हो गई तो मेरे पास मेरे स्कूल से ज्योति मैम का फोन आया। उन्होंने मुझे बताया कि मुझे 5 दिसंबर, 2015 को फिक्की ऑडिटोरियम, दिल्ली में पीपुल फर्स्ट फाउंडेशन का उत्कृष्ट रचनाशीलता का बेस्ट अचीवर्स का अवॉर्ड मिलने जा रहा है। उन्होंने मुझे बताया कि केवल एक सप्ताह बचा है और मैं इस बीच कहीं बाहर न जाऊँ, क्योंकि पुरस्कार लेने के लिए मुझे ही पहुँचना होगा। मैंने सोचा कि अगर मैं बीमार पड़ गई तो पुरस्कार कैसे ले पाऊँगी।

अब 5 दिसंबर के लिए केवल दो दिन बचे थे। 3 दिसंबर को मेरा फोन बजने लगा, लेकिन मैं गहरी नींद में सो रही थी। आमतौर पर मैं सोने से पहले फोन स्विच ऑफ कर देती थी, लेकिन उस दिन मैं ऐसा करना भूल गई थी। फोन देर तक बजता रहा और जब मैंने मम्मी से फोन उठाकर देने को कहा और देखा तो डी.एम. सर का फोन था। जब तक मैं फोन पकड़ती, तब तक कॉल कट चुकी थी। कुछ देर बाद फिर से घंटी बजी और उनका फोन दोबारा आ गया। इस बार फोन मेरे पास ही था, इसलिए मैंने तुरंत उठा लिया। उन्होंने मुझसे कहा, ''जीनत, मैंने तुम्हारी पढ़ाई उत्तर प्रदेश सरकार से स्पॉन्सर करवा दी है। अब तुम अच्छा कॉलेज तलाश करो और दाखिला ले लो। इस विकलांग दिवस पर मेरी ओर से यह तुम्हें गिफ्ट है।'' उस दिन 3 दिसंबर यानी विश्व विकलांग दिवस ही था। मैं बहुत खुश थी, लेकिन इसमें शामिल प्रक्रिया मेरी दिक्कत थी। मैं पहले ही करीब एक साल बरबाद कर चुकी थी, लेकिन कोई नतीजा हाथ नहीं आया था। वे इस मामले में केवल ऑर्डर दे सकते थे, इसके बाद की पूरी प्रक्रिया तो हमें ही देखनी थी।

उसी दिन इंडिया 24/7 न्यूज चैनल से कुछ रिपोर्टर मेरा इंटरव्यू लेने मेरे घर आए। उनसे डी.एम. सर ने मेरे पास जाने को कहा था। उन्होंने कई रिपोर्टरों को मेरी कहानी बताई और कहा कि वे मुझसे मिलें।

मैंने इंटरव्यू दिया, जो कि बहुत अच्छा रहा। उसके बाद मैंने कई इंटरव्यू दिए और कई अखबारों में मेरी कहानी छपी। लोगों के बीच मेरी अच्छी पहचान बन चुकी थी। अब पूरा जिला जीनत आरा को जानता था। डी.एम. सर ने अपना वादा निभाया था। उन्होंने मेरा बहुत प्रचार कर दिया था। अब अगर मेरी किताब बाजार में होगी तो अच्छी बिक्री होगी।

अब हर जगह से मुझे तारीफ मिल रही थी। लोग मुझसे सेलिब्रिटी की तरह व्यवहार करने लगे थे। मैं जहाँ भी जाती, लोग मुझे घेर लेते और मेरे साथ फोटो खिंचाने की इच्छा जताते।

ये सब अल्लाह की मेहरबानियाँ थीं, जो एक-एक करके मुझ पर बरस रही थीं। ये मेहरबानियाँ, मेरी खुशियाँ उत्कृष्ट रचनाशीलता का पुरस्कार मिलने के बाद दोगुनी होने जा रही थीं। एक रात पहले मैं बहुत खुश थी। मैंने किसी से कहा कि मेरे नाखूनों पर नेल पॉलिश लगा दे, क्योंकि उस समय मेरी बहन जामिया में थी।

वह दिन आ गया और मैं इस बार अपने भाई-बहन के बिना, अपने माता-पिता के साथ गई। यह पहली बार था, जब मेरी बहन मेरे साथ नहीं थी। हम फिक्की ऑडिटोरियम ठीक साढ़े 5 बजे पहुँच गए थे।

मेरे लिए यह सचमुच बहुत बड़ा समारोह था। वहाँ बड़ी-बड़ी सफलता पानेवाले लोग आ रहे थे, सभी ने अपनी जिंदगी में बहुत कुछ हासिल किया था। जब पुरस्कार लेने की मेरी बारी आई तो दो लोग मेरी व्हील चेयर को मंच पर ले गए। व्हील चेयर ले जाते समय यह एक तरफ से खुल गई। दरअसल, पुरस्कार की खुशी में मैं उनको बताना भूल गई थी कि मेरी व्हीलचेयर खुलनेवाली है। मुझे देखकर, एंकर और मुझे पुरस्कार देने आए मंत्री सबकुछ भूल गए। उन्होंने बाधाओं से डरे बिना जिंदगी में कुछ कर दिखाने के मेरे जज्बे की तारीफ की। एंकर ने मेरी तारीफ करते हुए कहा, ''तुम बहुत सुंदर हो और तुम्हारी मुसकान भी।'' मैं बहुत खुश थी। वहाँ मौजूद सारे सेलिब्रिटी मेरे साथ फोटो खिंचवा रहे थे। मैं गायक करन ओबेरॉय और पूर्व नेटबॉल कप्तान प्राची तेल्हन से मिली। वे खुद मेरे पास आईं और मुझसे बात करने लगीं। उस समय तक मैं उन्हें जानती नहीं थी। उन्होंने भी मेरी तारीफ की और कहा, ''जीनत, तुम बहुत खूबसूरत हो।'' मुझे उनका स्वभाव बहुत अच्छा लगा। जब तक मैं वहाँ रही, वे मेरे पास खड़ी रहीं।

पुरस्कार लेते समय मेरी व्हीलचेयर का एक तरफ का हिस्सा नहीं था, मुझे बहुत झेंप लग रही थी, क्योंकि मेरी प्रिंसिपल भी मंच पर थीं और मैं उनकी बहुत इज्जत करती थी। मेरी व्हील चेयर का एक तरफ का हिस्सा न होने से उनकी प्रतिष्ठा खराब हो सकती थी, लेकिन ऐसा कुछ हुआ नहीं। सबने केवल मेरी तरफ ध्यान दिया और मुझसे जुड़ी अन्य चीजों पर किसी का ध्यान नहीं गया।

□

मेरी उम्मीदों को मिली राह

समारोह में मैं कई बड़ी हस्तियों से मिली। वे मुझसे बहुत प्रभावित हुए। उन्होंने मेरा नंबर भी लिया। पीपुल फर्स्ट फाउंडेशन के अध्यक्ष धर्मेंद्र सर ने मुझे अपने संगठन से जोड़ने की इच्छा जताई। मैं समारोह खत्म होने से पहले ही वहाँ से निकलनेवाली थी। समारोह के पहले मेरा इंटरव्यू लेने आ चुकी पारुल ने मेरे माता-पिता को जोर दिया कि वे समारोह खत्म होने तक रुकें, लेकिन उन्होंने उसे बताया कि उन्हें जाना ही पड़ेगा; क्योंकि अगले दिन उन्हें गोंडा जाना है, वहाँ उनके रिश्तेदार की सगाई है। तब वह एंकर और गायक को समारोह के बीच में ही लेकर आई और मेरे साथ उनकी फोटो खिंचवाई। दोनों बहुत अच्छे थे। एंकर ने एंकरिंग बंद करके और गायक बीच में गाना छोड़कर खास तौर पर मुझसे मिलने आए थे।

अगले दिन 6 दिसंबर को सुबह मेरे पास डी.एम. सर का फोन आया। उन्होंने मुझसे पूछा, ''कैसी हो जीनत? तुम्हारी दिक्कत का कोई हल निकला या नहीं?'' मैंने उन्हें बताया, 'मैं ठीक हूँ, सर। मेरे मुताबिक, जो मैंने नेट पर अब तक सर्च किया है, उससे तो कोई हल नहीं निकला।' इस पर वे बोले, ''खैर, मैंने सी.एम.ओ. से बात की है कि वे तुम्हारे लिए कोई अच्छा डॉक्टर बताएँ, ताकि तुम्हारा फिर से चेकअप कराके कोई इलाज तलाशा जा सके।''

जब फोन कटा तो मेरी आँखों से आँसू निकल पड़े, हालाँकि अभी तक इसका इलाज नहीं मिल पाया है, लेकिन विदेशों में कई दवाओं पर शोध जारी है। केवल दो तकनीकें हैं—स्टेम सेल थेरैपी और जीन एडिटिंग थेरैपी, जिनसे कुछ उम्मीद बँधती है।

स्टेम-सेल थेरैपी में स्टेम सेल का किसी बीमारी या अवस्था को ठीक करने में इस्तेमाल किया जाता है। बोन मैरो ट्रांसप्लांट सबसे ज्यादा उपयोगवाली स्टेम सेल थेरैपी है, लेकिन कुछ इलाजों में इसे नाभि रज्जु से निकाला जाता है। रक्त

कोशिकाओं का भी इस्तेमाल होता है और जीन थेरैपी में लैब में तैयार किए गए एक या ज्यादा करेक्टिव जीन मरीज की कोशिकाओं की जेनेटिक सामग्री में अंदर डालकर जेनेटिट बीमारी का इलाज किया जाता है।

मैंने अपनी समस्या से संबंधित सारी रिसर्च की। जब मुझे इन तकनीकों के बारे में पता चला तो मेरा मन इनके जरिए इलाज कराने का होने लगा, लेकिन मेरे माता-पिता बूढ़े हो चले थे, इसलिए मैंने इच्छा जाहिर नहीं की। मैं उन्हें बुढ़ापे में तकलीफ नहीं देना चाहती थी। मेरे बचपन से ही वे मेरे इलाज के लिए इधर-उधर भागते रहे हैं।

जब डी.एम. सर ने यह बताया तो मुझे आशा की किरण दिखी। ऐसा नहीं था कि डी.एम. सर की बात से मेरी आखिरी उम्मीद अचानक जाग गई थी, बल्कि मैं तो हमेशा ही अल्लाह से ही उम्मीद करती आई थी। मुझे उसने कभी मायूस नहीं किया। असल में डी.एम. सर की बात से मुझे एहसास हुआ था कि मेरी उम्मीदों को रास्ता मिल गया है।

आँखों में आँसू भरकर मैंने अल्लाह का शुक्रिया अदा किया। मैंने घर में सबको यह खबर सुनाई। सभी बहुत खुश हुए। एक दिन शाम को मैं अपने माता-पिता और भाई के साथ एक सगाई में गई। मेरी बहन जामिया में थी। उसकी परीक्षाएँ चल रही थीं।

हमें 16 दिसंबर को घर से निकलना था। मेरे पिता और भाई हमसे बहुत पहले 10 दिसंबर को ही आ चुके थे। वे निर्धारित तारीख पर रवाना हुए। मैं वहाँ अपनी मम्मी के साथ थी। सगाई की रस्म हुई। अब सारे रिश्तेदारों ने एक-एक करके हमें आमंत्रित किया। जब मैं अपने मँझले मामू के घर गई तो वहाँ हिना समेत सारे कजिन मौजूद थे। हिना के बारे में मैं आपको पहले हिस्से में बता ही चुकी हूँ। उसे फ्लू था और वह बुरी तरह से छींक रही थी। जब मैंने यह देखा तो मैं उसे कमरे से बाहर रखना चाह रही थी, क्योंकि जैसा कि मैं आपको बता चुकी हूँ, मुझे बहुत जल्दी संक्रमण हो जाता था, जिसका समय पर इलाज न हो तो वह तेज निमोनिया में बदल जाता था, लेकिन मैंने उससे कुछ नहीं कहा। मैंने बस इतना कहा, 'अपने को मुझसे दूर रखो, प्लीज।' दरअसल लोग इन बातों को सही तरह से नहीं समझते। वे हमेशा ऐसी बातों का बुरा मान जाते हैं, इसलिए मैंने उससे कुछ नहीं कहा। मैं उसे गुस्सा नहीं करना चाहती थी।

□

अस्पताल में तीन दिन भरती रही

मेरी आशंका सच साबित हुई। उसके जाते ही मेरे गले में दर्द होने लगा। गले में दर्द होने से ही मुझे पता चल गया कि मुझे संक्रमण हो गया है। मैं ने तुरंत माँ से कहा कि मुझे बडासोल के साथ नेबल्यूलाइजेशन दें। जब उससे कोई आराम नहीं मिला तो मैंने मम्मी से बहन को बुलाने और डॉ. विवेक को फोन करके मेरे लक्षण बताकर दवा पूछने को कहा। दरअसल मेरी हालत तो मोबाइल पकड़ने लायक भी नहीं थी, वरना मैं खुद ही वॉट्सएप पर उन्हें मैसेज कर देती।

जब मैं अपने को नहीं सँभाल पाई और मेरी हालत लगातार बिगड़ने लगी तो मैंने तय किया कि अब वहाँ एक पल भी नहीं रुकना है। मेरी माँ समेत सब ने कहा, "पहले डॉक्टर से बात करते हैं। एक बार हालत सामान्य हो जाए, तब वापस जाने की प्लानिंग करेंगे।" लेकिन मैं अपनी नाजुक हालत को देखते हुए खतरा नहीं उठा सकती थी। मेरा मामला सामान्य नहीं था कि कोई भी डॉक्टर देख लेता, और न ही मैं उस छोटे से कस्बे के किसी डॉक्टर को अपनी हालत बिगाड़ने देती।

मेरा बुखार तेजी से बढ़ रहा था। वह 106 डिग्री तक पहुँच चुका था। बिल्कुल काबू से बाहर था। यह इस बात की निशानी थी कि मेरे संक्रमण का स्तर तेजी से बढ़ रहा था। मैं बड़बड़ा रही थी—मैं नोएडा कब पहुँचूँगी? मुझे मौसम बदलने के समय नोएडा छोड़ने के फैसले पर मलाल हो रहा था, जबकि मुझे अपनी कमजोरियों का पता था। अचानक, मैं सोच में डूब गई। मैं सेक्टर-122 के अपने मकान और 37 में डॉक्टरों तथा अस्पताल तक की दूरी को बहुत ज्यादा माना करती थी और सोचती थी कि इमरजेंसी में मैं वहाँ कैसे पहुँच पाऊँगी, लेकिन अपनी बुनियादी जरूरत से 567 किलोमीटर की दूरी के सामने मुझे 7 किलोमीटर की दूरी बहुत कम माननी पड़ी। नोएडा में मैं वहाँ आधे घंटे में पहुँच सकती हूँ, जबकि इमरजेंसी के हिसाब से यह दूरी बहुत ज्यादा थी।

दूसरी बड़ी चीज यह थी कि मेरे डॉक्टरों को मेरा इतिहास पता था। वे जानते

थे कि कब और क्या कदम उठाने हैं। किसी नए डॉक्टर को तो पहले अपने तरीके से जाँच करने में वक्त लगेगा। तभी वह किसी नतीजे पर पहुँच सकता है। तब तक मैं अपनी हालत बिगड़ने का इंतजार नहीं कर सकती कि मेरे खुद के डॉक्टरों को भी इसे सँभालना मुश्किल हो जाए। मैं बुरी तरह से रो रही थी और अल्लाह से प्रार्थना कर रही थी, 'प्लीज, मुझे उस जगह तक पहुँचा दे, जहाँ तूने मुझे शिफा अदा किया था।'

जब मेरी माँ ने मेरी आँखों में आँसू देखे, तो वे जान गईं कि कुछ गड़बड़ है, वरना उनकी बेटी इतनी आसानी से रोने वाली नहीं। तब उन्होंने मेरे भाई के दोस्त इकराम को फोन करके ऑनलाइन रिजर्वेशन कराने को कहा। जब फोन लग गया तो उसने इसे मेरे भाई मजहर को थमा दिया। वे लोग भांगड़ के रास्ते पर थे, क्योंकि उन लोगों ने कहीं आउटिंग पर जाने की योजना बनाई होगी, लेकिन जब मेरी माँ ने उससे तुरंत रिजर्वेशन कराने को कहा तो वह समझ गया कि कुछ गड़बड़ है। उसने इकराम से तुरंत वापस लौटने को कहा। उसकी आउटिंग केवल मेरे कारण चौपट हो गई। उसने दोबारा मम्मी को फोन किया और सबकुछ साफ-साफ बताने को कहा। इस पर माँ ने उसे मेरी हालत के बारे में बताया। उसने जोर देकर कहा कि वे मुझे जल्दी-से-जल्दी कार से लेकर आएँ। इसके बाद उसने मेरे पिता से बात की, जो कानपुर में थे। उनसे भी उसने यही कहा, "मम्मी मन्नी को गोंडा से कार से ला रही हैं। आप बस उन्हीं के साथ आ जाइए, और उसे सीधे नोएडा ले आइए या मैं ही वहाँ कार से पहुँच जाऊँगा।"

मेरा भाई मेरी बहुत चिंता करता था। वह हमेशा मेरे मामले में सबसे बेहतर फैसला लेने की कोशिश करता था।

इस तरह उसी दिन हम कानपुर के लिए रवाना हो गए। मेरे मामू सफर में हमारे साथ आए और हमें कानपुर छोड़कर वापस चले गए। मैं वहाँ अपने पिता के एक दोस्त के घर एक रात रुकी। दरअसल मैं तो रुकना नहीं चाहती थी। मैं सीधे ही जाना चाहती थी, और बाबा (मेरे पिता के दोस्त) ने भी यही सलाह दी थी। उन्होंने कहा, "अगर तुम्हें थोड़ी सी भी दिक्कत हो तो सीधे ही निकल जाओ, क्योंकि यहाँ के डॉक्टर को दिखाना तो नादानी होगी।" पर, चूँकि मैं वे दवाएँ ले रही थीं, जो डॉ. विवेक ने मेरी बहन को बताई थीं, इसलिए मेरी हालत काबू में थी।

अगले दिन सुबह हम लोग नोएडा के लिए रवाना हुए। मेरे पिता ने मुझे नोएडा के सेक्टर-29 के भारद्वाज अस्पताल में भरती करा दिया। मेरे पल्मोनोलॉजिस्ट डॉ. आशीष ने तुरंत मेरा चेकअप किया। वे बोले, "क्या हुआ, जीनत?" मैंने उन्हें सारी बात बताई। इस पर उन्होंने मेरे पिता से कहा, "अंकल, आपने इसे समय पर यहाँ लाकर सही किया, क्योंकि इसे ठीक होने में समय लगता है।" उन्होंने सी.आर.पी.

समेत मेरे सारे टेस्ट किए।

इसके बाद मुझे प्राइवेट रूम में शिफ्ट कर दिया गया। मैं लंबी साँस ले रही थी और राहत महसूस कर रही थी। अल्लाह ने मुझे वक्त पर अस्पताल पहुँचा दिया था। मैंने अल्लाह के आगे अपने हाथ जोड़े और उसका शुक्रिया अदा किया कि वह कभी मेरी आँखों से आँसू ज्यादा नहीं बहने देता। वह मेरी प्रार्थना का जवाब हमेशा जल्द या देर से दे ही देता है।

इस बीच डॉ. आशीष कमरे में आए। मैंने तुरंत प्रार्थना बंद कर दी। मैं किसी के सामने कभी प्रार्थना नहीं करती थी। उस वक्त मैं कमरे में अकेली थी। मेरी मम्मी भी दवाएँ लेने बाहर गई थीं। डॉ. आशीष कमरे में आ गए थे, इसलिए मैंने अल्लाह से बात करना बंद कर दिया था, क्योंकि मैं अकेले में ही प्रार्थना करती थी।

डॉ. आशीष बहुत अच्छे थे। वे इमरजेंसी रूम में पहले ही मेरी जाँच कर चुके थे, फिर भी प्राइवेट कमरे में भी वे मुझसे मिलने आए थे। वे मुझे अपनी दोस्त की तरह मानते थे। हमारे बीच डॉक्टर और मरीज की कोई औपचारिकता नहीं थी। मैंने उनसे पूछा कि क्या डॉ. विवेक को उन्होंने बता दिया है। उन्होंने जवाब दिया, ''हाँ जीनत, वे अपने परिवार के साथ कहीं व्यस्त हैं। चिंता मत करो। उन्होंने कहा है कि वे जल्द ही, शाम के चार बजे तक तुम्हें देखने आ जाएँगे।''

जैसा कि मैं आप लोगों को पहले ही बता चुकी हूँ कि अल्लाह ने मेरे अंदर उनके प्रति विश्वास पैदा कर दिया था, इसलिए उनकी मौजूदगी मेरे दुरुस्त होने के लिए काफी मायने रखती थी। अल्लाह ने उन्हें ऐसे वक्त पर मेरी जिंदगी में भेजा था, जब मैं जिंदगी और मौत के बीच फँसी थी। अल्लाह ने उनका हाथ मुझे ऐसे सहारे के तौर पर दिया कि मैं पूरी तरह से फिर से जिंदगी में आ गई। यह उस वक्त की बात है, जब मैं 2012 के साल में पहली बार भरती हुई थी। मेरी हालत बहुत गंभीर थी। मेरा इलाज कर रहे डॉ. भारद्वाज ने मुझे अच्छी दवाएँ दी थीं, लेकिन उनका असर नहीं हो रहा था और दुर्भाग्य से, उन्हें किसी जरूरी काम से बाहर जाना था और वे मुझे डॉ. विवेक के हवाले कर गए थे। डॉ. विवेक मुझे रात में देखने आए थे। उन्होंने भी मेरी हालत बहुत गंभीर पाई थी। उनके कमरे में आमद से ही मुझे कुछ गैर-मामूली सा एहसास हुआ था। मैं अपनी आँखें पूरी तरह से तो नहीं खोल पा रही थी, क्योंकि मैं पूरी तरह से होश में नहीं थी, लेकिन मैंने धुँधली आँखों से उनके चेहरे पर एक अलग तरह का नूर देखा था, उनके चारों तरफ कोई मजबूत ताकत थी, जिसका एहसास मुझे बाद में कभी नहीं हुआ। मेरे खुदा ने ही मेरे दिल में उनके लिए मोहब्बत भर दी थी। अल्लाह ने उन्हें एक फरिश्ते में बदल दिया था और मेरी तीमारदारी में लगा दिया था। मेरे मामले में उनका शामिल होना केवल

इत्तेफाक नहीं था, बल्कि सबसे बड़ी ताकत की ही यह योजना थी कि उनके जरिए मेरी जिंदगी को लंबा कर दिया जाए। वह किसी और को भी जरिया बना सकता था, लेकिन उसने मेरी अच्छी तीमारदारी करने के इस मौके के लिए उन्हें ही चुना। मेरी जिंदगी में यह पहली बार हुआ था, इसलिए मैं बहुत दुविधा में थी। मैं उन्हें सलमान खान से भी ज्यादा चाहने लगी थी। वे मेरी पहली और आखिरी मोहब्बत बन गए थे।

उसके बाद अल्लाह ने उन्हें मेरे दिल में इतनी मजबूती से बैठा दिया था, इतना भरोसेमंद बना दिया था कि अब तो केवल अल्लाह ही उन्हें मेरे दिल से निकाल सकता था। मैंने आपको यह बात पहले हिस्से में नहीं बताई, क्योंकि मैं इस सबके बारे में दुविधा में थी और तब तक किसी नतीजे पर नहीं पहुँची थी। बाद में, समय बीतता गया और अल्लाह से लगातार प्रार्थना से मुझे इस कठिनाई का हल मिला। उसने मुझे एहसास कराया कि उसने उनके हाथ में इलाज देकर उन्हें मेरी जिंदगी में भेजा है और इसलिए वे ज्यादा असरदार हैं। उसने मेरे दिल में उनके लिए मोहब्बत और यकीन पैदा कर दिया था। मैं उनकी शादीशुदा जिंदगी में उन्हें हमेशा खुश देखना चाहती थी।

अब मुद्दे पर आते हैं। डॉ. आशीष के जाने के बाद मैं कई घंटों तक उनका इंतजार करती रही। मुझे बहुत बुरा लग रहा था और मैं उनसे बहुत नाराज हो गई थी। पहले कभी उन्होंने मेरे लिए इतनी लापरवाही नहीं दिखाई थी। मैं उनमें कुछ बदलाव देख रही थी। वे पहले की तरह नहीं रह गए थे। रात के करीब 8 बजे ड्यूटी डॉक्टर डॉ. अजीत राउंड पर आए। उन्होंने मुझसे डॉ. विवेक के राउंड पर आने के बारे में पूछा। मैंने बताया कि अब तक तो वे नहीं आए हैं। उन्होंने उसी वक्त उन्हें फोन लगाया और उन्हें बताया कि मैं कमरा नंबर 204 में भरती हूँ।

पाँच मिनट में ही वे आए और मेरी बगल में खड़े हो गए। उन्होंने पूछा, ''मेरी गुड़िया को क्या हुआ है?'' मैं गुस्से से बोली, 'आप इतने लेट क्यों आए, आपको डॉ. आशीष ने नहीं बताया था कि मैं भरती हूँ? अगर वे यहाँ न होते तो मेरा क्या होता?' वे कहने लगे, ''आई एम सो सॉरी। मुझे तुम्हारा रूम नंबर पता नहीं था। अगली बार से ऐसा नहीं होगा।'' इसके बाद, उन्होंने मेरा चेकअप किया और मेरी रिपोर्ट देखी। मेरा सी.आर.पी. बहुत ज्यादा, 120 था।

वे बोल पड़े, ''तुमने 100 से कम कभी स्कोर नहीं किया।''

उन लोगों ने मुझे तीन एंटीबायोटिक्स दिए—ऑगमेंटिन, मोनोसेफ और वानकोमाइसिन। इस बार मैं उतनी सीरियस नहीं थी और समय पर इलाज भी हो रहा था। अगले दिन डॉ. आशीष अपने रोज के समय मुझे देखने आए। उनका राउंड सुबह के करीब 10 बजे हुआ था। वे जब भी मुझे देखने आते थे, मुझे कुछ वक्त

जरूर देते थे। इसलिए जब वे आए, तो मैंने उन्हें डी.एम. सर से अपनी मीटिंग के बारे में बताया और यह भी बताया कि उन्होंने किस तरह से मुझसे मिलने के लिए अपने सरकारी काम को भी परे कर दिया था। वे बहुत अच्छे इनसान हैं। उनके अंदर इनसानियत है। उन्होंने जवाब में कहा, ''जीनत, वे बहुत नरम स्वभाव के हैं और यह तुम्हारी किस्मत है कि वे तुम्हें बाकी लोगों से ज्यादा तरजीह देते हैं, क्योंकि हम में से किसी के लिए भी उनसे खुलकर बात कर पाना आसान नहीं है। कोई भी आम इनसान उनसे बात करने से पहले दो बार सोचता है। तुम बहुत खुशनसीब हो कि वे तुम्हें इतनी तरजीह देते हैं। वे तुम्हें बहुत प्यार करते हैं।''

मैंने उसी दिन डी.एम. सर को मैसेज करके बता दिया कि मैं अस्पताल में ठीक से शिफ्ट हो गई हूँ। उन्होंने कोई जवाब नहीं दिया। मैं समझ गई कि वे किसी मीटिंग में व्यस्त होंगे। डॉ. विवेक रात में मुझे देखने आए। आमतौर पर वे रात में साढ़े 9 से 11 बजे के बीच राउंड पर आते थे। बीच में वे कभी भी आ जाते थे और सुबह के समय वे 12 बजे के आसपास आते थे। डॉ. आशीष शाम को करीब 4 बजे आते थे, तो इस बार जब डॉ. विवेक आए तो मेरा चेकअप करने के बाद वे बोले, ''तुम्हारे सी.एम.ओ. ने मुझे फोन किया था।'' मैं स्तब्ध रह गई। मैंने उनसे पूछा, 'क्या कहा उन्होंने?' उन्होंने जवाब दिया, ''उन्होंने कहा है कि डी.एम. का आदेश है कि पता करूँ, जीनत कैसी है।'' मैंने फिर पूछा, 'फिर आपने क्या जवाब दिया?' उन्होंने जवाब दिया, ''मैंने उनसे कह दिया कि वह ठीक है।''

जब वे चले गए तो मैं सोचने लगी कि डी.एम. सर ने मैसेज का जवाब न देकर ठीक ही किया। वे डॉक्टर से सीधे ही मेरी हालत के बारे में जानना चाहते थे। मेरे लिए यह बहुत बड़ी बात थी कि जिले का मालिक मेरी सेहत के बारे में इतना चिंतित था।

अब अस्पताल में आए मुझे दो दिन हो चुके थे। अब तक मुझे लगने लगा था कि मैं जल्द ही ठीक हो जाऊँगी और दो-तीन दिन में मेरी छुट्टी हो जाएगी। डॉ. आशीष राउंड पर आए। उस दिन वे बहुत स्मार्ट लग रहे थे, इसलिए मैंने कह दिया, 'डॉक्टर, आप बहुत स्मार्ट लग रहे हैं।' वे मुसकराते हुए बोले, ''ओह, झूठ मत बोलो। तुम्हारे लिए तो केवल डॉ. विवेक ही स्मार्ट हैं। मुझे पता है कि तुम उन्हें बहुत चाहती हो।'' मैं हैरान होकर मुसकराने लगीं। मैं हल्की सी मुसकान के साथ उनसे पूछ लिया, 'डॉक्टर, आपको ऐसा क्यों लगता है? मैं हमेशा आपकी भी तारीफ करती हूँ।' वे भी मुसकराते हुए बोले, ''मैंने तुम्हारी किताब में हर जगह उन्हीं का नाम देखा है।'' मैं बोली, 'तब तक मैं आपसे मिली नहीं थी, इसीलिए आप मेरी पहली किताब में नहीं हैं।'

जब वे चले गए तो मुझे बहुत बुरा लगा। मैं किसी को ठेस नहीं पहुँचाना चाहती। मैंने सोचा कि वे ऐसा क्यों सोचते हैं। मैं दोनों की बराबर इज्जत करती हूँ। दरअसल, मैं उनकी इस खूबी की तारीफ करती हूँ कि उनके अंदर इनसानियत है। एक बड़े स्पेशलिस्ट होते हुए भी वे गरीब इनसान से भी उसी इज्जत से बात करते देखे जाते हैं, जैसे कि वे और लोगों से करते हैं। उनके इसी स्वभाव के कारण तो मैं अपनी पहली ब्रोंकोस्कोपी उनसे कराने के वक्त उनकी काबिलियत को नहीं समझ पाई थी। इसके बाद ही डॉ. विवेक ने मुझे उनकी प्रतिभा के बारे में बताया था।

वे इतने अच्छे थे कि उन्होंने मुझसे कह रखा था, ''जीनत, अगर तुम्हें मेडिकल कंसल्टेशन की जरूरत पड़े तो तुम्हें यहाँ आने की जरूरत नहीं। मैं तुम्हारे घर आ सकता हूँ। हालाँकि मैं जब भी जरूरत पड़ने पर चेकअप के लिए जाती तो मैं उनके पास भी जाती ही थी। वे बहुत उदार इनसान थे। अगर मेरे परिवार में भी किसी को इलाज की जरूरत होती तो वे आने की कोशिश करते थे। मेरे परिवार को वे अपना ही परिवार मानते थे।

मुझे जहाँ भी जरूरत पड़ती, वे मुझे वहाँ मिल जाते थे। यही कारण है कि अल्लाह ने उन्हें सबसे बुद्धिमान और सबसे खूबसूरत पत्नी दी थी।

और, डॉ. विवेक के मामले में देखें, तो वे भी मेरा बहुत ध्यान रखते थे, भले ही उनका यह जाहिर करने का तरीका अलग था। वे बहुत शांत और मेहनती थे और सबसे बड़ी बात, वे सबसे खुशनसीब इनसान थे। अल्लाह ने उन्हें मेरे दिल में सलमान खान की जगह लेने के लिए चुना था, भले ही मेरे ड्रीम मैन की सारी खूबियाँ उनमें नहीं थीं, लेकिन पाठको, जैसा कि मैं आपको बता चुकी हूँ कि सबकुछ अल्लाह के हाथों में होता है। वह चाहे तो कुछ भी कर सकता है। अगर उसने उन्हें मेरे दिल में बसा दिया है, तो मैं चाहकर भी उन्हें नहीं निकाल सकती थी, क्योंकि यह सब अल्लाह का किया है और वह जो भी करता है, अपने बंदों की भलाई के लिए करता है। वह आपकी जिंदगी में कोई चीज या कोई इनसान किसी-न-किसी कारण से ही भेजता है। इसलिए सब्र कीजिए और नतीजे के लिए उसमें यकीन रखिए।

दूसरे दिन नर्स ने सी.आर.पी. टेस्ट के लिए मेरा ब्लड सैंपल लिया और उसी दिन रिपोर्ट आ गई। अब मेरा सी.आर.पी. 39 था, लेकिन डॉ. विवेक ने मेरी माँ से कहा कि वे मुझे इस हालत में डिस्चार्ज नहीं कर सकते। वे खतरा नहीं ले सकते और मुझे एक दिन और रखना चाहते थे।

इस तरह मैं एक और दिन भरती रही। जब मेरा बुखार कम हुआ तो दोनों डॉक्टरों ने आपस में बात की और पीनेवाली दवाएँ देकर मुझे डिस्चार्ज कर दिया। □

डी.एम. सर की बगल में बैठने का एक और मौका

5 जनवरी, 2016 को मुझे फिर से डी.एम. सर की बगल में बैठने का विशेषाधिकार मिला। मेरे इलाज और पढ़ाई की प्रक्रिया कहाँ तक पहुँची है, यह जानने के लिए उन्होंने मुझे अपने ऑफिस बुलाया। जब मैं उनके ऑफिस पहुँची तो उन्होंने मेरी बहन से पूछा, ''इसे मेरे पास लाओ। उसकी जगह यहाँ है।'' इस पर मेरी बहन ने मेरी व्हीलचेयर उनकी चेयर के पास लगा दी। इसके बाद उन्होंने मेरी पढ़ाई के बारे में पूछा। मैंने बता दिया, 'कुछ भी नहीं हुआ, सर। मेरी दिक्कतों को देखते हुए कोई भी कॉलेज मुझे फैशन डिजाइनिंग के कोर्स में दाखिला देने को तैयार नहीं है। मैं कॉलेज रेगुलर नहीं जा सकती, क्योंकि मैं अकसर बीमार पड़ जाती हूँ और शिक्षकों को मेरे ऊपर खास ध्यान देना पड़ता है। सबसे बड़ी बात, कोई भी प्राइवेट कॉलेज विकलांगों के लिए सुविधाजनक नहीं है।'

मैंने उनसे इन मसलों पर चर्चा की। तभी वहाँ पर मौजूद एक रिपोर्टर देविका बोल पड़ी, ''तुम निफ्ट के लिए भी कोशिश कर सकती हो।'' इस पर मेरी बहन ने बताया, ''इसके लिए उसे पहले टेस्ट देना होगा।'' इस पर डी.एम. सर बोले, ''यह कोई मसला नहीं है इसके लिए। यह टेस्ट पास कर लेगी।'' जब मैंने यह सुना तो मुझे बहुत अच्छा लगा। डी.एम. सर मुझमें यकीन दिखा रहे थे। उन्हें मेरे ऊपर बहुत गर्व था। मुझे हर वक्त देखते रहनेवाले मेरे परिवार ने भी मुझ में इतना यकीन नहीं दिखाया था और डी.एम. सर ने बस एक ही मुलाकात में मेरी काबिलीयत पहचान ली थी। मैं भी उनका अपने माता-पिता की तरह ही आदर करती थी।

तभी वही रिपोर्टर फिर से बोल पड़ी, ''फैशन डिजाइनिंग में तुम्हें अलग-अलग कपड़ों की तलाश में अलग-अलग बाजारों में जाना पड़ेगा और तुम्हारे लिए यह मुमकिन नहीं होगा।'' इस पर डी.एम. सर मुझसे बोले, ''जीनत, तुम मास

कम्युनिकेशन में क्यों नहीं जातीं? तुम्हारे अंदर बेस्ट एंकर बनने की काबिलीयत है। तुम बहुत अच्छा बोलती हो और इरफान तुम्हें ट्रेनिंग दे देगा।''

इरफान चैनल वन न्यूज में थे। वे उस चैनल में बहुत ऊँची पोस्ट पर थे। जब डी.एम. सर ने उन्हें जिम्मेदारी दी, तो वे बोले, ''डोंट वरी, जीनत। मैं तुम्हें दुनिया का सबसे अच्छा एंकर बनाऊँगा और मैं खुद सारे लेक्चर दूँगा या घर पर ही वीडियो मुहैया कराऊँगा। मैं तुम्हारी क्लास लूँगा और तुम्हें स्टूडियो में आने की जरूरत नहीं पड़ेगी। मैं तुम्हारे घर आ जाया करूँगा।''

वैसे मेरा तो मास कम्युनिकेशन में इंटरेस्ट नहीं था, क्योंकि मैं अपनी दिक्कतें जानती थी, लेकिन डी.एम. सर ने यह बात कही थी, तो मुझे लगा कि उन्होंने जरूर मेरे अंदर उसकी कुछ खूबियाँ देखी होंगी।

इस तरह, मैं उस कोर्स में दाखिला लेने के लिए तैयार हो गई।

उसके बाद, सर ने मुझसे कहा, ''सी.एम.ओ. बता रहे थे कि तुम्हारी बीमारी लाइलाज है।'' मैंने कहा, 'सही बात है सर, लेकिन मैंने उम्मीद नहीं छोड़ी है। कभी भी कुछ भी मुमकिन है।' वे कहने लगे, ''सही बात है।'' और उन्होंने उसी वक्त सी.एम.ओ. को फोन किया और बोले, ''मैं आपको जीनत के साथ एक डॉक्टर के पास भेजना चाहता हूँ, इसे ऑल इंडिया इंस्टीट्यूट ऑफ मेडिकल साइंसेज भेजना चाहता हूँ।'' उसने दूसरी तरफ से जवाब दिया, ''सर, उसकी बीमारी का कोई इलाज नहीं है, और उसके परिवार को ही एम्स जाना होगा।'' इस पर सर बोले, ''ओके, लेकिन हम कम-से-कम कोशिश तो कर सकते हैं। उसमें थोड़ा सा भी सुधार उसके लिए बहुत बड़ी बात होगी और उसका परिवार और एक डॉक्टर भी उसके साथ जाएगा।'' इतना कहकर, सर ने रिसीवर रख दिया।

इस दुनिया में डी.एम. सर की तरह बहुत कम लोग होंगे। वे बहुत महान् इनसान थे, जो मेरी तकलीफ को मेरी ही नजर से देखते थे। इसी वजह से उनकी इच्छा थी कि मेरी हालत में थोड़ा सा भी सुधार हो जाए और बाकी लोग अपने आपको तकलीफ से बचाने के लिए मेरे लिए कोई उम्मीद नहीं पा रहे थे।

अब आप दो तरह के विचारों में अंतर देख सकते हैं।

आपकी सोच काम को बदल सकती है और आपका काम नतीजा दे सकता है। इसलिए मैं कोशिश कर रही हूँ कि अगर सी.एम.ओ. की सोच भी डी.एम. सर की सोच की ही तरह होती, तो मुझे निश्चित ही अच्छा रिजल्ट मिलता।

दरअसल, जब डी.एम. सर ने मुझे पहली बार यह खबर दी थी कि उन्होंने सी.एम.ओ. से मेरी दिक्कत के बारे में बात की है, तो मैं उनसे खुद मिलने गई

थी, लेकिन उनका बरताव एकदम अलग था। मुझे बहुत बुरा लगा था। मैंने एक आम मिसाल देकर डी.एम. सर से यह बात बताने की कोशिश की थी। मैंने उनसे यह सीधे तो नहीं कहा, क्योंकि किसी को बाहरी दबाव से बदला नहीं जा सकता। केवल अंदरूनी ताकत ही उसमें बदलाव ला सकती है।

सर ने मुझसे कई बार पूछा भी था, ''क्या हुआ, जीनत? मुझे खुलकर बताओ।'' लेकिन मैंने कह दिया, 'कुछ नहीं, सर।'

डी.एम. सर ने मेरी बहन से कहा, ''पूरे भारत में हर जगह इलाज का पता करो। जितने भी खर्चे की जरूरत होगी, वह सरकार उठाएगी।''

इससे ज्यादा वे क्या कह सकते थे। वे केवल ऑर्डर दे सकते थे और आगे का काम तो बाकी लोगों को ही करना था। अगर वे लोग भी डी.एम. सर की तरह सक्रिय होते तो मुझे विश्वास है कि कुछ-न-कुछ हल निकल आता। उस स्थिति में भी मेरा यकीन सबसे बड़ी ताकत में बना रहा। वह निश्चित ही मुझे सबकुछ देगा। डी.एम. सर को मेरा मित्र बनाना खुदा का ही यह आश्वासन था कि वह मुझे बड़ी ऊँचाइयों तक पहुँचाएगा। मैं खुशकिस्मत थी, हर किसी का सपना होता है कि वह जिले के कलेक्टर से दो बातें कर सके और अल्लाह की मेहरबानी कुछ इस तरह से हुई कि मुझे उनसे अनगिनत बातें करने का मौका मिला था। यह कोई मामूली बात नहीं थी। उसके बाद, कैमरामैन डी.एम. सर के साथ मेरा इंटरव्यू लेने के लिए तैयार हो गए थे। मैंने अपनी बहन से मेरा चेहरा पोंछने के लिए कहा। इस पर इरफान सर मेरी बहन से बोले, ''कोई जरूरत नहीं, ये खूबसूरत हैं।'' मैंने उन्हें बताया, 'आपको पता है, मेरी प्रिंसिपल मेरे इंटरव्यू देने से पहले मेरे बाल ठीक तरह से सँवारती थीं?' इस पर डी.एम. सर ने तारीफ करते हुए कहा, ''तुम पहले से ही सुंदर हो। तुम्हें कुछ करने की जरूरत नहीं।'' इस पर मेरी बहन एक तरफ हो गई। मैंने डी.एम. सर के साथ बहुत अच्छा इंटरव्यू दिया।

जिंदगी का मेरा यह तजुर्बा 2012 के अंत से लेकर 2016 की शुरुआत तक का था। मेरे पाठको, हो सकता है, मैं अपनी बीमारी की गंभीरता के कारण, आप लोगों को दोबारा अपनी जिंदगी में न ला सकूँ, लेकिन अल्लाह की मरजी को किसने जाना है! जहाँ हमारे सोचने की ताकत खत्म होती है, अल्लाह की मेहरबानी वहीं से शुरू होती है।

और डी.एम. सर, नागेंद्र प्रसाद सिंहजी का बहुत-बहुत शुक्रिया, जो मेरी जिंदगी में सूरज की तरह आए और इसे खूबसूरत सुबह दी।